本书获得聊城大学出版基金资助

# 我国不动产保有税研究

WOGUO BUDONGCHAN
BAOYOUSHUI YANJIU

石子印 著

中国社会科学出版社

**图书在版编目（CIP）数据**

我国不动产保有税研究/石子印著．—北京：中国社
会科学出版社，2011.6
ISBN 978－7－5004－9941－1

Ⅰ.①我… Ⅱ.①石… Ⅲ.①不动产—物业管理：
税收管理—研究—中国 Ⅳ.①F812.423

中国版本图书馆 CIP 数据核字（2011）第 130637 号

策划编辑 卢小生（E－mail：georgelu@ vip. sina. com）
责任编辑 卢小生
责任校对 石春梅
封面设计 杨 蕾
技术编辑 李 建

出版发行 中国社会科学出版社
社　　址 北京鼓楼西大街甲 158 号　　　　邮　编 100720
电　　话 010－84029450（邮购）
网　　址 http：//www. csspw. cn
经　　销 新华书店
印　　刷 北京新魏印刷厂　　　　　　　装　订 广增装订厂
版　　次 2011 年 6 月第 1 版　　　　　　印　次 2011 年 6 月第 1 次印刷
开　　本 710×1000　1/16　　　　　　　插　页 2
印　　张 14　　　　　　　　　　　　　　印　数 1—6000 册
字　　数 228 千字
定　　价 30.00 元

# 前言 我国不动产保有税：产权基础、功能定位与政治意蕴

　　不动产保有税是对个体所持有的不动产在保有环节征税，而无论该不动产交易与否，都属于财产税范畴。我国在党的十六届三中全会提出的物业税就是实质意义的不动产保有税，不过，不动产保有税的说法更为规范，所以，本书采用了这一名称。我国目前的房产税与城镇土地使用税都属于不动产保有税，只是仅对经营用不动产征收。因此，不动产保有税并非是一个新税种，我国需要做的只是对该税的改革——征税范围延展至居住用不动产。

　　自2003年以来，不动产保有税成为我国公众关注的热点。但是，在不动产保有税的产权基础、与土地出让金的关系、功能定位、税制设计等问题上，学术界远未形成一致的结论。实践中，部分城市不动产保有税的空转一直在持续进行。最终，上海与重庆于2011年1月28日以房产税改革的形式开始了不动产保有税的试点。预期中央政府会在总结这两个版本的基础上择机将该税推向全国各大城市。因此，无论着眼于理论还是实践，不动产保有税曾经是、今后也将是税收研究的重点。

## 一　产权、土地出让金与不动产保有税

　　尽管不动产保有税的试点已经开启，但是该税的反对声依然不息，通常在两个理由上质疑在我国征收该税的合理性。首先，我国是土地公有制国家，个人只具有有限年份的土地使用权而无所有权，不动产保有税的产权基础缺失。其次，我国实行土地出让金制度，房产所有者的购买价格中已经包含使用年限内的地租，征收不动产保有税的理由并不充分。

　　无疑，在我国土地公有制前提下，个体拥有不动产所有权仅是对建筑物而言，对于土地，则只有土地使用权。不过，现代产权经济学认为，财产是一种客观的物体，依附此物之上的产权反映了一定的社会关系。这个

产权并不是单一的权利，而是一个权利束，包括归属权、占有权、支配权和使用权①。现代财产观提出个体拥有客观实体或拥有客观实体的权利（使用、收益等）就认为个体具有财产权，因此，拥有土地使用权的个体应该认为具有土地财产权，从而对土地使用权征收不动产保有税有其产权基础。

土地公有制下，政府通常以地租与税收②的形式从不动产中获取收入。对于租金，政府通常有两种选择：一种是期初租金与增值租金并存：一次性按照出租时的地租数额标准收取租约期内的全部租金，由于土地租金是逐渐升高的，因此，再按照当年地租水平每年收取地租的升值数额。另一种选择是以实际年租金的形式收取：按照当年土地租金水平每年收取租金。理论上，两种方式的贴现值是一致的。不过，两者各具利弊。前者一次性获取的财政收入规模很大，但也带动了房价升高。后者无疑是合理的，但由于缺乏土地期初价格而导致土地资源根本无法采取市场化方式配置。

另外，不动产价值通常是逐年升高的。这种升值绝大多数情况下并非源于不动产持有者个人的生产性投资行为，而是源自政府与公众因素。因此，任由这种收益流向不动产保有者是极端不公平的。在任何一个反对不劳而获的文明社会，需要有一种将房产溢价回收到政府、再用于本地公共服务供给的机制。人类对这种机制探索的结论是对不动产征收保有税而非不动产转让税。

按照这样的分析，在土地公有制下，政府从不动产中获取收入应该存在两种模式（排除较小规模的收费及不动产流转环节税收之后）：第一，土地期初租金 + 增值租金 + 不动产保有税；第二，土地实际年租金 + 不动产保有税。尽管不动产保有税与增值地租、年租金不是同一个范畴的概念，但都与不动产升值相关，实践中为节约征管成本，也完全可以合并征收（我国香港地区的地租与差饷就是由同一个部门——差饷物业估价署征收）。这样，上述两种模式可以进一步转换为：土地期初租金 + 不动产

---

① 黄少安：《产权经济学导论》，经济科学出版社 2004 年版，第 66 页。
② 政府应该还有对不动产的收费，但国际上，收费通常并不占大的比重，需要缴纳的规费种类及额度都很少，一般仅占房地产价值的 2% 左右。

保有税 A；不动产保有税 B。

由此，即使在购买房产时已经支付了使用年限内地租，每年缴纳不动产保有税 A 依然是合理的：不动产保有税充当分享不动产溢价的工具。从这个方面说，无论是新增房产还是存量房产都应支付不动产保有税。当土地使用年限到期时，对于续约的土地使用者，由于无需再次配置使用权，此时可以只缴纳不动产保有税 B。但 B 税率应该比 A 大，因为不动产保有税 A 合并的仅仅是增值租金，而不动产保有税 B 合并的是实际租金。

**二 财政收入、税收调节与不动产保有税**

不动产作为稀缺资源，是一种昂贵的生产要素，每个国家都应该从中获取相当规模的收入，从这种意义上说，土地财政是没有任何错误的。在此前提下，需要遵循一定的标准，以期实现"取之有道"，存在政府从不动产中获取收入的最优标准。这种最优标准是既要保证政府从不动产中获取稳定持续的收入规模，又要促进不动产市场的良性发展。

目前，我国政府从不动产中获取收入的模式无疑不符合这种最优标准。自 2002 年企业所得税分享制度改革之后，地方政府的土地出让金规模不断膨胀。2007 年土地出让金是 1999 年的 23.75 倍，土地出让金占地方政府一般预算收入的比重在 2004 年达到 54.84%，之后一直在 40% 左右徘徊，2007 年再次达到 51.83%①。与此同时，不动产保有环节的税收是暂免征收的。长期实施这种模式会出现"双输"的后果：既不利于政府收入的稳定性与可持续性，增加了政府的财政风险；也直接致使房产价格上涨，房地产市场扭曲运行。重构这种模式已是大势所趋，其中，不动产保有税改革是核心环节。

收入再分配方面，税收的调节应从收入、消费与财产三方面进行。从国际角度来看，财产分布的基尼系数大于收入分配的基尼系数是一种常态：发达国家收入分配的基尼系数在 0.3—0.4，而财产分布的基尼系数则在 0.5—0.9。因此，各国均重视利用税收工具来调节财产占有不公平。我国目前并不存在对居民财产的税收调节，经济失去了一道调节收入分配的天然屏障。不动产在居民家庭财产中所占比重最大，因此，不动产保有

---

① 土地出让金收入来自《中国国土资源年鉴》，地方政府一般预算收入来自《中国统计年鉴》。

税调节我国居民收入分配有很大的作用空间。

当历史将改革地方政府财政体制以完善分税制、完善税制以调节个人收入差距、重构政府从不动产中获取收入的模式以满足最优标准等任务摆在政府面前时，不动产保有税，这一具有特殊意义的税种将显得举足轻重。

但是，在财政收入与税收调节两种功能目标中，后者是不能被随意夸大的。

不动产保有税调节功能的机制在于拥有不动产价值较多的个体缴纳更多的不动产保有税，增加不动产的持有成本，从而可以抑制房价过快上涨及调节收入分配。这种理论貌似很合理，但其关键在于纳税人自己负担不动产保有税。在仅有一期的静态中，这是正确的。但考虑存续多期的动态情形，不动产保有税在某些条件下完全可以转嫁。如果房产需求弹性小于供给弹性，那么如同目前房产出售者将交易中应该自己负担的税收让购买者支付、自己得到价格是"税后净价"一样，房产出售者在持有房产期间缴纳的不动产保有税也会在房产交易时统统转嫁给买方。此时，不动产保有税不仅无益于抑制房价，反而将进一步推动不动产价格的上涨。同时，在房产投机者为高收入群体的假定下，不动产保有税的转嫁使得该税非但不能改善收入公平，反而将恶化收入分配状况。因此，不动产保有税的调节功能只能是财税政策中的自动稳定器，在一定限度内发挥作用。如果房价上升幅度很大，那么，该税的调节作用反而是负面的。

为地方政府筹集财政收入是不动产保有税的最基本、最重要的功能，从长期来看，我国需要将不动产保有税的目标定位为财政收入[1]。但这样的定位需要绝大部分公众缴纳该税，此时，政府将面临两个严峻挑战[2]。一方面，不动产清单的制定、不动产价值的评估、税收征管体系需要有配套的改革。这些都属于不动产保有税技术及管理方面的内容，如果政府有决心去做，并不难克服。关键问题在第二方面：如何保证这种比个人所得

---

[1] 当然，并不排除在特定时期内将不动产保有税定位于调节收入分配与资源配置，就像目前我国重庆与上海两地对该税的设置一样。

[2] 这种挑战仅当将不动产保有税定位于财政收入功能时才会出现，因为在这种定位下，绝大部分公众将支付该税。在抑制不动产价格及调节收入分配的定位下，支付该税的公众极少，因此，这种挑战几乎为零。

税更直接的直接税被公众接受。毕竟，不动产保有税是居我国公众个人纳税"税痛"之首的税种①。解决这一挑战的路径需要从政治角度考虑不动产保有税。

### 三　政府治理中的公众参与——不动产保有税中的政治意蕴

不动产保有税是对不动产的保有环节征税，纳税人需要在不动产并没有带来任何现实收入的状况下缴纳，同时，由于不动产的不可隐匿性及异质性，偷逃该税相当困难。因此，在绝大多数公众都需要缴纳不动产保有税的背景下，公众的税收不遵从通常会表现为公开抗税甚至发展为大规模的税收革命，国际上并不乏这样的例子。因此，征收不动产保有税对于政府而言有很大风险。

规避这种风险的关键是将不动产保有税设置为受益税，全部用于本地的公共服务。不过，受益税需要机制的保障。尽管理论上存在蒂布特式的退出——"用脚投票"机制，但现实中普遍是通过公众的呼吁——参与不动产保有税征收使用过程来保障的。美国不动产保有税征收使用每个环节几乎都有公众参与。对公众的不动产价值评估之后，将在指定报纸上公布，充分披露评估信息；州政府制定出评估价值的调整系数后，举行听证会，评议调整是否公平与有效；地方政府的年度预算规模制定出来之后，举行听证会，公众对政府的财政支出数量与结构进行评价，有效地限制了地方政府的无效支出；当需要收取的不动产保有税数量计算出之后，举行听证会，听取公众对不动产保有税数量的意见。在不动产保有税收入规模和使用方向设定过程中，公众参与增强了公众对政府行为的监督，这种民主机制是不动产保有税成为受益税的保障。

不可否认的是，目前我国政府财政收支决策中，纳税人的权利未得到有效保护，公众的话语权缺失，对于政府财政收入规模和支出方向的影响非常微小。如果说这种状态对于间接税的影响还不是很大的话，那么对于不动产保有税的实施来说将构成一个极大的"瓶颈"。从这个方面说，不动产保有税的实施绝不是仅仅考虑评估、信息分享与征管水平这些技术性问题，而更多地体现在政治体制和政府治理层面。实现普遍的财政民主制、构建公众参与不动产保有税收支政策的制定和评议机制将是不动产保

---

① 庞凤喜：《物业税九大问题浅议》，《税务研究》2008 年第 4 期。

有税顺利、安全征收的关键。

不动产保有税是基层政府的税种。相对于更高级次政府，基层政府与公众的距离最近，与公众信息沟通的成本较小，因此，它是公众表达与汇集公共物品偏好的组织，在西方通常被看做民主政治的训练场。民主一定是从地方政府开始。在基层政府中实现民主财政制是非常有可能的，而绝不是空穴来风的假想。实质意义上的不动产保有税改革，或许将拉开我国基层政府民主财政制度的序幕。

# 目　　录

# 图 目 录

# 表 目 录

# 导　　论

## 一　选题背景与研究意义

### （一）选题背景

改革开放 30 年来，我国逐步从计划经济体制转向市场经济体制，财政体制也经历了若干次制度变迁。从计划经济财政到 1980 年承包制财政，再到 1994 年分税制改革，中央政府与省级政府的财政关系已基本成形。但地方政府间的财政关系却并未理顺，省以下政府以较少的财力承担提供公共服务与促进经济增长①的双重任务。财政赤字与追求政绩的双重压力激励了地方政府通过预算外收入扩大其可支配财力。其途径有两种：一是政府经营土地，在出让土地的"招、拍、挂"过程中追逐高额土地出让金；二是政府收费，通过政府各职能部门名目繁多的收费项目缓解地方财力不足。这种状况导致地方政府财政收入的稳定性、持续性及规范性较差。其原因直接源自 1994 年分税制的不彻底，尽管当时是经济环境与体制稳定所需，但时至今日，完善地方政府财政体制已是迫在眉睫，并直接关系到我国分权分税体制的最终成败。改革地方政府财政收入结构以获取稳定、持续、规范的财政收入是其中的重要组成部分。

随着社会经济发展，我国个人财富不断增长，但伴随而来的还有贫富悬殊的加剧，目前已经发展到让人难以容忍的地步。其中，财产占有的不平等尤为突出：2002 年全国财产分布的基尼系数为 0.55，比 1995 年上升了 37.5%②。不断加剧的贫富差距尽管是多种因素所致，但无可否认，税收对个人收入再分配调节的乏力是重要方面。税收有流转税类、所得税类和财产税类，后两者主要在再分配环节发挥调节收入差距的作用。在我

---

① 张五常在《中国的经济制度》中认为是县级政府的竞争导致了中国的经济增长。
② http://www.chinavalue.net/Article/Archive/2005/12/20/16680.html.

国，由于税收环境及税制设计所限，个人所得税并未有效发挥预期效果，反而在一定程度上恶化了收入分配公平。与此同时，由于我国财产税仅对经营性不动产征收，将非经营性不动产排除在外。因此，我国目前并不存在实质意义的财产税，从而又失去了一道调节收入的天然屏障。完善税制以实现对收入的调节是保证我国经济持续健康发展及社会稳定的现实要求。

目前我国涉及土地、房产和房地产行业的税收有 11 种，其中直接涉及房地产的有房产税、城镇土地使用税、土地增值税、耕地占用税和契税，间接涉及房地产的有营业税、企业所得税、个人所得税、印花税、城建税和教育费附加，可谓名目繁杂。这些税种绝大部分集中于不动产开发及流转环节，保有环节税收很小。如 2009 年，保有环节的房产税与城镇土地使用税占地方政府税收收入比例中，北京为 4.69%，上海为 3.65%，天津为 5.46%，重庆为 6.03%[①]。与此同时，房地产环节的收费多如牛毛，征收主体如建委、市政局、规划管理局、环境保护局、工商行政管理局等凡是与房地产沾边的部门均有自己的收费项目，涉及立项、设计、征地、建造、销售及出让等各个环节。大量重复征收，甚至不合法的收费项目也掺杂其中，房地产行业税费问题更显复杂与混乱，并进一步抬高了公众的购房成本。这种重开发与流转、轻保有的从不动产中获取收入的模式扭曲了不动产市场良性发展：一方面激励了不动产的投机行为，另一方面不动产价格远远超过了公众的承受能力。促进不动产市场良性发展要求重构目前政府从不动产中获取收入的模式。

当历史将改革地方政府财政体制以完善分税制、完善税制以调节个人收入差距、重构政府从不动产中获取收入的模式以有效配置不动产资源等任务摆在政府面前时，不动产保有税，这一具有特殊意义的税种将显得举足轻重。本书将以上述背景为契机，分析不动产保有税的特殊属性及理论基础，审视我国不动产保有税的状况及缺陷，并在借鉴国际经验的基础上，提出我国不动产保有税的改革建议，以期使该税更积极地服务于国计民生。

---

① 由《中国统计年鉴》（2010）计算得出。

（二）研究意义

我国的不动产保有税自提出以来，各界从不同层面对该税作出了大量分析，但其结论却远未统一。与此同时，决策层不断表现出推进该税的强烈信号。在这种状况下，全面、客观地研究不动产保有税具有重要的理论意义与实践意义。

1. 理论意义

第一，深化对不动产保有税功能的研究，完善税收经济学理论体系。由于不动产保有税征税对象特殊，导致其具有双重属性——既具有直接税性质，又具有间接税性质，因此，公共经济学与房地产经济学从不同侧面提出该税的功能。本书运用局部均衡、一般均衡、静态及动态方法对这些功能进行经济分析，并作出客观评价，以深化税收经济学理论。

第二，归纳出不动产保有税的制度要求，为不动产保有税改革提供理论指导。国内学术界对于不动产保有税的研究一般是论述该税的种种优良属性，将不动产保有税的国际经验运用于中国。但在不动产保有税传统根深蒂固的美国，历史上已发生了三次大规模的税收革命，对象皆是指向不动产保有税，最终对该税实施了全面而苛刻的限制。目前该税占地方政府收入的比例已是大大降低，在地方政府财政收入中的地位已远远无法与原来的如日中天相比。西方学者对此进行了较为深入的研究，但目前国内并未有学者对这种现象介绍与分析。本书认为，不动产保有税在一定的制度条件下才会有积极效应，而恰恰是对美国不动产保有税限制的讨论才能正确地认识不动产保有税的制度要求。基于此，本书以美国不动产保有税限制为基点，分析该税在公平及效率方面的缺陷，最终归纳出不动产保有税的制度要求。这种分析由于将不动产保有税的受益论与实践中的限制结合在一起，使得对不动产保有税理论的分析更加全面与客观。

第三，运用新政治经济学方法分析不动产保有税改革中的利益冲突，深化中国税制改革理论。任何税种的改革绝不仅仅是简单的税制改革问题，其中都包含利益调整，不动产保有税改革尤其如此。我国不动产保有税改革涉及中央政府、地方政府及纳税人等主体，各方在整体利益一致的基础上存在不可避免的冲突，利益协调一旦失衡将导致改革事倍功半。因此，研究改革中存在的利益冲突毫无疑义地列在本书范围之内。对于利益冲突的分析是新古典经济学那一套自然主义分析方法无能为力的，它只能运用于不动产保有税效应与归宿的分析。因此，本书采取了以利益冲突为基本考察对象的新政治经济学方法分析中央政府与地方政府之间、地方政府与公众之间的利益冲突。这种思路跳出了"以税论税"、简单分析税收的狭隘视角，做到不只研究"财"，并与制度结构结合，进一步研究"政"，以深化不动产保有税改革理论的研究。

2. 实践意义

在我国新一轮税制改革进程中，研究不动产保有税的意义并不仅仅表现在深化税收理论层面，作为重要的经济政策工具，研究该税在现实中的意义也很明显，主要表现在以下几个方面。

首先，客观评价目前我国政府在不动产中获取收入的模式。任何国家都将从不动产中获取相当规模的收入，但是，需要遵循一定的标准，做到"取之有道"。这种标准是政府获取收入与不动产市场良性发展的平衡。本书并不是单纯该税种的研究，而是从政府在不动产获取的总体收入出发，考察并客观评价我国目前的政府不动产收入模式，进一步提出以不动产保有税改革为突破口重构这种模式的思路。

其次，归纳比较不动产保有税的国际经验。不动产保有税属于地方税种，其税收要素的设置因经济发展阶段、地理环境及文化传统的不同而有较大差异，不过，从中归纳出其一般规律也是可能且必要的。本书一方面重点研究美国、日本、韩国、巴西及中国香港这些典型国家与地区的不动产保有税制度；另一方面也归纳了国际上不动产保有税实践的经验，试图为我国不动产保有税改革提供有益的借鉴。

最后，为我国不动产保有税改革提供建议。依据不动产保有税的理论基础，在评价我国不动产收入模式及借鉴国际经验的基础上，本书对于我国不动产保有税的目标定位、税制设计及配套改革提出政策建议，以期得到适合我国国情、可操作性较强的改革方案，最终实现理论与实践的统一。

**二　基本概念的界定**

本书涉及以下几个基本概念，为了行文方便，首先对它们作出解释，后文将直接引用这些术语。

**(一) 财产税**

按照征税对象划分，税种有两大类：一类是对财富流量征税，这里的财富流量为商品交易收入或者生产要素所得，由此形成流转税类与所得税类；另一类是对财富存量征税，这里的财富存量为财产，由此形成财产税类。

被征税的财产一类是土地及房屋等不动产，另一类是动产，包括钱财、家具、车船等有形动产与股票、债券等无形动产。如果将纳税人全部财产综合到一起征税，就是一般财产税。如果将纳税人的财产分别征税，即为个别财产税。由于动产较为隐蔽，征管有很多困难，税收成本较大，所以，现代财产税主要是选择不动产作为征税对象的个别财产税。

从另外一个方式划分，财产税又可以分为静态财产税和动态财产税。前者是对纳税人所持有的财产征税；后者是对纳税人的财产转移征税。从财产税性质上讲，只有静态财产税才是实质意义的财产税，动态财产税是对财产的收益及转让征税，应归为所得税与流转税之列，将其划为财产税，仅仅是由于这种收益的本源是财产而已。

（二）不动产税、不动产保有税与物业税

不动产税是对不动产——土地及附着其上的建筑物在取得、持有、收益、转让等各个环节征收税种的统称，也称为房地产税。按照征税对象区分，应分别归属流转税类、财产税类和所得税类，征税对象依次是不动产的流转价值、保有价值和收益价值，由于征税对象的本源是不动产，因此，将其统一列为不动产税也有一定的意义，这是由于不同划分依据所致。

作为不动产税的一种，不动产保有税是在不动产保有环节的征税，而不论该不动产是否流转、经营及收益。不动产保有税是实质的财产税，具有财产税的典型特征，并发挥财产税的独特作用。西方一般称为 real estate tax 或 real property tax，我国常常不加区别地译为财产税。本书的研究对象就是不动产保有税，即我国官方所称的物业税。物业税名称源自我国香港地区和少数东南亚国家，但按官方的意义，我国内地物业税与我国香港的物业税存在根本差别。香港的物业税是以不动产出租收入为征税对象的税种，是对不动产的收益征税，属于所得税。我国内地所说的物业税是对不动产的保有环节征税，属于财产税，意义与我国香港的差饷税相同，规范的名称应为不动产保有税。

由于我国是土地公有制，所以，个体拥有所有权是仅对建筑物而言的。对于土地，则只有土地使用权。不过，现代产权经济学认为财产是一种客观的物体，依附此物之上的产权反映了一定的社会关系。这个产权不是单一的权利，而是一个权利束，包括归属权、占有权、支配权和使用权①。现代财产观提出个体拥有客观实体或拥有客观实体的权利（使用、收益等）就认为个体具有财产权，因此，拥有土地使用权的个体应该认为具有土地财产权，从而，对土地使用权征收不动产保有税有其产权基础。由于我国公众与组织的不动产产权结构是土地使用权和建筑物所有权的结合，从而不动产保有税征收的产权基础是土地使用权和建筑物所有权。

为了引用及研究问题的方便，本书中不动产保有税与物业税意义相同，均指纳税人在不动产保有环节缴纳的税收。由于不动产保有税在西方的财产税占相当大的比重，因此，如不特别说明，财产税与不动产保有税在本书中不加区别地使用。

### 三　相关文献述评

#### （一）国外不动产保有税研究及其述评

相对于不动产保有税久远的征收实践而言，不动产保有税只是从西方重农学派才开始系统研究。从古典经济学家威廉·配第、魁奈、亚当·斯密、李嘉图到新古典经济学的马歇尔，不动产保有税一直局限于传统分析，而亨利·乔治提出开征单一土地税的设想使得不动产保有税理论变得绚烂多彩。现代研究中，蒂布特（Charles M. Tiebout）的经典论文无疑开创了不动产保有税研究的新思路。随后，经过奥茨（Wallace E. Oates）、汉密尔顿（Bruce Hamilton）、菲歇尔（William A. Fischel）等人的拓展，不动产保有税逐渐形成了受益税理论。然而，当米斯考斯基（Peter Mieszkowski）用一般均衡方法讨论不动产保有税、之后由佐德罗（George R. Zodrow）和米斯考斯基拓展的新论却逐渐与受益税理论形成鲜明对比。尽管两派有相通之处，但双方争论依然很多。在理论争论看起来毫无结果的同时，在美国这样一个不动产保有税在地方政府中发挥重要作用的国家，却发生了数次针对不动产保有税的革命，随之对不动产保有税的限制开始盛行并延至今日。据2006年的数据，美国共有34个州实行了税率限

---

① 黄少安：《产权经济学导论》，经济科学出版社2004年版，第66页。

制，29 个州有一定形式的收入限制，20 个州规定了不动产评估价值增长率的限制[①]，限制范围之广可见一斑，导致"公众发动的财产税限制已成为美国财政的一道重要风景"[②]。随着限制措施的实行，财产税在地方政府中的地位逐渐减弱。这种不动产保有税地位的变迁引起众多学者的重视，并对这一现象进行了深入的研究，试图分析财产税理论上的受益论与实践中的限制这一悖论产生的原因及其影响。下面对国外不动产保有税的研究分为传统研究、现代研究来做简单述评。

1. 不动产保有税的传统研究

（1）重农学派的思想。作为重农主义的代表人物，魁奈无疑是把农业和土地看得尤其重要。他提出只有农业才能够生产出"纯产品"，因而主张只对土地收入征税。认为政府把税收扩大到贸易对象和消费对象的农产品时，将会增大征收成本且出现舞弊现象，同时，君主也没有从这种征税中获得大量收入。魁奈主张实行土地单一税制的目的在于只对一个源本上征税，这样可简化征税机构和节省征税费用。然而，魁奈的这一建议无疑是不妥的，它实际是肯定了土地私有制，同时，只对土地收入征收单一税的方式也不能满足政府财政支出需要。

（2）古典学派的思想。威廉·配第对土地地租和对房屋租金征税进行了分类讨论。他认为对土地租金征税是由消费者和征税前地租就已经定好的地主来承担的。对房屋租金课税，配第认为，会比征收土地租金具有更多的不确定性。因为房屋具有两重性：既是消费品又是资本品。不同性质的房屋由于有的需要花费开支，有的却有利益收入，对于它们的价值评估也应该是不同的。前者需要用评价地租的方法来评价，后者需要采用评估国内消费税的方法来评估。

亚当·斯密主要讨论了地租税和房屋税。对于固定地租的征税，斯密指出，在设立之初虽说公平，但因为各地耕作勤惰不齐的缘故，久而久之会必然流于不平等。土地税随地租变动而变动的话，其费用肯定比额定不

---

① Anderson. Nathan B, Property Tax Limitations: An Interpretative Review. *National Tax Journal*, 2006 (59), pp. 685 – 94.

② David M. Cutler, Douglas W. Elmendorf, Richard Zeckhauser, Restraining the Leviathan: Property Tax Limitation in Massachusetts. *Journal of Public Economics*, 1999 (71), pp. 313 – 334.

变的要多，不过，斯密认为，所增加的费用大抵都很轻微。同时，这种赋税的主要利益，在于使君主因注意自身收入的增加而留心土地的改良，斯密认为君主如果真是如此行事，土地税就不是无可避免的义务了。

对于房租税，斯密认为房租分为建筑物租和地皮租，其中前者是建筑房屋所费资本的利息或利润，而全部房租中超过合理利润的部分则归于地皮租。由于斯密推崇的自由竞争之故，他认为对房租征税至少在相当长时期内不影响建筑物租，但也不会全然落在地皮租上，因此，这种税会自行分为两部分：一部分由住户担当，另一部分由地皮主支出。同时，斯密指出，房租与土地地租根本不同，后者的付给是因为使用了一种有生产力的东西，支付地租的土地自己会产生地租，而前者不会产生什么。因此，只要是房租税由住户负担，它就不是单独课征于哪一种收入（此处是指劳动工资、资本利润和土地地租）上的税，而是无区别地课于一切收入来源的税，从而斯密认为房租更能反映个人费用的奢俭。斯密的这些看法揭示了房屋消费的特殊性，无疑对我国开征不动产保有税有较大借鉴意义。

对于自住房屋计税依据，斯密认为不应当以其建筑费为准，而应按房屋如果租给别人依照公平裁定所能租得的租金为准。斯密以其缜密的才思在两百多年前就提出了对自住房屋的计税依据，这也是目前不动产保有税计税依据的一种方法——租金价值法。尽管肯定不是所有不动产都按此来征税，但这种方法无疑对有些不动产是适用的。

最后，斯密认为与房租比较，地皮租是更妥当的课税对象，它不会抬高价格，全由地皮所有者负担。由于所有者不必付出劳动就可以得到收入，所以对的这种收入征税不会妨碍任何产业。

大卫·李嘉图在其代表作《政治经济学及赋税原理》中分析了地租税、土地税和房屋税。首先他认为地租税只影响地租，完全由地主负担，不能转嫁给任何消费者。但是他把地租分为两部分：一是纯地租——使用土地且仅为使用土地而交付给地主的数额；二是以地租名义多付给他的数额——使用地主建筑物等的费用，实际是地主所拥有资本的利润。李嘉图分析认为对前者的征税完全落在地主身上，对于后者进行的征税，在进步国家中都由农产品消费者负担——因为农产品价格要升高。

对于土地税（指对所有耕地的征税），李嘉图认为，斯密说的这种税是从地租中扣除而由地主负担是不正确的，无论这种税有多低，它就是一种产品税，因此农场主会提高产品价格。

对于房屋税，李嘉图基本同意斯密的说法——由房客和地皮所有者支付。与斯密所说地皮租特别适合征税不同，他认为征税的效果如同斯密所推断的，但他同时认为仅对社会某一特定阶级的收入征税肯定是不公平的：国家的负担应当由全体人民按其各自财产负担，对土地房屋征收不平等的税，违背了保障产权的原则。

（3）新古典学派的思想。马歇尔在《经济学原理》中对税收问题的开创之处是将税收区分为有效税和无效税，认为后者是对纳税人不提供利益补偿的税，有驱逐纳税人的趋势。前者是"花在照明、排水及其他用途方面的税，以便给纳税人提供生活上的便利和福利，这种税，如果管理得当，可以使得纳税人受到实惠，会吸引居民和工业而非驱逐他们"。在这个区分下，马歇尔将对不动产征税分为对地基征税和对建筑物征税，并分别考察了其最终的归宿问题。对于地基价值征收的无偿税，主要由地基所有者负担，而有偿的地方税在长期内是由住户支付的，但对他来说不是负担。

对建筑物价值征收的全国一致的无偿税却不是如此。马歇尔认为，这种统一的建筑物价值税主要由住户负担。对于地方税来说，会成为福利支出的成本，所以不能驱逐住户，将由住户支出，但不是负担。对于建筑物价值税超过其他地区的无偿部分，由于会驱使住户迁移，自由竞争的结果使得这种税主要不是用户负担，而大部分需要所有者支付。

马歇尔区分无效税和有效税对目前我国推进的不动产保有税改革有较大的意义：不动产保有税应该是有效税而非"义务性税收"①。

（4）亨利·乔治的土地单一税思想。尽管斯密、李嘉图等人认为对地皮租征税效果是最好的，魁奈也提出政府应该只对土地收入征税，但只有亨利·乔治才把土地单一税论述得淋漓尽致。他认为贫困的根源在于土地私有，因此，消灭贫困的措施是消除其根源。但他不是提议收购私有土地，也不是充公私有土地，前者是不公正的，后者则是不必要的。他提出的建议是把地租化为国家的税收，进一步说，他的建议是取消除地价税之外的全部税收。亨利·乔治用斯密的税收原则去衡量这个建议。认为土地

---

①　这个词来自华莱士·E.奥茨的《财产税和地方公共支出对财产价值的影响》一文。

单一税具有消灭投机性地租而增加生产、征收成本较小、降低地价的优点，同时这个税种也是最平等的。

亨利·乔治的观点有一定道理，土地单一税制确实也会给经济及社会带来诸多益处，但实践中几乎没有政府支持这种税制：土地税并不能维系政府的巨额财政支出。在目前各国均采取复合税制的背景下，推行单一税制几乎是不可能的。

2. 现代不动产税的思想

（1）财产税的受益论。蒂布特在1956年发表的《一个关于地方支出的纯理论》文章中，认为中央政府和地方政府在公共产品的提供上有很大的差别，如马斯格雷夫（Richard A. Musgrave）和萨缪尔森（Paul A. Samuelson）所说的政府在公共支出水平上不存在"市场解"只是对联邦政府适用，并不适用地方政府。蒂布特论证了如果双重身份者（具有消费者和投票者双重身份的人）能够无成本地充分流动，并且对地方政府的税收[①]—支出的差异掌握完全信息，同时有大量辖区可供选择，他们将流向最能适应其偏好的辖区。导致各辖区将在居民"用脚投票"机制下展开竞争，其结果将达到均衡状态：居民在辖区间的分布建立在对公共服务需求的基础上，每个居民获得他自己想要的税收—公共服务组合。

之后，奥茨对蒂布特模型进行了经验研究，发现财产税和公共服务的差别确实能够反应在辖区的财产价值上，蒂布特模型得到了较好的检验。汉密尔顿将财产税融资加入了蒂布特模型，并增加了两条假设：第一，地方政府通过地方财产税为公共服务筹集资金；第二，每个辖区都有分区（zoning）的限制，如果不消费某一个最低数额住房，就无资格在本辖区居住。实质是如果在本辖区居住，必须缴纳最低限额的财产税。这两个假设促进了地方公共产品供给帕累托最优的形成，蒂布特—奥茨—汉密尔顿模型也为地方政府是最有效率的治理层次提供了依据。菲歇尔进一步论述了分区的作用，认为分区法规在把财产税转化成受益税方面具有足够的约束力，指出很多经验研究找到了支持汉密尔顿预言的证据——财产税和地方公共服务支出被资本化到房屋价值中，进一步论证了地方财产税具有受益税性质。

---

① 蒂布特当时假设的是人头税。

财产税受益论的核心理念可以表述为：在消费者能够充分无成本地流动、存在多个辖区、辖区之间存在竞争、居民对辖区的税收—支出情况有完全信息以及地方政府的分区规划等条件约束下，财产税成为受益税——为地方公共服务买单。根据这种观点，财产税实际不是一种税，而是使用费，财产税不会产生任何扭曲效果，对资本配置或地方公共支出水平没有影响，也不会作用于辖区间的收入再分配。有效的财产税会形成如此的良性循环：地方政府征收财产税用于地方公共服务→税收和服务资本化入房产价值→居民获得较大效用、地方政府获得较大税基，在这个循环中，流动性、资本化和分区制尤其重要。

（2）财产税新论。通过调整哈伯格（Arnold C. Harberger，1962）税负归宿的一般均衡模型，米斯考斯基于1972年提出了与"受益论"相异的财产税理论。之后又由佐德罗与米斯考斯基共同建立模型进一步完善，最终形成财产税"新论"观点。

米斯考斯基（1972）认为，之前对财产税分析的局部均衡框架并不科学，需要采用一般均衡的分析方法研究财产税的税负归宿，并假定全国的资本存量固定不变，财产税是对资本征税。在此框架下，资本会从高税负区转向低税负区，税后收益率会发生变化，直至高税负区和低税负区的税后收益率相同为止，导致整体资本所有者承担全国财产税负的平均负担，这是财产税归宿的利润税成分，这一成分表明财产税税负归宿是累进的，因为资本所有权掌握在富人手中。另外，资本由于追逐低税的本性而逃离高税负区，导致该区其他生产要素诸如土地和劳动力的生产力和竞争性回报下降，最终提高了房屋和商品价格，而资本被吸引到的低税负区会出现相反的情况：该区的工资和土地价格上升、房屋和商品价格下降。这类似于对消费征收税收的效果，这是财产税归宿的消费税成分。但是，对于整个经济而言，这个效果基本为零。财产税的利润税成分占主导作用，消费税成分占次要作用，同时，消费税成分还扭曲了经济的资本配置，因为资本总会从高税收的行政区域流向低税收的区域，直到两个辖区税后资本收益率相等为止。在米斯考斯基最初的新论中，并没有加入财产税的许多现实因素，如地方公共服务等——它将这种服务固定化，同时也忽略了行政区域的竞争因素。因此，在与受益论争论时显得依据不足。

之后，佐德罗与米斯考斯基（1986、1989）对最初的财产税新论模型加以修改，加入了受益税的一些假设：公共服务水平内生、地方政府竞争及土地利用分区，模型分析结果表明，在资本能因税率不同而自由移动且全国资本总量不变的假设下，新论模型的基本结论并未改变。

（3）对财产税限制的讨论。自加利福尼亚州 1978 年通过第 13 号提案以来，在美国掀起财产税限制的热潮，学者们对财产税限制的动机提出了不同的看法。

杰弗里·布伦南、詹姆斯·布坎南（Geoffrey Brennan and James Buchanan，1979）、海伦·F. 拉德、朱莉·博特赖特·威尔逊（Helen F. Ladd and Julie Boatright Wilson，1982）、戴维·M. 卡特勒、道格拉斯·W. 埃尔门多夫、理查德·泽克豪泽（David M. Cutler, Douglas W. Elmendorf and Richard Zeckhauser，1999）认为，公众实施财产税限制试图约束地方政府的"利维坦"行为；菲歇尔（1989）则认为公众期望将公共服务支出责任转向州政府，所以才投票通过了财产税限制；内森·B. 安德森（Nathan B. Anderson，2006）提出了财产税限制的动机是居民防范风险：试图平滑自身的财产税支出；雅各布纳络多（Jacob L. Vigdor，2004）将财产税限制归于非居民的限制期望。总体上，各方的研究表明，财产税限制的实践至少说明该税在公平及效率上存在某种缺陷，单纯的"用脚投票"机制并不能保证财产税的受益税性质。

3. 对国外不动产保有税研究的评价

西方对不动产保有税的研究较为深入，在不动产保有税的归宿、累进抑或累退效应、不动产保有税限制的动机等方面积累了丰富多彩的理论成果，构成了本书理论研究的起点。

传统研究着重于不动产保有税的局部均衡分析，把不动产保有税作为货物税，无论是斯密、李嘉图还是马歇尔都没有走出这个框架。现代研究则以新论与受益论的争论展开，前者是把不动产保有税作为资本税分析，后者则是把该税看做使用费来讨论，目前看来争论尚未有结果，各方均在寻找能够证明自身论点的实证证据。不过，可以看出，受益论是建立在家庭可移动和房地产不可移动之上，新论则是建立在房屋资本的可移动和固定的国家资本存量之上，两者的研究前提存在差异。对于居民财产税，受益论的前提虽不能完全满意，但是更为可行；对于商业财产，受益税不能去解释，由于它们的资本流动性比居民财产更强，因此用新论去思考更为恰当。这似乎表明两者都具有一定的合理性，只是适用范围不同而已。

（二）国内不动产保有税研究及其述评

相对于西方对不动产保有税成熟的研究，我国直至 2003 年提出开征不动产保有税后，相关讨论才大量出现。主要集中于不动产保有税的定位、不动产保有税制度设计和不动产保有税的国际借鉴三个方面。

1. 不动产保有税的定位

在对不动产保有税的定位上存在两个问题：第一，不动产保有税改革目的何在？意在收入还是调控？第二，如何设定该税种的收入归属？中央税还是地方税？如果是地方税，在我国存在四级地方政府的前提下，各级地方政府如何划分不动产保有税？

（1）不动产保有税改革是注重收入还是注重调控。李波（2006）认为，财产税改革的方向应强调其收入功能，资源配置及调控收入分配等功能应该是辅助性的。刘尚希（2007）也提出了这种观点，其依据是发挥调控职能的税种应该是中央税，而财产税是地方税种，所以应以收入职能为主。庞凤喜（2008）认为，财产税改革的任务是完善税制、保证收入及收入调控，但是不宜作为经济管理的工具。

与以上观点相反，朱润喜（2006）认为，在目前的背景下，物业税不能承担起地方主体税种的重任，该税近中期内应主要发挥调节职能，筹集财政收入职能应该是其次的。

（2）不动产保有税的性质与归属。诸多学者从各个方面论述不动产保有税在地方中的主体税种地位。吴利群（2005）列举了财产税成为地方主体税种的良好秉赋；刘尚希（2007）从不动产保有税性质上和税种标准两个方面论述不动产保有税应该是地方税；郭小东（2003）提出，财产税能够有效适应地方财政的差别性与流动性问题，从而成为专门性的地方税种。

在不动产保有税被确定为我国地方税的前提下，如何在四级地方政府间分享不动产保有税是需解决的基本问题。胡怡建（2004）认为，不动产保有税的收入在省、直辖市、县区级政府的归属应由地方政府自行决定，可以设置分享比例来配置收入。李波（2007）通过考察不动产保有税的质与量两个方面，提出我国的不动产保有税应该定位为省以下政府的主体税种。

2. 不动产保有税制度的设计研究

（1）土地出让金的处理。不动产保有税目的是归并不动产开发中的各种税费为单一税种，但这是否包括归并土地出让金？在我国土地公有制下，土地出让金在不动产保有税改革中无法绕过。

何振一（2004）明确提出，不动产保有税和土地出让金不可替代，认为这是两个不同的范畴，简单替代的做法在理论及实践中会出现很多问题。左莉莉（2005）基于土地出让金在房地产开发成本中所占比例不高、地价不是房价的决定因素、政府无法分配土地资源、影响地方政府财力等理由，论述了土地出让金不能并入不动产保有税。樊丽明、李文（2004）也认为，土地出让金不能并入不动产保有税，但是，如果试图降低房地产价格，可以考虑将土地出让金改为年租制。反面的观点也不少，如夏杰长（2004）、马克和（2004）、胡洪曙（2008）都认为，土地出让金可以并入不动产保有税。

（2）不动产评估问题。不动产保有税改革的首要问题是对不动产价值的评估，诸多学者从评估原则、评估主体、评估方法和建立申诉制度等方面进行研究。

对于评估原则，徐一萍（2007）认为，除了应遵循房地产估价的一般原则外，还必须考虑不动产保有税税基评估的特殊性，遵循评估效率、定期更新及评估价格横向公平性原则。深圳市不动产保有税评估体系课题组（2005）则提出评估要坚持效率为主、兼顾公平，统一标准、兼顾差别原则。

对于税基评估，涉及拥有评估权的政府级次与评估主体问题。耿星（2004）认为应在注重评估效率的基础上选择政府级次，并明确评估机构的责任。徐一萍（2007）认为，不动产保有税税基评估应由税务部门统一组织，而不宜由社会评估机构实施。牛泽厚（2008）认为，应该建立中央、地方政府两级评估机构，评估机构应该设立在税务机关内部，并适当引入私人评估机构的参与。深圳市不动产保有税评估体系课题组（2005）提出了以国土机构为主的物业评估管理模式。陈淑贤（2008）认为，在不动产保有税初期，税基评估要选择准政府性质的专属评估机构。北京大学中国经济研究中心宏观组（2007）基于回避寻租及政府协调成本的考虑，提出应选择第三方独立评估机构的模式。何杨（2006）根据我国具体情况认为可以由税务机关委托有关中介机构进行评估，国土部门与建设部门在数据分享方面与税务机构配合。

对于计税依据和评估方法，耿星（2004）与牛泽厚（2008）都认同应该区别不同类别财产运用不同评估方法。深圳市不动产保有税评估体系课题组（2005）认为对不同地区的财产应该遵循区别对待的评估方法。李旭红（2008）提出批量评估是一个趋势，但是我国目前数据库存在若干问题，应该在对数据规范的同时，确保各部门对数据的共享。北京大学中国经济研究中心宏观组（2007）认为，从满足税基评估精确度与评估技术的简化考虑，应该选择分区回归法对物业评估。

在评估结果的申诉安排上，陈志勇（2007）提出，要保证纳税人的知情权，并以法律形式来保障公众的申诉权。深圳市不动产保有税评估体系课题组（2005）提出，不管选择哪一种评估主体模式，都应遵循评估与申诉受理的直接匹配原则。

（3）税率的设定。在制定不动产保有税的税率水平上，胡怡建（2004）提出了坚持总税负不变的原则：不动产保有税应该与在流转环节及保有环节取消的税费总额大致相当。庞凤喜（2008）认为，由于不动产保有税高居"税痛"之首，所以其税率应按照公共服务成本及占家庭收入比重两个参照系制定。

对于税率结构，胡怡建（2004）认为，应该按照区别对待的原则，非经营性不动产税率要低于经营性不动产的税率。张青（2006）提出，应该根据物业等级差异实行比例差别税率、统一评估率的评税模式。

还有学者讨论土地与建筑物分开征税的问题。谷成（2006）提出，应将土地价值和土地改良价值分开作为财产税的计税依据，并采用差别比例税率。高世星（2006）认为，土地和房屋的自然属性与经济属性有较大区别，可以考虑对土地和房屋分别设计税率。

（4）免征界限与征收范围的设定。高世星、何杨（2006）从税收公平性出发，提出应该对所有财产都征收不动产保有税，但可通过减免税优惠控制农村地区的税收负担。刘尚希（2007）认为，不动产保有税的征收范围应延展至农村、住宅类不动产、个人与家庭。但是，这种范围的延展不可能一次性完成。因此，在扩大征税范围的同时，需要制定合理的减免税政策。庞凤喜（2008）认为，开征此税初期不宜盲目扩大征收范围，应以市场价值结合房产面积设计适当起征点和免征额：对仅有一套住房者实行起征点制度，对有多套住房者实行免征额政策。

3. 对国际借鉴的研究

谷成（2006）考察了转轨国家的财产税改革，认为财产税改革的最大困难来自政治上的压力。同时，中央政府支持力度及薄弱的税收征管基础都对转轨国家提出挑战。方建国（2006）介绍了美国财产税税率情况，指出了美国地方政府采取收支法来设定税率水平。余英（2008）对财产税税基做了国际比较，指出根据具体国情设定财产税税基才具有可操作性。倪红日、尹佳音（2008）对财产税的税权划分做了国际比较，认为一国的政治制度、财政体系及经济发展情况决定了税权的集中抑或分散。牛泽厚（2008）对财产税评估制度进行国际比较，指出多数国家采取评估机构多元化但是以政府评估为主。温来成（2007）归纳了市场经济发达国家不动产保有税优惠政策，指出各国对满足公众基本需要的住房、社会公益及公共管理自用不动产、低收入群体实施了形式多样的优惠形式。黄凤羽（2007）具体考察了美国财产税的四种优惠方式。

4. 对国内不动产保有税研究的评价

我国对不动产保有税的广泛研究在 2003 年才出现，内容涉及要不要开征不动产保有税、如何设计不动产保有税及该税的国际经验，短短时间内出现大量价值不菲的成果。但是，纵观上述内容可以看出，我国目前对不动产保有税的研究存在以下两点不足。

首先，研究的理论深度不够。国外对不动产保有税的研究已趋于成熟，但是很多不适应我国现实。如何本土化，理论界并未深入探讨，几乎绝大部分研究限于对策性分析，不动产保有税的特殊属性、制度要求以及改革中的利益冲突等问题存在研究盲区。

其次，研究方法狭窄。目前研究大多是以税论税，只看到表面现象而并未看到不动产保有税改革中存在的利益冲突，未能把不动产保有税改革放在中国政治经济体制的大框架中去，不能居高临下地看问题，这极大地限制了研究成果的应用。

**四　研究思路及方法**

（一）研究思路与逻辑框架

本书对不动产保有税按照理论基础、实践考察与改革建议的研究思路进行。首先，研究不动产保有税的功能及制度要求，分析不动产保有税功

能及不动产保有税运行所要求的制度条件。其次，考察国内外不动产保有
税的实践，意图在于研究我国不动产保有税的现状、缺陷及改革必要性，
并归纳国外不动产保有税的经验借鉴。最后，讨论我国不动产保有税改革
问题。除导论外，全书分为三个部分，共七章，具体逻辑结构如下：

导论首先明确研究背景和意义，然后在界定相关概念的基础上，提出
本书的研究对象。在对国内外研究内容作出述评之后，阐述本书的基本思
路、逻辑框架及研究方法，引领本书的开篇。

第一部分是不动产保有税的理论基础，包括本书第一章和第二章。其
中，第一章讨论不动产保有税的功能，分析目前公共经济学与房地产经济
学提出的财政收入功能、收入分配功能、资源配置功能及分享不动产溢价
功能，试图发现实现不动产保有税功能的条件。第二章从不动产保有税理
论上的受益论与美国实践上的不动产保有税限制这一悖论展开，分析不动
产保有税的公平和效率，并最终归纳出不动产保有税的制度要求。

第二部分是国内外不动产保有税的实践考察，包括本书第三章和第四
章。其中，第三章考察并客观评价目前我国政府从不动产中获取收入的模
式，指出这种模式不符合最优标准：既不能获取稳定、持续、规范的收
入，也不能促进不动产市场的良性发展。改革这种模式的关键在于不动产
保有税改革，为不动产保有税改革找到了充分依据。第四章考察了典型国
家与地区的不动产保有税设置情况，并归纳出不动产保有税制度的国际经
验，力图为我国的税制改革提供可借鉴的思路。

第三部分是我国不动产保有税改革问题，包括本书第五、六、七章。
其中，第五章运用新政治经济学方法分析我国不动产保有税改革中存在的
利益冲突，寻求平衡中央政府与地方政府间、地方政府与公众间利益冲突
的思路。第六章在不动产保有税理论基础与实践考察的基础上，结合中国
是一个大而经济发展极不平衡、集权传统极强、公众参与意识较差的发展
中国家国情，分析我国不动产保有税定位及税收要素设置问题。第七章讨
论不动产保有税改革的配套措施。由于不动产保有税改革并不是一个纯粹
的税制改革，需要诸多配套措施整体推进，因此，本章从基础环节完善、
不动产税费改革及基层政府财政民主机制的构建等方面提出了不动产保有
税改革的配套措施。

总体上，本书的逻辑框架如图 0-1 所示。

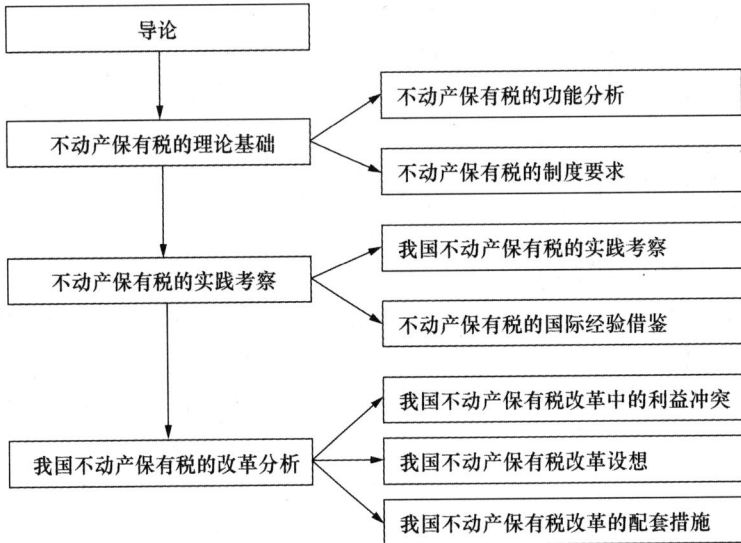

图 0-1　本书的逻辑框架

（二）研究方法

本书属应用经济学范畴，因此，研究中首先坚持了实证分析与规范分析相结合的方法，试图使得理论研究更具有针对性及应用价值。同时，本书追求经济学理论普遍性与本土性的统一，所以，对不同研究对象，研究方法有所差异。分析不动产保有税功能时，采取了局部均衡与一般均衡相结合、静态分析与动态分析相结合的新古典经济学方法；研究我国不动产保有税改革中的利益冲突时，采取了嵌入制度因素、以利益冲突为分析对象的新政治经济学方法，力求挖掘不动产保有税改革中的本质问题。

# 第一章　不动产保有税的功能分析

不动产保有税对个体或组织拥有的不动产在持有环节征税，是实质意义的财产税，其属性非常独特。由此出发，公共经济学与房地产经济学从不同侧面分析该税的功能。首先为筹集财政收入，这是不动产保有税的最基本功能。在此基础上又派生出调节收入分配、资源配置及分享不动产溢价功能。

但是，与其他税种相比，不动产保有税功能的发挥尤其取决于税收环境及税收工具两个方面，如果条件受到限制，该税的实际效应将会降低，甚至与政府的预期相反。因此，不动产保有税对社会稳定及经济发展具有典型的双刃剑特征，而这一点是由不动产保有税的特点所决定的。

## 第一节　不动产保有税的特点

### 一　不动产的特点

从产权经济学意义上说，不动产不仅是现实存在的物质，而且还包含对不动产使用、收益及处置的权利。因此，不动产的特点具有自然属性与经济属性两方面。自然属性是不动产作为"物"的属性，反映其物理特征；经济属性是不动产作为"价值"的属性，反应其社会特征。

（一）不动产的自然属性

1. 不动产具有不可移动性

不动产的自然属性首先在于不可移动性，这一点决定了不动产的其他特征。对于土地来说，不可移动性是不言而喻的；对建筑物而言，一经建成，其移动也是很困难和成本极高的，几乎可以被视为不可移动。不过，这里的移动是指实物形态的意义，而非不动产的价值形态。对于后者，如果将不动产作为一种生产要素、一种资本来看待，当然是可以流动的，这也是现代经济学中分析建筑物资本长期均衡时的前提之一。

2. 不动产具有异质性

由于不动产不可移动，每一处不动产都将固定地处于某个区域。不同区域间的公共服务、基础设施及文化氛围不同、同一区域内的不动产地理位置远近等差异都使得不动产具有自己不可复制的典型特征，找不到完全可以替代的产品，不动产具有异质性。

3. 不动产具有不可隐匿性

由于不动产具有不可移动性和异质性，致使每处不动产的特征都极其明显，且极易搜寻，难以隐藏。所以，对不动产征税，断无偷税之说，仅有抗税之论。

4. 不动产具有耐久性

不动产与动产相比不易毁损，使用时间很长，所以具有经久耐用性。

（二）不动产的经济属性

不动产的经济属性是由不动产自然属性决定的，主要体现在其价值上。与动产相比，不动产价值主要有以下四个方面的特征：

1. 不动产价值较高

作为一种稀缺的资源，又因其本身的耐久性，直接导致了不动产价值不菲。这使得不动产在现实中不只是消费品，也常常充当投资工具，具有消费品与投资品的两重属性。因此，个体所拥有的不动产一般与其财富正相关，不动产数量常常是个体经济状况的反映。

2. 不动产价值受位置因素影响

除去自身的物理特性之外，不动产价值还受区域环境的影响。位置理论认为，任何不动产都不是独立存在，而是与所在区域整合在一起的。不动产的经济价值与其周边环境密切相关，辖区内的交通设施、垃圾处理、治安环境、学校教育、购物中心及污染状况等因素都会影响不动产的经济价值。因此，出现都市繁华区面积较小房屋的价值高于城市郊区较大面积房屋的价值不足为奇。

3. 政府支出与税收同时影响不动产价值

由于位置因素的影响，政府投资以改善某辖区公共服务及基础设施的行为会导致该辖区不动产升值。当然，这里没有考虑政府对不动产保有环节征税因素。如果将这种因素纳入分析之中,那么不动产保有税将资本化进不动产价值,导致不动产价值降低。在政府支出与征收不动产保有税的双重影响下,最终不动产的升值与否无法确定,这一方面取决于政府将多大程度的税收份额用于公共服务的改善,另一方面则取决于政府公共支出的效率。

4. 不动产价值受预期因素影响

古典不动产价值模型认为,年租金和贴现率是影响不动产价值的重要因素。排除政府因素的影响,假定一不动产年租金固定为 $R$,贴现率为 $i$,则目前不动产价值为:

$$P = R \sum_{t=1}^{n} \frac{1}{(1+i)^t} \qquad (1-1)$$

当 $n$ 趋于无限时,(1-1) 式将变为:

$$P = \frac{R}{i} \qquad (1-2)$$

加入预期因素后,如果个体对第 $n$ 年不动产价格预期为 $P_n^e$,则目前不动产价值为:

$$P = R \sum_{t=1}^{n-1} \frac{1}{(1+i)^t} + \frac{P_n^e}{(1+i)^n} \qquad (1-3)$$

(1-3) 式与 (1-1) 式在形式上显著不同,按照野口悠纪雄[①]的分析,当出现合理预期(指与现实数值一致的预期)时,这两个式子是相同的。因为此时 $P_n^e = P_n$,其中 $P_n$ 为 $n$ 年后现实的地价,将 $P_n^e = P_n$ 反复代入 (1-3) 式,地价就会以无限时点的租金值的贴现表现出来,此时,(1-3) 式就会出现 (1-1) 式的形式。但是,如果预期发生变化,不是合理预期,(1-1) 式就不再是正确的,(1-3) 式则由于包含不动产价值的预期因素而更具合理性。

## 二  不动产保有税的特点

不动产保有税对不动产的保有环节征税,是一种实质意义的财产税。这种税的特征由"不动产"与"保有"两个因素决定:一是征税对象的特殊性:针对不动产征收;二是征收环节的特殊性:针对不动产的持有环

---

① [日]野口悠纪雄:《土地经济学》,汪斌译,商务印书馆1997年版,第50页。

节征收。不动产保有税的一切特点都由这两个因素延展而来①。

（一）不动产保有税收入相对稳定

不动产保有税是对财富存量征税，由于不动产的固定性及耐久性，该税收入弹性很小，不会随经济波动出现较大变化。因此，不动产保有税常常被看做经济周期的缓冲器，一定程度上可以说是该税的优点。这与流转税及所得税有根本区别：它们都是对流量征税，会随经济的繁荣与萧条自动出现顺周期变化。

（二）不动产保有税具有直接税和间接税的双重属性

不动产保有税征税对象非常广泛，包括个人自住不动产、个人出租不动产、工商业不动产及空置不动产等。在纳税人设定为不动产持有者的前提下，不动产用途不同，税负归宿也会有差别：有些不动产保有税能够转嫁给其他个体，如经营性不动产；有些转嫁却较为困难，如个人自住不动产。所以，不动产保有税兼有直接税和间接税的双重属性，能否转嫁及转嫁程度由不动产用途与时期的长短共同决定。

（三）不动产保有税极易损害公众福利

公共选择理论无疑引发了财政理论的革命。与传统上假设政府是仁慈的家长相比，公共选择学派认为政府更具有利维坦②的性质。在这种假设下，政府行为更多地表现为追求自身收入最大化，并常常通过变换所得税及财产税的税率与税基等途径实现。在连续利维坦政府（指在各个时期下政府均具有利维坦性质）假设下，所得税和财产税基本没有区别。纳税人会预期政府的征税行为，并根据预期调整自身消费与储蓄，规避政府的利维坦行为以最大化个体自身效用。不过，在或然利维坦政府（利维坦式的政府仅偶然出现在一个时期中）假设下，所得税与财产税会有差异，财产税更易损害公众利益。因为在或然利维坦政府假设下，每一时期的政府最优税率无法预期，这与连续利维坦式政府有根本区别。在这种情

---

① 需要说明的是，由于不动产保有税的计税依据为评估价值，实践中各国大体分为按面积评估、按市场价值评估和按租金价值评估三种类型，国际趋势是按照市场价值评估。在以下特点中，都是基于市场价值评估为计税依据而展开讨论的。

② 利维坦，英文为 Leviathan，在《圣经》中是一种象征邪恶的海怪。公共选择理论认为，政府是利维坦式的，意指政府追求自身利益最大化，政府不是仁慈型的，而是淡漠甚至恶意型的，因此，需要对政府行为加以限制。

况下，个人缴纳的所得税所受影响不大：它的征税对象是财富流量，公布新税率后，纳税人仍然能够在休闲和劳动中调整，尽量在政府呈现利维坦属性时期减少收入，达到少缴所得税进而最大化自身效用的目的。但财产税却不可能做到这一点：它的征税对象是财富存量，是以往财富节约的积累，因此，税基在税率公布时就已经存在了，且无法调整，致使财产税成为偶然出现一次的利维坦政府的盛宴。当然，理论上也存在通过"用手投票"与"用脚投票"等措施规避公众福利损害的可能性。

（四）不动产保有税常常是公众革命的对象

在四方面因素作用下，不动产保有税常常是公众反对的对象，税收遵从度较低。

（1）不动产保有税的征税范围包括经营性与非经营性在内的所有不动产，征税范围非常广，涉及绝大部分公众。

（2）不动产保有税计税依据普遍为不动产的市场价值，由于不动产交易并不频繁，所以，一般为基于不动产交易价格的评估价值。即使采取先进的评估技术，公众仍然认为其随意性很大，质疑征税的公平性。

（3）与流转税相比，不动产保有税极其透明，公众明确知道自己因持有不动产而向政府支付不动产保有税的数量，也清楚政府从本辖区获取不动产保有税的规模。

（4）不动产保有税征税对象位置固定，具有异质性，征税对象及范围非常明确，纳税人无法采取偷税方式达到少缴税收的目的，只可能会出现抗税的问题。

在绝大部分的家庭认为不动产保有税有失公平且难以逃税的情况下，对不动产保有税的集体抗税时有发生。阿根廷一般约有 20%—25% 的纳税人拒绝支付财产税[①]。2003 年的波士顿，有的私房屋主与估税员争论，还有的冲进市政厅，向政府官员发泄他们的愤怒[②]。在美国，公众已经发动了三次税收革命，矛头都直指财产税，导致财产税在政府中比重持续下降。2006 年美国调查公众对待税收和财富态度，结果显示，39% 的公众认为，财产税是最差的或者说最不公平的税种，远远超过占 20% 比例的

---

① 王道树、涂洪波：《阿根廷的土地和财产税》，《中国税务报》2002 年 12 月 30 日。
② 田福雁：《财产税激怒波士顿人》，《中国税务报》2003 年 12 月 19 日。

个人所得税①。2007 年调查结果显示，在公众认为不公平的税种方面，由于当年燃油价格高涨，汽油税被列为最差，财产税为其次②。

由于不动产保有税的这些特点，任何一个国家在不动产保有税改革时都需谨慎斟酌，力图将不动产保有税的消极影响降到最低。这不仅是一个税收乃至经济问题，一定程度上更带有复杂的政治成分，直接关系到社会的稳定。

# 第二节　不动产保有税的财政收入功能

## 一　不动产保有税财政收入功能主要体现在地方政府中

不动产保有税作为实质意义的财产税，是历史上最早出现的税种。在奴隶社会向封建社会过渡及整个封建社会时期，土地税都作为筹集财政收入的最主要工具而存在，房产作为土地的附着物在土地税中合并征收。之后，由于城市的进一步发展，房产税逐步从土地税中分离出来，成为单独的税种。

随着近代社会商品经济的发展，国家的税源范围逐渐扩大，不动产保有税比重也逐步减小，失去了在税收中的主体地位，政府税收结构转向了以间接税为主体。在经济合作与发展组织（OECD）国家，2007 年财产税平均占全部税收的 5.6%，其中，韩国的比例最大，但也仅有 12.8% 的比例③。发展中国家的该比例更低。

但是，与不动产保有税占全部税收比例不大的状况相比，该税在地方政府税收中所占比例却很高。OECD 国家中，2007 年财产税占地方政府税收的平均比例为 36.64%，其中，美洲国家的这个比例最高，为 84.62%，欧洲国家最低，为 25.34%，亚太国家的比例为 65.61%，在英国与爱尔兰，财产税是唯一的地方税种④。

---

① TaxFoundation2006.
② TaxFoundation2007.
③ OECD. StatExtracts.
④ OECD. StatExtracts.

不动产保有税在地方政府中发挥筹集财政收入功能是基于课税对象本身特点的。首先，不动产保有税能够给地方政府带来稳定的财政收入，这是由于该税税基不随经济发展波动而变化。其次，不动产保有税归属清晰，不会出现类似流转税难以划分税收收入归属权的情形。由于流转税的税负转嫁性，承担税负的辖区与获得税收的辖区通常不一致，有悖于税收公平原则的实现。不动产不易移动，所以不动产保有税可以清晰地归属到不动产所在辖区。最后，不动产保有税在地方政府有较大的信息及征管优势，这是由不动产具有不可隐匿性所致。根据上述理由，不动产保有税财政收入功能仅是针对地方政府而言，而非所有级次的政府筹集财政收入。

但是，在税制设计之外，实现不动产保有税财政收入功能还需要一定的环境及技术条件。在发展中国家，有些条件完备性较差，导致该税财政收入的实际效应并不显著。

**二　环境要素对不动产保有税财政收入功能的约束**

（一）辖区经济发展程度与不动产保有税财政收入功能

不动产保有税以不动产为征税对象，整个辖区内的不动产数量及价值无疑直接决定了不动产保有税的规模。但是，每个辖区内的不动产数量与本辖区经济发展状况密切相关：经济发展较快辖区比经济欠发达辖区的不动产数量高出很多，再加上不动产价值因素，这种差异会成倍增长。不过，一个辖区内存在的不动产数量及价值在一定时期内基本是稳定的，政府短期内无法改变。因此，尽管不动产的数量因素直接影响不动产保有税规模，但政府无法控制。在税率相同的情况下，这直接导致不同辖区的不动产保有税规模有很大差异，至少在短期内是如此。长期内这种状况会发生改变，政府可以通过加大土地供给的方式增加不动产数量，还可以通过提升辖区公共服务水平来提高不动产价值，这些举措都可以改善辖区的不动产状况，增大不动产保有税规模。

（二）辖区财政预算环境与不动产保有税财政收入功能

征收不动产保有税辖区的财政预算环境对于该税的收入功能也有很大影响。这并不涉及税种的内在体制安排，主要指辖区政府收入的软预算约束程度。

软预算约束（Soft Budget Constraint）是匈牙利经济学家科尔奈（Janos Kornai）1980 年在《短缺经济学》一书中针对政府与公有制企业间关系提出的。他认为，这类企业并不受硬性预算约束的限制，即使出现巨额经营亏损，仍然能够从政府得到一些资源补偿而不至于破产，实际形成政府对公有制企业的"父爱主义"情结。在这样的预期下，企业会不断突破预算约束而追求自身利益最大化。此时，预算仅仅作为一种财务关系存在，而不能形成有效的行为约束。价格机制不再单纯起作用，效率损失是通常会出现的后果。

尽管科尔奈的软预算约束理论产生于解释政府与企业间关系的背景下，但也广泛存在于各级政府和政府与公众之间，其作用方式一般有两种。

第一种方式表现为自下向上的资源索取：下级政府与上级政府讨价还价，不断突破上级政府之前的承诺，获得预算外资源。这种行为无疑是符合上下级政府的理性举措。下级政府预期项目只要开建就会从上级政府得到预算外资源的支持，因此有将项目规模做大的冲动，以获得较多的风险收益，这是符合其经济人思维的。对上级政府来说，在资金不足、项目难以完成时，不进行预算外投资就意味着大量原有投入资金成为沉淀成本，进行预算外资金的拨付才有可能得到收益。上级政府权衡收益与成本后，多数情况会拨付预算外资金继续项目建设，这也是符合上级政府理性的。最终的动态博弈均衡将是政府预算的软约束：下级政府扩大项目的预算规模，上级政府拨付预算外资金支持。无疑，出现这种结果的根本原因是上级政府的不可置信承诺和下级政府的机会主义倾向。

第二种方式表现为自上而下的资源索取：辖区政府规模持续膨胀，为应付庞大的财政支出，巧立名目对公众税外收费，不断突破预算约束，将政府之外的资源纳入政府预算外或制度外收入。由于这种索取方式与传统突破软预算约束的方式截然相反，周雪光（2005）将其称为"逆向软预算约束"。这种方式下，政府对能够攫取到这种资源有合理预期，因此，政府规模扩大以追求自身利益最大化成为必然。最终的动态均衡将是政府规模膨胀，预算外与制度外收入泛滥。与自上而下的讨价还价式资源索取相比，这种突破预算约束的方式具有更多强制性，依靠的是政府行政权力。在第一种方式越来越受到来自上级政府严格约束之后，自下而上的方式应用更加普遍，也更难以制衡。

在地方政府存在软预算约束的环境下，理性的政府偏好于从上级政府讨价还价得到收入和从公众攫取预算外及制度外等非正式收入。对于从上级政府得到的转移性收入来说，并不与自身正常的工作努力相关，只是取决于官员寻租的能力。我国"跑部钱进"已经是地方政府不言而喻的规则。同时，上级政府对转移性收入的使用监管不力，缺乏一定的制约机制和效率评价机制，地方政府对这部分收入使用的随意性较大，偏好这类收入无可厚非。对于从公众攫取的预算外和制度外等非正式收入而言，由于上下级政府的信息不对称，上级政府难以监管这些收入的使用，甚至根本就不知道这些非正式收入的规模，使得该收入没有严格的制度约束，脱离了监管的正常轨道，使用具有很大随意性。税收收入作为正式收入，其收支明显不同于以上两者：它需要被纳入财政预算，在支出结构和规模上要接受各方面的监督，政府的行为受到一定程度的限制。因此，与税收收入相比，政府对转移性收入和非正式收入有极大偏好。

尽管不动产保有税的税基宽阔，税收潜力较大，但在软预算约束盛行的环境下，地方政府对作为正式收入的不动产保有税可能依然兴趣不大。不动产保有税的规模受到该辖区政府财政预算环境的影响，是依状态而变化的，与政府财政预算的"软"度负相关。一个依赖政府间转移支付或预算外收入及制度外收入程度严重的辖区对不动产保有税的税收努力会大大减弱，该税的收入效应受到抑制。

**三　管理因素对不动产保有税财政收入功能的约束**

不动产保有税的征税范围极广且以不动产评估值为计税依据，这种特殊性决定了在所有税税种中，不动产保有税收入功能的有效发挥最依赖税收管理，而绝不仅仅是税制要素的设定。不动产保有税的管理主要包含三方面内容：完整的不动产清单、不动产价值评估及征收效率。

**（一）完整的不动产清单**

不动产保有税征税对象包括土地及附着于其上的建筑物，对征税对象的数量及种类进行完整登记成为征收不动产保有税的首要环节。另外，由于不动产价值受到所处区域的影响，对不动产所处位置也要明确标明。这样，要求每个辖区（评估区）应该首先编辑一张完整的不动产清单（地籍图），详细描述每块应税不动产的所有者、种类与位置等详细资料及清单的编制日期。同时，涉及不动产信息处理的机构要做到信息共享，建立不动产的信息交流机制，以准确地获得不动产的用途改变及产权转移情况。

不过，由于不动产分布极广，种类繁多，得到一张准确汇集辖区内所有应税不动产的目录是极其困难的事情。在发展中国家，由于缺乏土地及建筑物的注册信息，数据记录很少更新，使这项工作更加麻烦，成本极其昂贵，进一步制约了不动产目录的编制，不动产清单覆盖率不高。凯利和罗伊（Kelly and Roy）认为在肯尼亚，不动产目录只是覆盖了应税不动产的30%—70%[①]。发展中国家编制完整不动产目录的失败制约了不动产保有税收入功能的有效发挥，使该税的规模停滞不前。任何开征不动产保有税的国家，为充分发挥该税的收入功能，不动产目录对现实应税不动产较高的覆盖率将是基础性条件。

（二）不动产价值评估

不动产保有税计税依据应该为不动产的市场评估价值，实践中一般对不动产市场价值进行评估率处理后才构成不动产保有税的计税依据，这使得不动产保有税的计税依据低于不动产的市场价值。不同国家对不同种类不动产的评估率规定差异较大，如菲律宾的法定评估率从15%—80%不等，牙买加的平均评估率为11%，肯尼亚在20%—70%[②]。这些评估率是出于政府一定目的而设定的，但是却又在不动产目录覆盖率低的基础上进一步降低了不动产保有税的税基，限制了该税收入功能的发挥。

不动产价值的再评估也影响不动产保有税的收入功能。由于不动产价值依时间而改变，一般情况下价值是逐渐升高的，因此，对不动产价值进行再评估实际上还原了其本身的价值，是必要的工作。再评估间隔过长，将导致不动产保有税的规模增加仅限于新建不动产，而原有不动产存量缴纳的税收并不能跟上不动产价值的增加。进一步，由于通货膨胀影响，从原有不动产存量上获得的不动产保有税应该是相对下降的。再者，评估期过长将导致纳税人税收突增，引发公众的抗税风险，税收不遵从度增加。

① Kelly and Roy, Designing a Property Tax Strategy for Sub - Saharan Africa: An Analytical Framework Applied to Kenya. *Public Budgeting and Finance*, 2000, 20 (4): 36 - 51.

② Roy Bahl and Jorge Martinez - Vazquez, The Property Tax in Developing Countries: Current Practice and Prospects, http://aysps.gsu.edu/isp/files/ISP_ CONFERENCES_ PROPERTY_ TAX_ 06_ BAHL_ AND_ MARTINEZ_ PRESENTATION. pdf.

基于以上分析，再评估的频率将影响不动产保有税的规模。但每年进行评估的要求似乎是苛刻的，实践中，一些国家通常规定3—5年评估一次，如日本、美国、印度尼西亚和菲律宾每3年评估一次，澳大利亚一般是4—7年评估一次。但还有国家如肯尼亚每10年评估一次，英国对于居住用的不动产则不进行再评估。这导致了各国的不动产保有税收入效应有较大差别。

（三）税收征收效率

不动产保有税的征收是完成该税的最后一个环节，但通常也是效率最低的环节。征缴率是影响不动产保有税收入的关键指标。由于不动产保有税的独特属性，即使在发达国家，也常常成为公众尖锐批评的对象，甚至出现集体抗税现象。发展中国家的征缴率更低。罗伊·巴尔（2009）提到，发展中国家中的征缴率在50%—70%是很常见的。如牙买加2004年该税的征缴率仅为40%，在肯尼亚则为10%—60%。如此低的征缴率使不动产保有税的收入效应甚微。

综上所述，所谓的不动产保有税财政收入功能是体现在地方政府税收而非在整体税收中的。在此前提下，该税财政收入功能的发挥受外部运行环境与税收管理的制约。无论税收要素设置得如何合理与精密，不动产目录的低覆盖率、评估技术的落后及低效的征管总是可将这一切化为无形。同时，不动产保有税的外部环境对该税的收入功能的实现起到制约作用。在促进辖区经济发展以增加税源的基础上，需要改善辖区政府的软预算约束状况。很难想象一个依靠转移支付或预算外收入度日的辖区政府会对地方税的培育与征收有较大努力。在发展中国家包括我国的不动产保有税改革中，这可能是比较难以突破的瓶颈。

# 第三节　不动产保有税的收入分配功能

## 一　不动产保有税收入分配功能的提出

税收的功能之一是调节公众收入差距，使整个社会的收入分配状况维持在相对公平的程度。由于课税对象的差异，这种调节功能主要在再分配环节由直接税行使，包括个人所得税与财产税两种。其中，前者着力于从财富流量角度调节，后者则以调节财富存量为实质内容，两者相互配合的税制才能有效缓解公众收入差距过大，实现税收的收入分配功能。

在公众持有的财产中，由于不动产价值很高，是衡量个体负税能力的客观标准，同时又易于发现，因此，财产税逐渐集中于对不动产的征税，不动产保有税具有收入分配调节功能就成为政府运用该税时的事前假设，成为开征该税的理论依据之一。

税收对收入分配影响的核心在于判断税收累进性抑或累退性，这由税收归宿①和收入结构共同决定，是税收经济学中最为复杂的事情。不动产保有税的收入分配功能则因其征税对象特殊更凸显复杂性：不动产既可以认为是传统上的静态财产，又可以看做现代意义上的动态资本，因为投资于建筑物的资本长期内会由于不动产保有税的影响而流动，从而将不动产保有税转嫁出去。从不同角度分析，该税的收入分配功能会有差异。因此，简单地认为不动产保有税对调节收入分配有积极作用是武断的，恰恰相反，税收制度设置不当，该税也可能会加剧公众的收入不公平程度。

## 二 不动产保有税收入分配功能的经济分析

衡量税收是否具有收入分配功能的是税收累进性。长期以来，经济学家们构造了不同的测量指标。本节采用庇古（1928）用平均税率（Average Rate Progression，ARP）来衡量税收累进性的指标。

假设 $T_1$ 是收入 $Y_1$ 应纳的税收，$T_0$ 是收入 $Y_0$ 应纳的税收，且有 $Y_1 > Y_0$，则累进性指标 $ARP$ 可以表示为：

$$ARP = \frac{(\frac{T_1}{Y_1} - \frac{T_0}{Y_0})}{(Y_1 - Y_0)} \tag{1-4}$$

当 $ARP > 0$ 时，表明税收是累进的，当 $ARP < 0$ 时，表明税收是累退的，当 $ARP = 0$ 时，表明税收具有比例性。这种方法实际是运用平均税率如何随着收入的变化而变化来衡量税收累进性。

---

① 有学者将税负归宿区分为法定归宿和经济归宿，前者是缴纳税收的主体，后者是最终负担税收的主体。由于税负转嫁的因素，两者通常会有差异。从税负归宿的本质意义来说，税负归宿应该理解为经济归宿。法定归宿只是缴纳税负的主体，不能显示出最终由哪个主体承担了税负，也就不能确定税收的收入分配效应，分析意义不大。因此，本节分析的基点是经济归宿。

（一）不动产保有税收入分配功能的分析框架

由于不动产的特殊性和实践中税收工具的多样性，分析不动产保有税收入分配功能的过程非常复杂。本节试图通过几个环节达到分析不动产保有税累进性的目的，如图1-1所示。

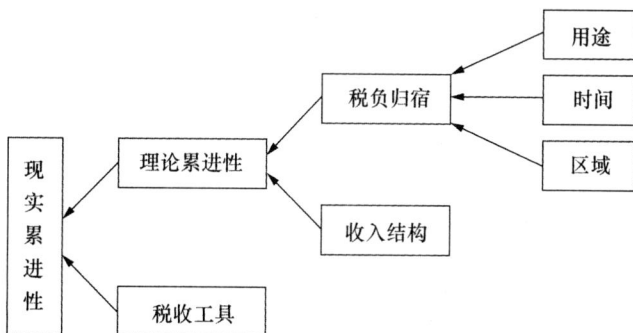

**图1-1 不动产保有税收入分配效应的分析框架**

1. 分析不动产保有税的税负归宿

经典的税负归宿理论强调了在短期和长期下税负归宿的差异，这主要是基于征税对象的供给弹性和消费者对产品的需求弹性随时间而变化的缘故。对于不动产保有税而言，时间因素无疑也是非常重要的。但与此同时，还有两个因素影响税负归宿。一个是不动产的用途。非经营性不动产和经营性不动产的税负归宿明显有差别，后者的保有税更易转嫁给消费者。另一个因素是征收不动产保有税的区域。在整个经济中按照统一税率征收不动产保有税和仅在地方某个辖区征收不动产保有税的税负归宿是不同的，诸多辖区征收差异税率的情况与之类似。因此，在分析不动产保有税的税负归宿时，需要考虑不动产的用途、时间跨度与征税区域三个因素。

2. 结合税负归宿和收入分布结构分析不动产保有税的理论累进性

确定税负归宿之后，就明确了不动产保有税最终由哪个群体负担。随后就需要分析群体的收入分布结构，试图得到负担不动产保有税群体的收入状况。这通常是不太明确的，我们对此知之甚少。不过，还是能够推测出特殊群体大概状况的。根据这两点，就可以从理论上确定是高收入群体还是低收入群体负担了不动产保有税，不动产保有税的累进性也就随之得到。

3. 结合不动产保有税差异税率分析实践累进性

实践中的不动产保有税往往设定差异税率，该税理论上的累进性可能会由于这些税收工具的运用而被加强或者被扭曲。因此，完整分析不动产保有税累进性需要考虑该税实践设置的因素。

（二）非经营性不动产保有税的累进性分析

1. 基本假设

（1）完全竞争市场。按照买卖双方的数量、产品的同质性、要素的流动性和信息的充分性，市场结构有完全竞争市场、垄断市场、垄断竞争市场和寡头市场。市场结构状况无疑是影响税负归宿的，本节的分析假定在完全竞争市场下进行，尽管这是与现实存在较大差异的理想假设，不过，通过这种分析可以得到许多有益的结论，并可适当修改而运用到其他市场结构。

（2）占有及消费不动产价值与收入正相关。不动产是一种昂贵的消费品，一般来说，与其收入正相关变化。这一假设意味着拥有不动产的群体比租住不动产的群体收入高；拥有较大价值不动产的群体是高收入者。通过这样的假设，本书排除了个体在试图拥有或租用不动产时存在的攀比效应和面子因素[①]。

（3）土地供给弹性短期内无论在全国还是在单个辖区均为零，长期内对于全国来说依然供给无弹性，在单个辖区有较小弹性。由于土地在全国范围内是固定的，因此，即使在长期也不会变化。但在单个辖区中，长期下会出现农村土地转向城市土地的情况，使得土地供给弹性略大于零（此处是农村土地不征收保有税的情形），但依然会小于群体的需求弹性。

（4）全国资本量供给固定；建筑物资本供给短期内没有弹性，长期内供给弹性大于零。假定资本不受国际资本流动影响，在全国是固定供给的。由于资本可以流入建筑业也可以流入其他如公共设施、设备制造等行业，因此，建筑物资本供给是具有弹性的。但是，因建筑物的投资时间较长，建筑物资本短期供给弹性为零。

---

① 这种因素是行为经济学研究的重要课题之一，我国也存在这种情况。不过，这种情况总体比重很小，所以，本节将其排除。

（5）不考虑税收支出。平衡税负归宿认为分析税负归宿时不仅应考虑税收缴纳的收入方面，还应考察税收的支出环节，政府对税收支出的方向和规模影响该税的税负归宿。但这种双重影响极为复杂，为分析方便，假设不考虑支出因素。

（6）比例税率，没有任何减免待遇。不动产保有税的税收工具很多，主要集中于税率的差别和减免税上。本部分只是对没有任何优惠的不动产保有税进行分析。至于实践中采用减免税优惠对于累进性的影响，本节第三部分专门讨论。

在这些假设下，对不动产保有税的累进性将按照经营性不动产与非经营性不动产展开。同时，由于土地与建筑物的供给弹性存在差异，因此，至少在概念上将其分开讨论是有意义的。另外，我国在物业税"空转"的试点过程中也对土地及建筑物分别估价，因此，分析中对这两者加以区分也是实践的需要。

2. 对土地征收不动产保有税的累进性

（1）在全国范围内对土地征收统一不动产保有税的分析。根据假设（3），由于土地在全国的供给弹性无论短期还是长期均为零，那么土地供给者无法通过调整土地数量的方式转嫁税负，此时，税负承担者是土地所有者。这里必须要明确的是，此处的土地所有者是指原来的土地所有者，而非新的土地所有者。或者可以这样说，原来的土地所有者为土地所有者，新的土地所有者为土地消费者。那么，土地不动产保有税的税负归宿为土地所有者而非土地消费者，这是土地资本化的结果。

假设土地所有者 A 将土地转让给 B，设不动产的每年收益为 $R_i$，市场贴现率为 $r$，则原不动产价格（未考虑不动产保有税的不动产价格）：

$$P_0 = \sum_{i=1}^{N} \frac{R_i}{(1+r)^i} \qquad (1-5)$$

假设每年收益相同，均为 $R$，则有：

$$P_0 = \frac{R}{r} \qquad (1-6)$$

征收不动产保有税之后，由于消费者 B 了解未来每年要为土地付出不动产保有税，这导致土地的年收益下降。理性的消费者将采取压低土地价格的方式将未来需支付的税额在土地原价中扣除。在土地供给无弹性的前提下，按照从价计税方式，设该土地的不动产保有税税率为 $t$（为简便起见，每年都按原始交易价格计税），则此时不动产价格为：

$$P = \frac{R - tP}{r} \qquad (1-7)$$

进一步：

$$P = \frac{R}{r + t} \qquad (1-8)$$

$$P_0 - P = \frac{tR}{(r+t)r} = \frac{tP}{r} = \sum_{i=1}^{N} \frac{tP}{(1+r)^i} \qquad (1-9)$$

（1-9）式为无不动产保有税时土地价格与征收不动产保有税后土地价格之差，恰好是未来缴纳不动产保有税的贴现值。可以看出，消费者 B 在交易时支付的购买价格 $P$ 和未来需要缴纳不动产保有税的贴现值之和仍然为 $P_0$，并没有由于缴纳不动产保有税而使收入下降，但 A 得到的价格却减少了 $\frac{tR}{(r+t)r}$。土地所有者 A 是不动产保有税的最终归宿，土地消费者 B 只是法定归宿。将这个过程顺延，若一定时期后 B 将土地转让给个体 C，则 B 变成了土地所有者，消费者 C 在未来缴纳的不动产保有税税负归宿为土地所有者 B。

既然土地的不动产保有税税负归宿总是土地所有者，那么，基于不动产所有者是高收入阶层的假设，可以合理推出对土地征收全国统一不动产保有税具有累进性。

（2）地方区域对土地征收不动产保有税的分析。按照土地供给弹性在地方区域的假设，地方区域内对土地征收不动产保有税与全国范围内的情形短期内是相同的，均为土地所有者承担全部税负。不过，长期由于区域内土地供给有弱弹性，所以，不动产保有税将由土地所有者和土地消费者分担。

假设土地供给弹性为 $\eta$，土地需求弹性为 $\theta$，且有 $\eta < \theta$。不考虑不动产保有税时的土地价格为 $P_0$，土地的均衡数量为 $Q_0$。由于未来不动产保有税的贴现值由双方分担，因此，消费者支付的价格大于 $P_0$，设为 $P_1$；土地所有者得到的价格小于 $P_0$，设为 $P_2$，则 $P_1 - P_0$ 为消费者负担不动产保有税的贴现值，$P_0 - P_2$ 为土地所有者负担不动产保有税的贴现值，假定此时土地的均衡数量为 $Q^*$。由弹性定义可知：

$$\theta = (\frac{Q^* - Q_0}{Q_0}) / (\frac{P_1 - P_0}{P_0}) \qquad (1-10)$$

$$\eta = (\frac{Q^* - Q_0}{Q_0}) / (\frac{P_0 - P_2}{P_0}) \qquad (1-11)$$

两式相比得到：

$$\frac{P_0 - P_2}{P_1 - P_0} = \frac{\theta}{\eta} \qquad (1-12)$$

即不动产保有税按照双方的弹性倒数分担。由于 $\eta < \theta$，所以，土地所有者承担的税负明显高于土地消费者，表明土地税在地方区域征收时依然具有累进性。

3. 对建筑物征收不动产保有税的累进性

（1）全国范围内建筑物不动产保有税的分析。根据假设，建筑物供给弹性在短期内与土地供给弹性相同，因此，短期内税负归宿为建筑物所有者，对建筑物征收不动产保有税依然具有累进性。

长期下，资本可以投资于建筑业也可投资于其他行业，在完全竞争市场结构下，这两部分资本数量分布将达到均衡，并获得相同的收益率 $R_0$。不过，假设仅对建筑业征收不动产保有税而对资本投资的其他行业不征收。不动产保有税的征收无疑首先降低了建筑业资本的收益率，假设为 $R_1$（$R_1 < R_0$）。建筑物资本的收益率降低，而其他行业资本收益率依然为 $R_0$。出于逐利的本性，建筑业资本流入其他行业，打破了未征税时的各类资本规模的均衡。这首先导致其他行业的收益率降低为 $R_2$（$R_1 < R_2 < R_0$）。在完全竞争市场的假设下，随着资本的流动，最终整个经济的资本将再次达到收益率相同 $R^*$（$R_1 < R^* < R_2$），整个资本的收益率比未征不动产保有税时有所降低，全部资本分担建筑物保有税税负归宿。按照一般均衡分析，还会有以下结果：首先，建筑物资本减少，土地作为其互补性产品，开发需求也将减少，但是它不可移动，导致收益率将减少。其次，建筑物由于数量减少而价格升高，按照费雪（2000）[①] 的解释，资本服务的消费者不能像资本流动而改变用途一样改变自己的需求，所以，建筑物

---

① ［美］费雪：《州和地方财政学》第二版，吴俊培总译校，中国人民大学出版社 2000 年版，第 319 页。

的消费者不得不承受较高的建筑物价格。最终将对建筑物征收的不动产保有税转嫁给所有资本所有者、土地所有者和建筑物的消费者。

按照假设，资本所有者和土地所有者都是高收入阶层，他们作为税负归宿导致了对建筑物征收的全国统一不动产保有税具有累进性。建筑物的消费者承担税负是否具有累进性需要辨别住房支出的收入弹性。如果住房支出的收入弹性大于1，那么建筑物的消费者是较高收入阶层；如果该弹性小于1，建筑物的消费者是低收入阶层。罗伊·巴尔（1995）[1] 认为如果用年收入来衡量，那么该弹性一般是小于1的，但是如果用较长时期收入甚至恒久收入来衡量收入的话，住房支出的收入弹性长期内小于1的可能性不大。如果罗伊·巴尔是正确的，那么，建筑物消费者承担不动产保有税就具有累进性或者说至少不具有累退性。

（2）地方区域建筑物征收不动产保有税的分析。在地方区域对建筑物征收不动产保有税的含义是指地方建筑物保有税有差异：某地有建筑物保有税而另一地没有这个税种，或者某地的建筑物保有税率高于另一地的税率。

由于假设建筑物短期弹性为零，在区域对建筑物资本征收不动产保有税，短期内与在全国征收该税是相同的，税负归宿为建筑物资本所有者，具有累进性。

按照假设，长期下建筑物资本由于能够流动使其在辖区内具有供给弹性。由于高税率降低了高税率区建筑物资本的收益率，因此，趋利的本性致使建筑物资本从高税率区流向低税率区。在完全竞争市场假设下，各地建筑物资本会在一个较低的收益率（与原来收益率比较而言）达到均衡。高税率区的建筑物保有税转嫁到了高低税率区的建筑物资本上。按照一般均衡分析方法，这个过程还会引起其他市场的变化。一是高税率区的建筑物价格的变化。随着高税率区建筑物资本的减少，建筑物数量下降。如果建筑物的需求者在本辖区的需求弹性不发生变化，即他们不流动到其他区域寻找建筑物消费，那么，高税率区的建筑物价格将是上升的。实际上，这种流动性是很小的，因为影响自住建筑物地点选择的绝不仅仅是建筑物

---

① ［美］罗伊·巴尔、约翰尼斯·林：《发展中国家城市财政学》，陈开元、杨君昌主译，中国财政经济出版社1995年版，第87页。

价格。二是高税率区的土地价值变化。由于土地与建筑物是互补性的，建筑物资本的减少，建筑物数量减少，土地的需求也随之减少，但是土地最大的特点是不可移动，自身供给不变。因此，最终结果是土地价值降低。土地所有者承担了部分本区域建筑物保有税。三是高税率区劳动的变化。与土地相同，劳动的需求也将随建筑物资本的减少而下降。但与土地不同，劳动是可以流动的要素，供给弹性很大。因此，几乎不受建筑物资本流出的影响。

按照上述分析，在一般均衡分析下，地方区域建筑物保有税税负归宿与在全国范围内对建筑物资本征收不动产保有税的长期归宿相同——所有的资本所有者、高税率区的土地所有者和建筑物消费者，从而也导致这种不动产保有税具有累进性。

（三）经营性不动产的保有税累进性分析

经营性不动产包括将自己拥有的不动产用于工商业活动或出租出去。前者是将不动产作为生产要素来生产商品或服务，后者是将不动产出租给他人居住或从事经营性活动。不动产保有税是针对不动产所有者征收，短期内由不动产所有者负担，具有累进性。长期内不动产所有者可以通过提高商品或服务价格与出租价格的方式将税负转嫁给商品的消费者和租户负担，转嫁的实现程度与一般商品税无异，需要考虑商品服务的供求弹性、不动产出租市场的供求弹性。由于公众的非住房商品消费支出的收入弹性通常是小于1的，那么商品消费者承担不动产保有税使得该税具有一定的累退性。根据假设，租户与不动产所有者相比属于低收入阶层，因此，他们承担不动产保有税也使得该税具有累退性，因此，经营性不动产保有税的实际效应是加剧了收入不公。

**三　不动产保有税差异税率对收入分配功能的影响**

实践中，各国出于一定的目的通常会设定不动产保有税差别化有效税率（不动产价值评估率与名义税率之积），分别存在于土地与建筑物间、不同用途不动产间、不同价值不动产间及不同区位不动产之间。这些税收工具有些是能明显影响不动产保有税累进性从而影响其收入分配功能的，但也有些主要在于影响资源配置功能。以下分析能够明显影响累进性的工具，其他影响资源配置功能的税收工具在下节讨论。

首先，对于按照不动产不同用途设置差异保有税有效税率的政策，一般将不动产区分为非经营用、经营用与空置三类，其适用的税率逐渐升高，甚至还有国家对自有非经营用不动产免征保有税（我国目前就是这种情况）。对于空置不动产征收很高的保有税率有助于提高保有税的累进性。因为，一般认为拥有空置不动产的所有者是高收入阶层，出于调节收入分配的考虑，这类群体负担更高的税收是公平的（当然这是税收支付能力原则的体现，而非基于受益原则的考虑，因为地方公众在公共服务上的受益是相同的）。对于经营用不动产实行较高的保有税，无疑是出于征收简便的因素，但是却影响其累进性。由于经营性不动产保有税会旁转给商品或服务的消费者及租住不动产的租户。按照前文分析，这导致税收出现一定程度的累退性，对其征收较高的保有税将进一步增大该税累退性程度。对非经营性不动产来说，前文分析了由于税负归宿是土地所有者、资本所有者和建筑物消费者，一般认为，他们是高收入阶层，因此该税具有累进性。不过，对其执行较低的税率甚至免除自有住宅保有税的做法无疑降低了这种累进性，导致不动产保有税的实际效应反而加剧了收入分配不公。

其次，对不动产按照价值差异设定保有税累进税率的做法为韩国等有限几个国家采用。但是，对低价值不动产免税的政策却是大多数国家执行的。按照假设，拥有不动产价值与其收入正相关，因此，低价值不动产免于征收保有税明显地提高了该税累进性程度，对于非经营性不动产实行累进税率也使得不动产保有税更加具有累进性。不过，必须要考虑到征管因素，因为，按照税收遵从理论，高税率将导致更高的逃税率，使得这种累进性减小。实践中，执行不动产保有税累进税率的效果并不理想[①]。对于经营用不动产的累进税率与上段分析效果相同，不再重述。

# 第四节　不动产保有税的资源配置功能

## 一　不动产保有税资源配置功能的意义

个体为了减轻自身税收负担，通常采取一定方式回避它。一种方式是将所缴纳的税收转嫁给他人，从而引起公众间收入的变化；另一种方式是

---

① 张青、薛钢、李波、蔡红英：《物业税研究》，中国财政经济出版社 2006 年版，第 117 页。

将资源从高税区转移到低税或非税区，从而使资源的流动成为可能。因此，个体回避税负的过程是收入分配过程与资源配置过程的统一。如果说收入分配功能分析的关键在于明确不动产保有税具有累进性还是累退性，是属于对税收公平的研究，那么资源配置功能分析的实质就是对不动产保有税的中性与非中性做出回答，分析该税是否具有影响土地利用及资本结构配置的功能，无疑，这属于税收效率①的范畴。

不动产保有税在不动产持有环节课税，增加了持有不动产的成本。由此出发，通常认为该税能够引起个体持有不动产结构改变，从而对土地及建筑物资源重新配置，达到抑制不动产市场投机行为、促进土地有效利用的目的，不动产保有税蕴含非中性意义，具有资源配置功能。不过，这一逻辑链条的缺陷是明显的：增加不动产的持有成本是否肯定导致个体持有不动产结构改变？其答案应该依不动产保有税征收方式是从量征收还是从价征收而定，同时，土地与建筑物的属性有较大差异，不动产保有税引起资源流动的程度也不尽相同。因此，不动产保有税具有资源配置功能仅仅是一个先验假定。

**二　不动产保有税资源配置功能的经济分析**

（一）土地保有税的资源配置功能

土地保有税是否具有资源配置功能直接取决于该税是否中性。如果土地保有税不会引起决策主体行为的改变，那么该税是中性的，就不具有资源配置功能；如果土地保有税能够改变行为主体的决策，就表明该税是非中性的，政府就能够通过制定合适的不动产保有税政策影响土地的有效利用，实现土地资源的帕累托最优配置。而该税是否非中性将取决于从量征收还是从价征收②。

下文的分析将把时间因素加入土地保有税中进行动态分析，并区分从量征收与从价征收两种情况。

讨论动态下土地保有税中性与否，一般假设土地有两种不同用途，产生不同的收益流。如用途 A 与 B，在用途 A 下，年收益流为 $p_A$，在用途 B 下，年收益流为 $p_B$。如果个体的土地用途决策由于征收土地保有税在 A

---

① 这里所说的效率仅指税收的经济效率而不包括其征管效率。

② 此处排除了对土地租金收税的情况，因为从租税不是实质的土地保有税。

与 B 间转换，那么该税能够影响不同用途土地的配置，呈现非中性的意义，否则，就是中性的。

1. 土地保有税的从量征收

假定土地仅有两种用途：A 与 B。每单位面积土地的年收益流在用途 A 之下设为 $p_A$，用途 B 下设为 $p_B$，预期贴现率为 $r$，用途 A 与 B 目前（$t=0$）的土地价值为 $V_{A0}$ 和 $V_{B0}$，则有：

$$V_{A0} = \int_0^\infty p_A e^{-r\tau} d\tau = \frac{p_A}{r} \qquad (1-13)$$

$$V_{B0} = \int_0^\infty p_B e^{-r\tau} d\tau = \frac{p_B}{r} \qquad (1-14)$$

那么，土地在用途 A 与用途 B 的分布结构将依 $p_A$ 与 $p_B$ 的差异而定。

假设对每单位面积土地征收年税率为 $\theta$ 的土地保有税，此时用途 A 与用途 B 目前的土地价值为 $V_{A1}$ 和 $V_{B1}$，则有：

$$V_{A1} = \int_0^\infty (p_A - \theta) e^{-r\tau} d\tau = \frac{p_A - \theta}{r} \qquad (1-15)$$

$$V_{B1} = \int_0^\infty (p_B - \theta) e^{-r\tau} d\tau = \frac{p_B - \theta}{r} \qquad (1-16)$$

此时，$V_{A1} - V_{B1} = V_{A0} - V_{B0}$，即单位面积上不同用途土地价值的差额在土地保有税开征前后没有发生改变。因此，行为人对不同用途土地选择的决策不发生改变。这意味着从量的土地保有税不会改变土地使用方式，不会对资源配置产生影响，是中性意义的税种。

2. 土地保有税的从价征收

与从量计征下不同用途土地所缴纳税金相等不同，在从价征收下，两种用途土地所缴纳的土地保有税是有差别的，导致不同用途的土地价值存在差异。基于追求价值最大化假设，土地将在不同用途间转换，从而改变了土地资源在无税状态时的初始配置，土地保有税具有了非中性的意义。以下用经济模型显示这种非中性效应。

假设追求收益最大化的个体拥有一定数量土地 L，分别用于两个用途 A 与 B，数量分别为 x 与 $L-x$。用途 A 每年带来的收益流为 $P_A(x)$，按照边际收益递减规律有：$\frac{\partial P_A}{\partial x} < 0$；对于用途 B，在 $t \in [0, T]$ 是收益为

0，在 $t > T$ 时每年收益流为 $P_B(L-x)$，且 $\dfrac{\partial P_B(L-x)}{\partial(L-x)} < 0$。假定市场的

贴现率为 $r$。无土地保有税时，在 $t = 0$ 时，用途 A 的土地价值为 $V_{A0}$，用

途 B 的土地价值为 $V_{B0}$，那么将有 $V_{A0} = \dfrac{P_A(x)}{r}$，$V_{B0} = \dfrac{P_B(L-x)}{r}e^{-rT}$。

土地总价值为 $V_0 = V_{A0} + V_{B0}$，即 $V_0 = \dfrac{P_A(x)}{r} + \dfrac{P_B(L-x)}{r}e^{-rT}$。

个体将土地分布在不同用途 A 与 B 上以追求土地总价值最大化，
则有：

$$Max \left( \frac{P_A(x)}{r} + \frac{P_B(L-x)}{r}e^{-rT} \right) \qquad (1-17)$$

求解（1-17）式，可得到土地总价值最大化时用途 A 与 B 的土地分
布，此时，满足：

$$\frac{\partial P_A(x^*)}{\partial x} = \frac{\partial P_B(L-x^*)}{\partial(L-x)}e^{-rT} \qquad (1-18)$$

其中，$x^*$ 为分布在用途 A 上的土地数量，$(L-x^*)$ 是分布在用途 B
上的土地数量。

考虑按土地价格征收土地保有税，税率为 $\theta$。在 $t = 0$ 时，用途 A 的
土地价值为 $V_{A1}$，用途 B 的土地价值为 $V_{B1}$，那么将有：

$$V_{A1} = \frac{P_A(x)}{r+\theta}, \quad V_{B1} = \frac{P_B(L-x)}{r+\theta}e^{-(r+\theta)T}$$

土地总价值为：$\quad V_1 = \dfrac{P_A(x)}{r+\theta} + \dfrac{P_B(L-x)}{r+\theta}e^{-(r+\theta)T}$。

同样，征收土地保有税下行为人依然通过不同用途土地的数量分布来
获得土地总价值最大化。

$$Max \left( \frac{P_A(x)}{r+\theta} + \frac{P_B(L-x)}{r+\theta}e^{-(r+\theta)T} \right) \qquad (1-19)$$

求解（1-17）式，可得到存在土地保有税时土地总价值最大化要求
的土地分布，此时满足：

$$\frac{\partial P_A(x^{**})}{\partial x} = \frac{\partial P_B(L-x^{**})}{\partial(L-x)}e^{-(r+\theta)T} \qquad (1-20)$$

其中，$x^{**}$ 为分布在用途 A 上的土地数量，$(L-x^{**})$ 是分布在用途

$B$ 上的土地数量。

比较 （1－18） 式与 （1－20） 式，由于 $e^{-(r+\theta)T} < e^{-rT}$，$\dfrac{\partial P_A}{\partial x} < 0$，

$\dfrac{\partial P_B(L-x)}{\partial(L-x)} < 0$，所以，$x^* < x^{**}$。这一点可以反向证明：设 $x^* > x^{**}$，

则 $\dfrac{\partial P_B(L-x^*)}{\partial(L-x)} > \dfrac{\partial P_B(L-x^{**})}{\partial(L-x)}$，可以得到 $\dfrac{\partial P_B(L-x^*)}{\partial(L-x)}e^{-rT} >$

$\dfrac{\partial P_B(L-x^{**})}{\partial(L-x)}e^{-(r+\theta)T}$，从而 $\dfrac{\partial P_A(x^*)}{\partial x} > \dfrac{\partial P_A(x^{**})}{\partial x}$，与 $\dfrac{\partial P_A}{\partial x} < 0$ 矛盾，所

以，一定有 $x^* < x^{**}$。

由此可以得到，由于从价土地保有税的征收，理性行为人将会改变土地用途的初始分布：用在孕育一段时期才出现收益流的土地数量将减少。进一步，对于不同的税率 $\theta$ 将得到对应的 $x^{**}$，根据上述方法，可以得到的结论是：随着税率 $\theta$ 的增加，$x^{**}$ 也将随之增加。这表明随着税率的增加，行为人更加偏好于即期可获得的收益流。

3. 土地保有税资源配置功能的几点说明

首先，土地保有税影响土地资源配置是通过影响土地价格实现的，土地资源调控效应发挥的前提条件是土地所有者对土地需求具有弹性，这与前节分析土地保有税收入分配效应功能的假定完全不同。分配效应基于土地供给弹性展开，旨在探究税负在土地所有者与土地使用者间的分配，由于土地所有者对土地供给没有弹性，所以土地保有税由土地所有者负担。本节对于资源配置的分析则是基于土地所有者的土地供给不变，但对不同用途上的土地有需求弹性为前提，目的在于研究土地所有者将供给不变的土地在保有税影响下如何按价值差异分布在不同用途上。这两者的分析思路是根本不同的。如果土地所有者对土地的需求没有弹性，就不会根据不同用途土地价值的变化而发生土地需求的差异。因此，即使征收土地保有税，土地所有者分布在不同用途土地数量也不会发生变化，土地保有税失去了土地资源配置的功能。

其次，从量土地保有税不会影响不同用途土地数量的分布，对于资源配置效应来说是中性的。从价土地保有税会改变不同用途土地的数量，因此是非中性的。这意味着政府需要根据实现不同目的采用土地保有税的不

同计税依据，如果政府试图调控土地资源的利用效率，从价土地保有税常常是很有力的政策，从量不动产保有税对资源调控很难发挥重要作用。

最后，从价土地保有税非中性功能的实质是扭曲了市场对土地资源的配置，因此，是否具有整体社会的帕累托效率尚需进一步讨论。按照上述的分析，土地保有税将会减少用于 B 的土地数量。一般来说，对于用途为 B 的土地，基本分为两部分：一是需要等待技术或其他必要条件满足才可以进行开发的土地，在这里可以称之为成熟中土地，另一部分是用于投机的土地，是"玉在椟中求善价"的土地。从有效利用土地资源的意图出发，后一种类型的土地是需要调控的对象。对在用土地、成熟中土地、投机土地实行统一税率的做法虽然打击了土地投机，但同时一方面降低了在用土地的收益，另一方面将导致成熟中的土地提前开发，在这种情况下，土地保有税是无效率的，损害了社会整体的帕累托效率水平。因此，如果政府试图利用土地保有税进行调控土地资源，应避免"一刀切"的政策，将在用土地和成熟中土地划为一类，实行低税率以追求其收入效应与收入调控作用，对于投机土地则实行高税率以追求其资源配置功能，加速土地资源的开发和利用。但这一点在实践中似乎是困难的事情：定义与区别空置地范围内的成熟中土地与投机土地相当棘手。

（二）建筑物保有税的资源配置功能

现代分析通常将建筑物保有税看作是对资本征税，尽管它与其他流动资本无疑存在很大区别——不易移动，但是在长期内这种区别逐渐减小。因此，建筑物保有税的配置功能体现在长期背景下。长期下建筑物所有者为逃避（合理地）保有税而把资本流向低税或无税区，这种资本流动一方面会出现税负转嫁现象，出现保有税的收入分配效应；另一方面会影响资本市场、劳动与土地等要素市场的重新配置。从这个意义上说，对配置功能的讨论是与收入分配功能紧密相连的。本节依然会分析建筑物资本为避税而进行的流动过程，不过，这种分析的核心在于确定建筑物资本流动对资本市场及要素市场重新配置的作用而非确定税种的累进性。

如上文所述，与其他资本相比，建筑物资本具有特殊性——短期内不可移动，供给弹性为零。因此，短期内建筑物保有税不具有资源配置效应，是中性的税收。下文讨论的是建筑物保有税在长期下的非中性。另外，由于居住用建筑物保有税在不动产保有税的中占据绝对优势，因此，下面的分析仅针对居住用建筑物保有税，商业及工业建筑物可以比照讨论。

1. 全国范围内建筑物不动产保有税的分析

首先考察在全国范围内对建筑物实行统一税率保有税的情形。由于资本既可用于建筑物行业，也可用在非建筑物行业，长期下资本有流动性，导致用于不同行业的资本供给弹性大于零，但一般并非完全弹性，所以资本的供给曲线是向右上方倾斜的。

假定整体经济的资本供给总量不变，设为 $Q$。在完全竞争市场下，不同用途的资本数量将达到均衡，图 $1-2a$ 显示了这种均衡状态。其中 $S_{B0}$、$S_{A0}$ 是建筑物资本和非建筑物资本的供给曲线，分别对应左边和右边的坐标系。均衡点在 $E^*$，资本报酬率为 $R_0$，用于建筑物的资本为 $Q_{B0}$，用于非建筑物的资本为 $Q_{A0}$，且有 $Q_{A0} + Q_{B0} = Q$。图 $1-2b$ 显示了建筑物资本的供求状况，$D_{B0}$ 为建筑物资本的需求曲线，初始均衡点在 $E_B^*$。图 $1-2c$ 显示了非建筑物资本的供求状况，$D_{A0}$ 为非建筑物资本的需求曲线，初始均衡点在 $E_A^*$。

假设对建筑物资本征收保有税，则对建筑物资本的需求降低，图 $1-2b$ 中建筑物资本的需求曲线 $D_{B0}$ 向左下方移动，导致建筑物资本报酬率下降，低于非建筑物资本报酬率，资本流向非建筑物资本，表现为图 $1-2c$ 中的 $S_{A0}$ 向左下方移动，致使非建筑物报酬率也将下降。随着建筑物资本的减少，建筑物资本的报酬率又将从较低的水平上升；而随着建筑物资本的流入，非建筑物资本的报酬率继续下降。这个过程持续到两者相等为止，再次实现均衡状态。此时，在图 $1-2b$ 中，建筑物资本供求在 $E_B^{**}$ 达到相等，图 $1-2c$ 中，非建筑物资本在 $E_A^{**}$ 达到供求相等。图 $1-2a$ 中不同用途资本在 $E^{**}$ 实现均衡，均衡资本报酬率为 $R_1$，$R_1 < R_0$，建筑物资本为 $Q_{B1}$，$Q_{B1} < Q_{B0}$。由此，征收全国范围内的建筑物保有税在局部均衡下将使得建筑物资本减少，非建筑物资本增加，整体资本收益率下降。

运用一般均衡方法分析，建筑物保有税还可以影响消费品市场和生产要素市场。由于建筑物资本减少，建筑物的数量随之减少，但市场对建筑物的需求变化不大，因此，将导致市场中建筑物产品价格升高。对于土地这种生产要素来说，由于建筑物与土地关系互补，因此，随着建筑物资本

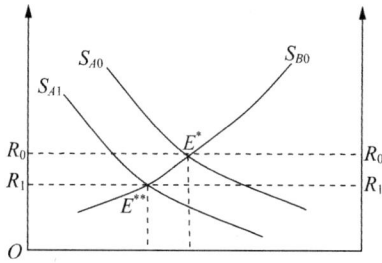

图 1-2a 资本整体规模供给

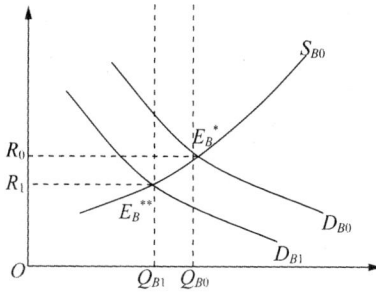

图 1-2b 建筑物资本供求

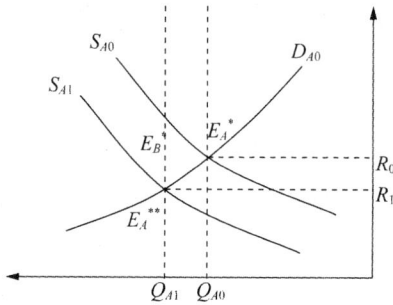

图 1-2c 非建筑物资本供求

的减少，土地的利用率将会下降，土地空置增加，不利于土地的精细加工。对于劳动而言，从事建筑物行业的劳动需求将减少。如果劳动能够无成本地转换且流动性强，那么将会流入非建筑物行业，整体就业率不会发生变化。如果劳动转换成本较大，暂时难以流入其他行业，那么将会出现结构性失业现象。

2. 区域范围内建筑物不动产保有税的分析

由于实践中各国实行的一般不是全国统一建筑物保有税，区域间差异较大，因此，需要对不同税率建筑物保有税的配置功能具体分析，这个讨论更具有现实意义。与上述假定相同，依然是在长期下的分析，短期内配置功能为零。

区域内不同税率建筑物保有税的配置效应机理依然在于流动性，即建筑物资本从高税区流向低税区。这使得辖区内不同税率建筑物保有税的配置效应与全国范围内统一税率的配置效应大致相同。一般均衡分析下的最终结论将是高税率区的建筑物资本减少，低税率区的建筑物资本增加。对于建筑物资本的产品——建筑物而言，将是高税率区的建筑物减少且价格升高，低税率区的建筑物市场则恰好相反。当然，如果建筑物的消费者在辖区间也是完全流动的，那么尽管出现高税率区的建筑物数量减少与低税率区的建筑物数量增加，两地建筑物的相对价格却不会发生变化。对于劳动来说，高税率区建筑物资本的减少将减少对劳动的需求，工资将下降，如果劳动是完全流动的，那么高税率区与低税率区劳动的相对工资是不变的。对于土地而言，建筑物资本的减少将会使得高税率区的土地需求下降，土地开发利用受到抑制，如果建筑物的消费者由于低税率区的建筑物价格更低而流向低税率区的话，这种抑制效应更加明显。

3. 土地保有税与建筑物保有税在资源配置功能上的差异

现代税收分析一般把建筑物保有税视为对资本征税。由于长期下该资本具有流动性，因此，建筑物保有税具有对生产要素和产品市场重新配置的作用，无论是全国统一税率还是在地方范围都是如此，这使得建筑物保有税具有非中性意义。实践中，由于该税一般是地方税，因此，建筑物保有税首要影响的是各地建筑物资本的配置，导致用在建筑物行业上的资本减少，这实际是对市场配置资本的一种扭曲，并直接减少建筑物数量。受到影响位居其次的是土地资源。建筑物保有税将抑制土地资源的开发，不利于土地的有效配置和精细加工。尤其是在假定劳动和建筑物消费者都完全流动的话，这种抑制效应将更为明显。因此，如果说对土地保有税具有加快土地开发、有利于土地资源有效利用的良性作用的话，建筑物保有税将具有延缓土地开发、不利于土地精细加工的负面效应。

### 三　不动产保有税差别税率对资源配置功能的影响

以上是对不动产保有税资源配置功能的理论分析，实践中也存在土地与建筑物之间、空置地与在用地之间、市区与郊区用地之间的差异保有税税率，这种设置将进一步影响不动产资源的配置。

#### （一）土地与建筑物的差别税率

由于土地保有税和建筑物保有税所产生的功能有较大差异，并且在不动产价值中，土地价值与建筑物价值在技术上是可以分离的①，因此，对土地和建筑物分别课征保有税是必要且可能的，现实中也有许多国家实行土地与建筑物保有税的差别税率制度。在差别税率制度下，政府设定土地保有税税率高于建筑物保有税税率是主流现象，这实际可以看做是单一土地税的一种变化形式：单一土地税要求只是征收土地税，取消建筑物税。

政府对土地保有税税率设定高于建筑物保有税税率的做法是基于公平和效率原则的。由于土地供给的无弹性和建筑物供给的有弹性，对土地保有税实行高税率导致对资源配置的扭曲较少，超额税收负担为零，这样就坚持税收的效率原则。建筑物有供给弹性，如果土地和建筑物设定相等的税率，后者要比土地造成的税收扭曲程度高。从效率方面考虑，这种差别税率是应该的。再者，由于土地的供给无弹性，因此，土地保有税税率的增加将资本化进土地价值中，使得土地价值降低，低收入阶层拥有自有住房的比率会增加，这对于增加社会公平是有益的。同时，这种差别税率能够刺激建筑物资本投资，打击土地投机，有效地开发土地。实践中，匹兹堡是个典型的城市。在1979—1980年，该城市重建了不动产保有税体系，对土地的名义税率是建筑物名义税率的5倍多，导致了整个20世纪80年代该城市的建筑物大大加速。

不过，尽管有良好的意图与实践中成功的案例，政府这种意图的实现程度仍然值得进一步商榷。首先对于其追求的效率而言，由于建筑物资本的有弹性是在较长时期下才发生的，短期内与土地一样供给无弹性，那

---

① 美国许多州的地方政府征收财产税是土地与建筑物实行统一税率，但是，两者的价值却是分开公布的。

么，实行差别税率以提高效率的做法至少在短期内是无效的。对于试图实现的公平而言，必须要知道的是土地价值是否会随着高土地保有税和低建筑物保有税而降低。建筑物保有税的低税率刺激了建筑物资本增加，对土地的需求随即增大，使得土地的边际产出升高，那么，这将提高土地价值。最终土地价值升高与否将取决于土地保有税资本化和土地边际产出资本化的较量。如果前者大于后者，那么土地价值是下降的；相反，那么土地价值还是会升高的。尽管这个结论并不明确，但是可以肯定的是，政府差别税率政策对于降低土地价值以实现公平的实践效果需要大打折扣。

（二）空置地与在用地的差别税率

按照前文的分析，对未来期间才能获取收益流的土地与当期即可获取收益流的土地而言，其价值受土地保有税的影响不同，前者在土地保有税下价值下降更多。因此，土地保有税将导致未来才能获取收益流的土地数量减少，转向即期获取收益流的土地。由此机理出发，政府通常对空置土地征收较高的土地税，其意图首先在于加快土地开发，通过增加建筑物数量而"填充"城市，防止城市盲目向外围扩张；其次在于增加空置地的持有成本，打击土地投机行为。

需要指出的是，政府试图改变土地所有者土地用途的土地保有税必须是从价的，从量的保有税不会改变土地用途，这已是前文所分析的。

最重要的是，对空置土地征收较高的保有税将导致空置土地的加快开发，但这是否是有效率的决策值得进一步研究。如前所述，暂时尚未开发利用的土地一般称为空置地，但空置地有两种：一种是缺乏一定技术或条件而未开发的土地，另一种是用于投机的土地。未加区分地对空置地实行高税率的保有税无疑会同时加快这两种土地的开发。对投机土地的加快开发是有效率的，但对于前一种土地则是无效率的，因为会导致这种土地不合时宜的开发。因此，政府必须对空置地的保有税政策区别开来，尽管这种区分是较困难的。罗伊·巴尔（1997）提出了一个解决这个困难的方法：与政府设计的土地规划结合起来。这就意味着对空置地征收较高保有税是有选择性的，需要区分空置地的两种情形。这种方法较好地配合了土地规划，既打击了土地投机，也不会对规划中土地的开发时机造成消极影响。

（三）市区与郊区用地的差别税率

政府通常对市区与郊区采取不同的土地保有税税率，一般来说，对郊区土地实行低税率政策。这样做的理由是政府试图实现公平：由于保有税通常是地方政府筹集公共服务资金的工具，因此，享受公共服务多的辖区应该缴纳的保有税更多。政府认为郊区与市区相比，基础设施等公共服务的数量与质量都是低的，对郊区土地实行较低的土地保有税更加有利于公平的实现。

但是，对郊区土地设定较低税率的影响是复杂的。即使仅仅对于实现公平而言，这种做法也是不恰当的：直接原因在于并不是每个郊区的公共服务都比市区水平低，有些郊区享受的公共服务至少不低于市区。那么，以市区与郊区来划分土地保有税税率高低的做法就不是公平的。如果仅仅出于公平考虑，那么就应该按享受公共服务的高低设定保有税税率而非按城乡设定。简单的城乡分区设定看似公平，实际则隐藏着诸多不合理因素。

除去公平之外，对郊区土地的低税率政策还将导致土地投机的出现。由于土地的低税率政策，延缓土地开发的成本很小，因此，土地开发的时间相应向后拖延，鼓励了土地的投机，不利于土地的有效利用。同时，与统一税率相比，对郊区土地的低税率将导致该地区的土地价格人为提高。

# 第五节　不动产保有税的分享
## 不动产溢价功能

### 一　不动产溢价的原因

不动产价值随时间延伸出现螺旋式上升是经济发展中的常态。由于不动产包含土地及附着于其上的建筑物，建筑物由于折旧其价值会逐渐降低，但土地价值由于种种原因是升高的。因此，所谓的不动产溢价是指土地价值的升高超过了建筑物价值的降低所致。

土地升值是由生产性与非生产性两方面因素造成的。生产性因素是指个体或组织对不动产实施了追加投资，由此形成了土地升值。这种追加投资的主体可以是土地所有者（在我国就是拥有土地使用权的个体），笔者通过在既有土地上追加投资提高了土地的边际生产力，从而导致土地升值。另外，追加投资的主体还可以是非土地所有者的其他组织，主要是政府。为了改善辖区居住及投资环境，政府常常增加在公共服务及基础设施方面的投资。依据区位理论，这种投资将资本投入土地中，使本辖区的土地价值整体升高。奥茨（Oates，1969）得出的结论直接表明了这一点：地方财产价值与公共学校的学生平均支出表现出显著的正相关。高凌江（2008）的实证结论也表明我国地方政府财政支出显著提高了城市房价。

土地升值的非生产性因素不含对土地的投资成分，主要包括土地的需求状况、土地功能的转变因素及政策性因素。

随着城市化进程的加快，土地需求快速增加，城市土地开发力度加大，土地的稀缺性逐渐增加，导致其价值快速增长。一旦公众形成了这种价格增长的预期，土地价格的增长就被进一步放大，远远超过了仅有供求决定的均衡价格。

由于土地功能不同，因此，居住用、商业用及工业用土地的地价差异较大。我国 2007 年"招、拍、挂"方式出让的土地中，住宅用地平均价格为 1233.59 元/公顷，商服用地为 956.59 元/公顷，工矿仓储用地为 181.47 元/公顷[①]。同时，由于收益存在差别，商品房屋的价格也存在很大不同，如 2008 年我国商品房平均销售价格为 3800 元/平方米，其中，住宅为 3576 元/平方米，而商业营业用房为 5886 元/平方米[②]。由此可以看出，不动产的用途不同，其价格存在较大差异。因此，当不动产用途转换时，即使没有追加投资的生产性行为，也会出现不动产价格的大幅度变化。

政策性因素也会影响土地价值变化。这种政策性因素通常源自高层政府对某特定区域的重新定位，并由土地炒作而被不合理放大。我国海南是一个典型例子。自 1988 年建省后，其土地价格逐年升高，1993 年约为 1991 年的 7 倍。当 2010 年 1 月 4 日国务院发布将海南建设成国际旅游岛的意见后，其房价也呈现暴涨情形。这样的例子在世界范围内不胜枚举。

在不动产升值的各种因素中，就创造升值的主体而言，可区别为不动产所有者本人与外力的影响。其中，前者所占份额远远小于后者，土地升值的根本动因在于公共投资或政府政策等外力因素，个人拥有不动产的溢价是公众活动的结果。在任何一个反对不劳而获的文明社会中，这种溢价

---

① 由《中国国土资源年鉴》（2008）计算得出。

② 数据来自《中国统计年鉴》（2009）。

必须要返还给公众，而非由不动产个人独自享有。在这种前提下，政府以税收形式参与不动产溢价的分享就是恰当的。

## 二　不动产保有税的溢价回收机制

在明确税收参与不动产溢价回收的前提下，征税时间的规定有土地升值前征税、土地升值确认时征税和土地升值实现后征税三种选择。

首先，土地升值前征收土地税。在公共投资项目建设前，由于预期到项目建成后将促使辖区不动产升值，因此，根据预计的不动产升值幅度征收土地税以实现对不动产升值的分享。这种方式可以有效地为公共投资项目提供资金，但是，其缺点也很明显：这种征税实质是对预期的不动产升值进行，征税理由易受到公众抵制。

其次，土地升值确认时征收土地税。这种征税方式将土地税与土地价值紧密联系在一起，只要土地价值升高，就按照新的土地价值征税。这种方式符合不动产保有税的性质。不过，这种方式下依然存在缺陷：土地所有者对土地价值的认同与土地市场反应的土地升值可能并不一致。如辖区由于中小学教育资源的改善而导致不动产价值升高，辖区内公众都要支付更多的不动产保有税，但没有子女在中小学受教育的家庭却并未享受到这种公共服务的提高，因此，他们或许不认同土地市场反应出来的自己不动产的升值，让其支付较高的不动产保有税是不公平的。

最后，土地升值实现时征收土地税。采取在土地转让、土地升值实现时征收土地税看起来是合理的，因为上述两种方式实际都是对未实现的价值征税。不过，在不动产升值实现时征税依然存在缺陷。一是不动产交易价格常常受不动产所有者的控制，或者采取交易不公开化的方式进行，或者采取协议价格低于交易价格的方式进行，这样在不动产交易时就可以合理规避税收。二是如果持有的不动产从不出售，那么，土地所有者就无需承担税负而免费享受辖区中的各种公共服务，这是不公平的。同时，由于供求弹性的差异，不动产的需求通常大于其供给，导致不动产交易时不动产所有者将土地税转嫁给不动产消费者的情形，也会出现不承担税负而免费享受公共服务，造成事实上的不公平。

权衡利弊，采取第二种方式——将土地价值与税收绑在一起、在土地升值确认时即征收不动产保有税是分享不动产溢价的有效方式，从而分享不动产溢价成为不动产保有税的功能之一。

不过，这一功能同样也存在特定的限制条件：不动产溢价应该是由辖区内公共服务及基础设施的改善而引发。满足该条件的不动产保有税才是个体享受公共服务的成本，真正体现出税收是文明的代价，分享不动产溢价功能才是有意义的。如果辖区内不动产溢价仅仅由于投机引发，公共服务并未出现任何实质改善，此时的不动产保有税就将由文明的代价蜕变成损害公众福利的工具。

# 第六节　简短的总结

由于不动产保有税的特殊属性，公共经济学及房地产经济学从不同角度提出了该税的功能，但上述分析显示了这些功能都存在一定的局限条件。如果制度设置不当，该税的实际效应往往适得其反。作为政府的政策工具，不动产保有税具有典型的双刃剑特征。

**一　地方政府稳定的收入来源但有悖于税收支付能力原则**

不动产保有税财政收入功能认为该税税基不随经济周期性变化而出现波动，因此可以为地方政府提供稳定、持续的收入来源。但恰恰是这种税基的稳定性有悖于税收基于支付能力征收的公平原则。

这种矛盾主要出现在退休老人和经济状况恶化的家庭中。对于退休者，由于工作期间收入较高而拥有了与收入相称的不动产，退休后收入出现一定程度的降低，但是，所拥有的不动产价值并没有随之降低，很多情况下反而是价值升高的，不动产保有税随之增加，与年收入的降低明显不对称。对于经济状况恶化的家庭来说，也会出现相同的情况。这些都是基于不动产保有税的征税对象与税源不一致所引发：征税对象是财富存量，而税源却是个体的收入流量。实质意义的财产税都会出现这种现象，只不过由于不动产保有税税基较大而表现地更为突出。

**二　缓解收入分配不公与加大收入差距并存**

不动产保有税收入分配功能认为该税有利于缓解公众的收入差距，具有累进性。但是该税依然存在加大公众收入差距的因素。

首先，土地公有制的背景下，土地的出让市场并不是完全竞争市场，而是垄断市场，这导致土地保有税的绝大部分依然是由土地消费者承担的，土地需求超过供给情形下则放大了这种累退性。

其次，如果房产需求弹性小于供给弹性，那么，在存续多期的动态情形下，不动产保有税完全可以转嫁。如同目前房产出售者将交易中应该自己负担的税收让购买者负担、自己得到价格是"税后净价"一样，房产出售者在持有房产期间缴纳的不动产保有税也会在房产交易时统统转嫁给买方。此时，该税非但不能改善收入公平，反而将恶化收入分配状况。因此，调节收入分配功能只能是财税政策中的自动稳定器，在一定限度内发挥作用，如果房价上升幅度很大，那么，该税的调节作用反而是负向的。

最后，在不动产保有税的设置中，经营性不动产保有税税率通常高于非经营性不动产税率，前者税负很容易转嫁给承租者或商品消费者，一般认为这类人群是低收入者，因此，这种税率设置反而也是加大了公众的收入差距。

**三 有效调控资源配置与打压房地产经济并存**

不动产保有税资源配置功能基于该税增加了不动产的持有成本，所以认为能够打击不动产投机行为、促进土地的有效利用。但是，且不说这种功能在不动产保有税从量征收时没有意义。与此同时，在房产需求弹性大于供给弹性下，不动产保有税的转嫁也截断了其资源配置的链条，甚至反而会拉升房价。更为重要的是，增加不动产持有成本还直接抑制房地产消费，影响整个房地产经济，进而甚至会造成全国经济萎靡。日本1992年开征地价税在挤出房地产市场中泡沫的同时造成了国内经济长期萧条，并最终于1998年暂停征收该税就是典型的例子。

因此，不动产保有税资源配置效应对整体经济而言是双重的：既能够促进房地产市场的良性发展，但力度过大也会诱发整体经济萧条。在合理预期房地产经济泡沫化程度的基础上设置不动产保有税制度是非常必要的。应该说，目前我国社会经济还是强依赖于房地产业的，不动产保有税对经济的这种双重影响将阻碍不动产保有税的改革进程。

**四 分享不动产溢价与损害公众福利并存**

与其他功能相比，不动产保有税分享不动产溢价功能是很有意义的。但也有一个重要前提：不动产保有税需要直接用在本辖区中的基础设施及公共服务中。如果这种前提难以实现，不动产溢价只是由于投机作用而被"炒"出来的，那么，该税就失去了分享不动产溢价的合理性，最终沦为损害公众福利的政策工具。

# 第二章 不动产保有税的制度要求

不动产保有税具有双刃剑的特征，发挥积极效应需要有一定制度设计。缺乏相应制度或制度设计不当，该税的功能将被异化，对社会稳定及经济发展起到消极作用。这种制度是不动产保有税功能实现的基础。

实践中，美国已发生了三次大规模针对不动产保有税的税收革命，这与不动产保有税受益税理论构成了该税的悖论。从这种悖论为出发，分析该税公平及效率的实现条件，可以得到不动产保有税的制度要求。不动产保有税功能与这种制度要求将共同构成不动产保有税的理论基础。

## 第一节 不动产保有税的悖论

### 一 不动产保有税的受益税性质

一般认为，公共产品的供给与私人产品的供给有很大区别。对于后者，消费者能够准确地显示出自身偏好，并通过货币形式清晰地表达出来。这样，生产者在市场竞争下能够实现边际成本与边际收益相等、消费者依靠货币选票达到帕累托效率。但公共产品并不如此简单。公共产品具有一定程度的非竞争性与非排他性，理性个体往往会出于免费乘车的考虑而有激励隐瞒对公共产品的偏好，真实信息很难得到，公共产品通常在较低水平下供给。即使这种偏好没有被隐瞒，由于公众范围很广，偏好差异较大，达成统一公共品供给协议的交易成本极高，实行起来也相当困难。因此，马斯格雷夫（Musgrave，1939）和萨缪尔森（Samuelson，1954）都认为，在公共品市场中不存在类似于私人产品的市场解，公共部门总是不及私人部门一样能有效地实现资源的最优配置。

蒂布特在1956年的一篇论文中对这种观点提出了质疑。他认为，马斯格雷夫和萨缪尔森的结论对于联邦政府是有意义的，但对于地方政府并不适合，因为地方政府的外部性会在竞争作用下消失。他指出，辖区居民对于公共产品的偏好可以通过选择辖区有效地显示出来。首先各辖区拥有不同的公共产品—税收组合，如果辖区足够多的话，就意味着居民面临很多种选择。居民们对公共品—税收有不同的偏好组合——既有偏好于高公共品—高税收的组合，也有偏好于低公共品—低税收的组合。假定居民对于辖区的信息是完全的，不存在信息沟通上的障碍。那么，在居民可以自由流动的假定下，居民将对不同辖区的公共品—税收组合作出反应：他们将选择自己偏好的辖区。如果现居住辖区未能有效地提供使自己满意的公共品—税收组合，他们就会迁移到其他适合自己偏好的辖区。这样的机制对每个辖区都构成极大的压力。为吸引更多居民，辖区间将展开类似于私人厂商争夺消费者一样的竞争。竞争达到均衡状态时，每个辖区税收与公共服务的组合都是匹配的，税收被用在公共服务支出上，税收成为名副其实的受益税，同时也有效地解决了公共品供给的难题，公共部门出现了与私人部门同样的高效率。如蒂布特所说，"在公共产品配置上，地方政府并不逊色于私人部门"。相对于私人产品中消费者用货币作为选票进行"用手投票"而言，这种通过迁移选择辖区显示公共产品偏好的方式通常被称为"用脚投票"。但是，蒂布特只是提出这个天才的想法，并没有进一步验证和深入研究。一段时期内，经济学家们认为，其假设条件过于严格而与现实相距太远，是不可思议的解决方法，很少人去关注蒂布特的这一理论。

奥茨（1969）第一个验证了蒂布特的这种理论。他运用两阶段最小二乘的计量方法，在财产税和公共产品可以影响房屋价值上找到了经验的证据。结论表明，提高辖区不动产保有税但维持公共服务不变，由于税收资本化进财产，会造成辖区财产的贬值。如果将不动产保有税的增加用于公共服务（奥茨论文中是将税收用于教育支出），公共服务的提升将补偿高税率的损失，甚至超过这种损失。同时，奥茨的研究表明潜在的居民在选择住所时确实对于该辖区的公共产品—税收组合进行衡量，选择满足自己偏好的辖区居住。

经过奥茨的验证，蒂布特的"用脚投票"理论开始受到广泛关注。不过，奥茨并没有解决居民的机会主义行为：居民会选择在公共服务较好的辖区居住，但是却购买低于平均水平的住房以减少支付不动产保有税。这种机会主义倾向使得蒂布特的模型并不稳固。汉密尔顿（1975，1976）继续了奥茨的工作，提出了土地的分区法可以避免居民的机会主义行为，从而使蒂布特的模型显示出稳定性：规定进入某个辖区的居民必须购买最低水平的不动产（汉密尔顿假设了地方政府实行严格的分区，并规定了辖区中房屋的最低价值）。这样，分区法限制了居民试图减少支付不动产保有税而享受较好公共服务的机会主义行为，不动产保有税的受益税性质真正得到了体现。人们通常将由蒂布特提出、奥茨验证、汉密尔顿发展的理论称为蒂布特—奥茨—汉密尔顿模型，它证明了不动产保有税是具有受益税性质的税种。之后，菲歇尔成为不动产保有税受益税的代表，他在1992年的论文中试图对汉密尔顿的分区规定作进一步的解释，认为现存的分区工具对阻止公共物品"搭便车"问题已经足够。

尽管征收不动产保有税由来已久，但直到蒂布特提出不动产保有税是受益税理论之后，不动产保有税才有了坚实的理论基础。以这个模型为基础，"地方政府依赖于不动产保有税是个好事情已经是一个教条"[①]。

**二　美国不动产保有税限制的实践**

尽管理论上的蒂布特—奥茨—汉密尔顿模型表明了不动产保有税的受益税性质，但该税在实践中却受到公众的普遍质疑。历史上，美国曾经发生多次针对财产税的革命，其后果均是地方政府直接对财产税进行限制，减小财产税规模，降低财产税在税收和纳税人收入中的比重。

早在1870年，美国的阿拉巴马州、得克萨斯州和密苏里州就规定了在县、市和学区中征收财产税的最高税率，这可以看做最早的财产税限制。但是，这种限制范围并不广泛，限制形式也比较单一，仅限于税率形式。

真正对财产税进行大规模限制是在经济大萧条时期。1929—1932年间，公众的个人收入削减了近一半，由于财产税收入弹性较小，税收稳定，因此只是下降了9%，导致财产税占纳税人的收入比重大幅度升高，1932年竟然高达11.3%，引起了纳税人的强烈不满，逃税率成倍增长，

---

① McGuire, Therese J., Proposition 13 and Its Offspring: For Good or for Evil? *National Tax Journal*, 1999, 52（1）: 129 – 138.

并组成纳税人同盟实施税收革命，抗议财产税的过快增长。最终政府对财产税实行了若干限制：在 1932 年和 1933 年，有 16 个州实行了税收限制，并设定了地方政府财产税的上限。

现代对财产税的限制起源于第 13 号提案在加利福尼亚州的通过。70 年代后期，由于通货膨胀原因，不动产价值增长很快，但地方政府并没有随之降低不动产保有税税率，这使得纳税人支付的财产税占收入的比重迅速提高，来自私人屋主的财产税比重由 1970 年的 34% 升高到 1978 年的 44%。在这种情形下，纳税人又展开了对财产税的限制，并最终于 1978 年 6 月投票通过了加州的第 13 号提案。这个著名的提案对于财产税做出了以下规定：

第一，以 1975—1976 年财政年度的评估价值为基础，财产税不得超过财产评估价值的 1%；

第二，每年的评估价值可以随市场价值增长，但是在未出售前增长率不得超过 2%；

第三，只有当财产出售时才允许按市场价值评估；

第四，州政府开征新的财产税需要立法者 2/3 投票通过；

第五，地方政府开征新的财产税需要选民的 2/3 投票通过。

可以看出，第 13 号提案对财产税做出了较为全面而苛刻的限制，从原来仅仅限制财产税的收入发展到对财产税的收入、税率与评估价值实行全面限制。加州实施财产税限制之后，马萨诸塞州也于 1980 年 11 月 4 日通过了旨在限制财产税的 $2\frac{1}{2}$ 提案。将地方政府的财产税税率最高上限设定为 2.5%，税率高于 2.5% 的地方政府应以每年不低于 15% 的比例减少财产税直至达到上限 2.5%；税率低于 2.5% 的地方政府可以提高财产税比重到税率上限，但是财产税收入的年增长率不得超过 2.5%。继加州和马萨诸塞州之后，其他各州也实施了许多限制财产税的举措。到 1995 年，地方政府财产税占纳税人收入的比重已经削减到了 3.3%——这已是 19 世纪四五十年代的水平。

目前美国公众对财产税的限制依然持积极态度，据内森·B. 安德森（2006）统计，截至 2006 年，美国仅有 5 个州没有任何形式的财产税限制举措，其余各州均有一定形式的财产税限制。第一种形式是对财产税收入的限制，29 个州实施了这种形式的限制措施。它限制了财产税的年度增长，通常将增长率限定在通胀率或一定比率下。第二种形式是财产评估价值增长率的限制，有 20 个州实施。如佛罗里达州将居民财产税计税依据的增长率限制在 3% 或通胀率之下，而密歇根州的这一比例为 5%。第三种形式是财产税税率的限制，有 34 个州实施。由上述数字明显看出，许多州对财产税的限制不止采取了一种形式，通常是收入增长率限制、税率限制与评估价值增长率限制三种形式并用。限制范围之广、程度之深已远远超出了最初的情形。在限制财产税的同时，公众对政府的财政支出也采取了一些限制措施，人们常常把对财产税的限制与对地方政府支出的限制合在一起称为 "TEL（Tax Expenditure Limits）"。

随着公众对财产税的限制，财产税规模大大减小，在地方政府中的地位逐渐减弱。如图 2 - 1 所示，财产税经历了 30 年代初的经济大萧条之后，在地方政府中的财政地位就已经大大降低。70 年代末的税收革命之后，财政地位继续下降，在地方政府财政收入中逐渐失去了主体地位。随着财产税规模的降低，地方政府的收费与转移性收入逐渐增加，地方政府财政收入体系由财产税为主体最终演变成了目前财产税、上级政府补助与使用费三分天下的局面。

比重（%）

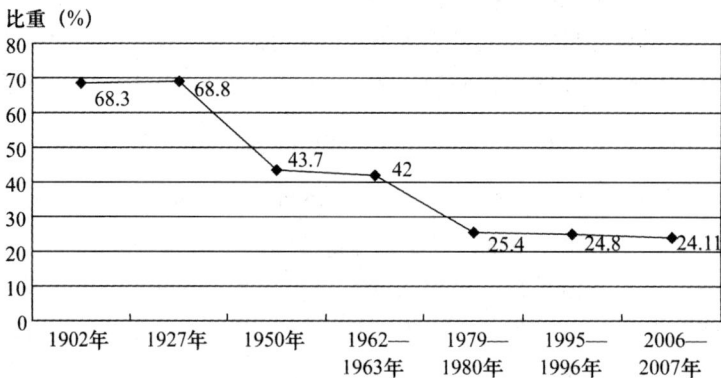

图 2 - 1　美国地方政府财产税占财政收入比重变化趋势

资料来源：图中 2006—2007 年度数据由美国统计局资料计算得出，其余年度的数据来自迪克·内泽（Dick Netzer）的《地方财产税的理论与实践：一些反思》，华莱士·E. 奥茨编著：《财产税与地方政府财政》，丁成日译，中国税务出版社 2005 年版，第 285 页。

### 三 不动产保有税受益论与限制的悖论

一般认为,不动产保有税是具有受益税性质的税种,不会给公众带来额外的税收负担。从平衡税负归宿的视角来看,税收归宿这样的概念对于不动产保有税而言意义不大。但是,实践中又广泛存在对不动产保有税的限制,在地方政府中的财政地位逐渐下降。这两者构成了不动产保有税运用的悖论。

现实中存在的事物就具有合理性,不动产保有税也是如此。既然实践中公众对不动产保有税有很多限制,那么至少说明该税存在某些缺陷,或者不动产保有税很难找到实现其受益税性质的路径,或者即使能够实现受益税性质但也由于其他原因而不易在现实中广泛实施。因此,需要对不动产保有税的公平及受益税的实现途径谨慎审视:一方面分析该税是否存在有碍实现横向公平及纵向公平的因素;另一方面涉及不动产保有税的受益税效率,分析该税能否仅仅依靠蒂布特式的"用脚投票"退出战略就可以保证地方政府将税收高效地运用于公共服务。进一步,由这两方面的结论可以归纳出不动产保有税对制度的要求。

## 第二节 不动产保有税的公平性分析

现代税收原则要求税收坚持公平与效率。对于公平原则,经济学家们一般认为税收缴纳需要遵循受益原则和支付能力原则。受益原则坚持个人与社会之间是契约关系的哲学,认为个人付出的边际成本应该等于其获得的边际收益。公众缴纳的税收需要与其受益相称,纳税的多少与个体受益程度正相关。从这种意义上的公平来说,税收实质就是使用费。瑞典学派创始人维克赛尔坚持这种税收受益原则,认为个体缴纳的税收与从政府公共服务中获得的受益是一种交换行为,优良的税制总能够让纳税人相信支付的税收将会以自己利益增加的方式得到返还。不过,由于相关个体受益程度很难区分开,尤其是在全国范围更是如此,因此,税收公平的受益原则在现实中可行性较差。但在较小辖区,征收使用的税收具有一定程度的直接受益性是非常可能的,受益原则有充分发挥作用的空间。

支付能力原则强调缴纳税收与个体支付能力正相关,将税收缴纳与税收使用政策截然分开。塞利格曼推崇支付能力原则，对税收的受益原则持反对意见，认为将缴纳税收与要求获得的收益等价起来是狭隘的。支付能力原则的关键是支付能力的衡量标准，需要在消费支出、所得收入与拥有财产的数量中选择。三者都有缺点与优点，不能一概肯定或否定，需要按照每个国家经济发展状况选择合适的标准，并运用复合税种相互搭配来实现对三者的权衡。

由于不动产保有税一般是地方税，各地税收规定有一定差异。因此，本节对于该税公平性的讨论区分辖区内和辖区间来进行。

## 一 辖区内不动产保有税的公平性分析

### （一）不动产保有税的受益原则

设立不动产保有税的初衷是将其构建成为一种具有受益性质的税种。不动产保有税由于其特殊性质——不易避税、透明性强及评估的主观性，很容易引起公众的批评。坚持受益原则将会增强公众对该税的理解，减轻公众对该税的敌视，提高该税的税收遵从度。因此，不动产保有税必须首先设定为具有直接受益性质的税种。

受益原则要求政府将获得的税收直接用于辖区的公共服务中，但在范围较大的区域内其可操作性是较差的，因为很难照顾到各地公众偏好的差异，不能直接使公众从纳税中获得受益。不过，在小区域内是可能的。在小区域内针对本辖区公众征收不动产保有税，由于范围较小，公众的偏好易于统一，从而可以通过增加教育、道路维护、垃圾处理、社区建设等支出使本辖区居民直接受益，这就是马歇尔所说的"有偿税"。一般而言，辖区越小这种受益性越强，而这种税也更多地具有了使用费的意义。这种意义的辖区实质就是布坎南所论述的"俱乐部"——由一群偏好相同或相似的人群组成的社区。尽管在俱乐部下，受益性在公众之间依然很难精确界定，不过，与其他税种如流转税与所得税相比，由于不动产保有税适用的区域较小而导致税收的直接受益性程度要高出许多。

实践中，美国历史上州政府和地方政府都征收不动产保有税，但是州一级政府逐渐发现本级政府的不动产保有税很难实现其受益性，造成一定的社会福利损失，因此，逐渐退出了对不动产保有税的依赖而转向其他税种。但是，地方政府却并没有跟随州政府放弃不动产保有税，原因在于该税有地方优势。这个优势并不仅仅在于地方政府对不动产数量及评估的信息因素（当然这也是一个重要方面），最为主要的是地方政府对本辖区公共服务的获益对象有准确了解，从而能够清晰地制定本地的不动产保有税政策，增进其受益税属性。不动产保有税在较低层级的地方政府持续存在，而州政府逐渐放弃了这个税种，这是不动产保有税的受益税性质在地方政府下更易发挥作用所决定的。

2007 年美国有 89476 个地方政府，其中有郡县 3033 个，市政府 19492 个，城镇 16519 个，特别区政府 37381 个，学区政府 14561 个①。如此数目众多的地方政府导致其辖区范围较小，完全可以被视为布坎南的"俱乐部"，不动产保有税发挥受益税作用有足够的地域基础。

因此，从税收的受益原则出发，基于不动产保有税的特殊性，为有效发挥不动产保有税作用，不动产保有税首先应该是受益税；而只有将不动产保有税设定在较小辖区内受益税才有可能实现。

（二）不动产保有税的支付能力原则

在公众共同负担本辖区公共服务成本的受益原则之下，下一步将涉及个体按照什么标准来分担本辖区的不动产保有税，这涉及公平原则中对支付能力指标的选择。在从价计征下，不动产保有税按照个体拥有的不动产价值来分担整个辖区不动产保有税总量，这应该是公平合理的。一般而言，拥有不动产价值较多的居民常常被认为是支付能力较高的人群，他们负担相对较高的不动产保有税是符合公平原则的。当然，对于失去劳动能力和退休老人等特殊的人群，由于拥有不动产价值可能与其支付能力不相称，也会出现对他们税收减免的情形。这种减免无疑是违背经济公平原则的，也会损失部分效率。但出于社会公平的需要，这种减免依然是应该的。

为实现经济公平，需要按照不动产价值来负担不动产保有税。其中的关键是确定不动产价值，这构成了不动产保有税的税基。但是，不动产的交易通常并不频繁，因此，与流转税和所得税的税基显著不同，不动产保有税的税基需要由政府评估机构评定，主观性较大。评估的公平性是坚持不动产保有税公平的关键。不幸的是，由于评估的技术要求和评估员的能力及品德所限，"事实上，在许多社区，税务机关的财产估值工作做得

---

① 美国统计局，http：//www.census.gov/govs/cog/GovOrgTab03ss.html。

很差"①。不动产保有税评估方面存在横向不公平和纵向不公平现象，这一点常常引起公众对评估的不满。对不动产保有税公平性的质疑直接降低了该税的税收遵从度。

评估中存在的横向不公平是指市场价值 MV 相同或相似，评估价值 AV 却相差较大的情形。贝里和贝德纳兹（Berry and Bednarz，1975）最早对这种不公平进行了研究。得到的结果是房屋大小是评估中出现偏差而发生横向不公平的主要原因。艾伦和戴尔·古尔比斯（Allen and Dare Goolsby，2002）利用佛罗里达州的数据表明了不动产的位置导致了评估中的横向不公平。吉尔斯比（1997）利用华盛顿州的三个地方政府——金县（King County）、皮尔斯县（Pierce County）和斯诺霍米什县（Snohomish County）的数据分析，得到了建筑时间影响评估的公平性——倾向于低价评估（under－assess）时间较长的不动产的结论。

评估中的纵向不公平是指存在不动产价值差异时，评估率——评估价值与市场价值比率的不合理改变，当评估率随不动产价值升高而下降时就出现了纵向不公平。设不动产的评估价值与其市场价值之比为 $\frac{AV_i}{MV_i}$（$i = l$, $h$），其中 $l$ 代表低价值不动产，$h$ 代表高价值不动产，$AV$ 与 $MV$ 分别表示不动产的评估价值和市场价值。如果 $\frac{AV_l}{MV_l} > \frac{AV_h}{MV_h}$，那么说明对不动产保有税的评估具有累退性，出现了纵向不公平。经济学家们的实证结论是不动产的评估通常是累退的，即低价值不动产的有效税率高于高价值不动产。

无论是评估中出现的横向不公平还是纵向不公平，人们一般将原因归结于评估技术的失败。如对不动产特征及邻居家不动产状况的信息缺乏常常导致横向不公平。纵向不公平则常常是由于价值高的不动产增值更加迅速所致。不过，麦克米伦和韦伯（McMillen and Weber，2008）认为，评估的不公平表面是评估技术缘故，但在评估技术背后发挥作用的是辖区中不动产交易的频繁程度。辖区中不动产交易匮乏的地方，由于缺乏足够的评估信息，很容易出现评估价值的不公平。不动产交易频繁的区域，由于

---

① ［美］哈维·罗森：《财政学》第六版，赵志耘译，中国人民大学出版社 2003 年版，第455 页。

有足够的交易信息，评估率一般是统一的。另外，在这种区域，公众有申诉评估不公平的充分证据（准确的交易价格）。基于这种压力，评估员的评估价值一般不会出现不公平的情况。如果这种结论正确的话，那么评估中产生的不公平就不仅仅是评估员与评估技术的缘故，而很大程度上是不动产交易市场发育程度的问题。

综上所述，不动产保有税的支付能力原则是不动产保有税公平的体现。这种公平一方面体现为社会公平——对低收入群体的税收减免待遇；另一方面，也是更主要的一面在于经济公平，这要求对不动产价值评估避免出现横向不公平和纵向不公平。为实现这一目的，改进评估技术、完善不动产交易市场和公开充分披露评估信息将是关键措施。

**二　辖区间不动产保有税的公平性分析**

如前所述，为了实现不动产保有税的受益税性质，需要将其配置在较小辖区内，这样才能由于公众偏好易于统一而发挥受益税作用，因此该税种通常是地方政府的主体税种。但无论是在发展中国家还是发达国家，由于历史或政策的原因，都普遍存在辖区间经济发展不平衡的情形，不同辖区间的不动产保有税税基存在较大差异。

在辖区间税基差异较大的前提下，单纯依靠不动产保有税来提供公共服务会加剧辖区间的不公平。首先，如果各辖区执行统一税率，那么征收的不动产保有税将会由于税基差异而有较大不同。按照不动产保有税是受益税的属性，将导致各辖区间享受的公共服务出现较大差别。居民可能不会太在意诸如公园、排水系统、处理垃圾系统以及娱乐场所等公共设施水平差异，但是对教育支出的差异，由于涉及机会公平，人们将会非常关注。其次，如果要使各辖区享受的公共服务相同，那么贫困辖区的税率肯定要比富裕辖区高（在辖区单纯依靠不动产保有税筹资下）。无疑，不动产保有税此时将具有累退性，这仍然是我们所不愿看到的。所以对不动产保有税的运用实际陷入了一个矛盾：要想使得该税体现受益税性质，就需要在小范围征收，实行分区制；但这样的后果不是公共服务水平在辖区间有差别，就是不动产保有税具有较高的累退性，这两个后果都将引起辖区间的不公平。

不动产保有税在辖区间的这种不公平是内生的，是不动产保有税不可避免的内在缺陷，并经常受到公众的攻击。美国加州著名的西拉诺对佩雷斯诉讼案（Serrano vs Priest）就是一个典型的例子，最终加州最高法院1971年裁决公立学校严重依赖不动产保有税为教育筹资的做法是违反宪法的行为，因为会由于辖区间的财富不均衡而导致学校教育质量差异（在诉讼中，诉方律师证实了比佛利学区对学生的平均支出是低收入学区伯蒂文园的两倍）。并通过了西拉诺Ⅰ（1971）和西拉诺Ⅱ（1976）两项决议改革了加州的教育财政体系，不再单纯依赖不动产保有税为教育筹资，而部分地转向了州政府拨款，不同辖区的教育支出逐渐实现了均衡化。之后，其余州也质疑单纯依靠不动产保有税为教育筹资的合宪性，并将单纯依赖不动产保有税为教育筹资的方式逐步转换为州政府为教育支出提供补助。

因此，由于辖区间税基的差异，不动产保有税有加剧辖区间财政状况不公平的内在缺陷，这是公众对不动产保有税厌恶并对它进行限制的原因之一。克服这个缺陷的措施是上级政府根据辖区的税基情况实施转移支付来配合不动产保有税。这样，既发挥不动产保有税在地方政府财政中的作用，又可避免严重依赖不动产保有税而加剧辖区间财政不公平状况，对整个地方财政来说将是公平和效率兼得的事情。

## 第三节　不动产保有税效率的作用机制

蒂布特模型认为，不动产保有税成为受益税的关键在于居民的流动性，通过流出辖区的方式给地方政府施加压力，激励地方政府之间像厂商一样为争夺居民而相互竞争，最终实现不动产保有税的受益性。在这个过程中，是不需要政治参与的。但是，实践中公众对不动产保有税的限制表明，公众并没有选择退出（exit）机制，而是选择了另一种机制实现了对不动产保有税的管理——呼吁（appeal）。无疑，这种机制是对蒂布特式退出的一种否定：因为呼吁是带有政治色彩的行为。

不动产保有税应该是一种受益税，需要在小辖区中才有实现的可能。在此前提下，需要分析的关键是究竟退出机制还是呼吁机制能够提升不动产保有税的效率，这里的效率与一般意义上的税收效率不同，而是指不动产保有税直接用于辖区公共服务中而成为受益税的程度。

## 一　退出—呼吁的作用机制诠释

"从总体上看，个人、企业、组织都具有从富有效率的、理性的、守法的、高尚的行为模式滑向衰落的倾向"[①]，所以要有一些恢复效率的机制，退出与呼吁（也称为意愿表达）就是能够起到这样作用的两个最重要方式。退出—呼吁是社会科学中一个重要的分析框架，常常用于分析公司、公共服务、地方政府及政治体系中组织绩效下降的恢复上，是组织松弛理论的组成部分，应该属于政治经济学的分析框架。阿尔伯特·O.赫希曼（A. O. Hirschman）把退出定义为消费者在某项产品的供给者之间进行选择的能力；把呼吁定义为消费者对感到不满意的服务试图输出其对数量和质量的偏好，而不是简单地更换供给者。但是，赫希曼把退出作为经济学的领域，而把呼吁归为政治学的领域。这种简单的区分无疑是存在瑕疵的，实质上两者都蕴涵经济学意义。交易成本经济学代表人物威廉姆森的理论论述中实际就已经包含了退出与呼吁的两种情况。在资产专用性、有限理性和机会主义三个关键假设下，威廉姆森分析了减小交易成本的各种治理方式，包括市场治理、双边治理与一体化治理：当交易成本很小时采用市场治理，即退出；随着交易成本的增大，退出作用逐渐削弱，转为双边治理（谈判）或一体化治理，这就隐含着呼吁（意愿表达）的含义。所以，在交易成本经济学中，退出和呼吁也是隐含在其中的，只不过它只分析公司治理而没有涉及公共政策而已。

### （一）退出的作用机制

退出作为一种恢复组织绩效与提升组织效率的机制，其作用主要体现在它对管理者造成的压力上。但这种机制发挥作用至少需要三个条件。一是消费者能够退出。退出成本无疑是影响能否退出的关键。二是管理者对消费者的退出有反应。如果退出并不能改变管理者的收益（就像在某些公共部门一样，管理者的收益并不依赖于消费者的消费数量），管理者对于消费者的退出是不会在意的。三是应该有一部分消费者退出还有一部分消费者留守，这是退出机制有效发挥作用的重要条件。如果几乎所有的消费者都退出，那么即使管理者认识到自身效率的下降，也没有机会采取任

---

[①]　[美]阿尔伯特·O.赫希曼：《退出、呼吁与忠诚——对企业、组织和国家衰退的回应》，卢昌崇译，经济科学出版社2001年版，第1页。

何解决的措施来恢复自身绩效。而仅有部分消费者退出，这既让管理者认识到自身的绩效下降，同时还有很多消费者留守，那么管理者就有了抓紧采取措施的机会。这样的退出使得管理者一方面认识问题，另一方面又有机会解决问题，才会使得退出导致组织效率的提升。正如赫希曼所说：要想使竞争（即退出）作为一种企业绩效衰减的恢复机制而发挥作用，最理想的组合状态是，有的消费者"动如脱兔"，有的消费者却"静若处子"①。

（二）呼吁的作用机制

消费者或会员为修正企业或组织的惯例、政策或产出作出的种种不是逃跑意义的所有尝试或努力都可称为呼吁。其表达方式很多：既可以单人投诉，也可以群体请愿；既可以和平投诉，也可以大规模的抗议。对于后者则既可以组织不同类型的团体温和抗议，也可以发动公众舆论实施激烈抗争。经济学家们对竞争（退出）的极度重视常常使得呼吁被忽视，当退出成本极大或退出之路被截断后，他们往往是选择沉默，而不去尝试呼吁对提高组织绩效的作用。

呼吁机制对于组织绩效的提升也应该满足一定条件才是有效的。首先是呼吁的成本因素。呼吁也是有成本的，与退出相比，呼吁的成本并不低，这种成本与呼吁方式有很大关系，有时还会大至失去生命。它要取决于消费者或会员对企业或组织实施呼吁的影响力以及讨价还价的能力。所以与退出机制相同，仍然需要考虑呼吁的成本。其次是呼吁能否引起管理者的反应。这取决于管理者的预期收益是否会变化，管理者要考虑对呼吁反应与否对他分别有什么结果。那么至少两个因素促使其会有效地反应。一是以退出为威胁时得组织管理者预期收益将减少；二是漠视呼吁使得管理者付出成本（包括政治成本）。我们的结论是，呼吁机制如果获得成功或者需要呼吁者应有以退出为可置信威胁的保证，这一点足以影响管理者的收入；或者管理者漠视呼吁会付出价值不菲的成本（一般是指政治成本），这一点也会影响管理者的净收益。

---

① ［美］阿尔伯特·O.赫希曼：《退出、呼吁与忠诚——对企业、组织和国家衰退的回应》，卢昌崇译，经济科学出版社2001年版，第26页。

（三）退出与呼吁相互补充的关系

由上面的论述可以看到，退出与呼吁两者并不是割裂开来的。退出与呼吁之间就像一块运动中的跷跷板或许并不能说明两者的关系。一方面退出应该为第二选择，呼吁为第一选择，因为退出需要成本，而简单语言规劝的成本似乎应该不大（当然退出成本很小时退出是有优势的，如私人部门的消费者从该商品的消费中退出的成本一般较小）。另一方面呼吁应以退出为条件：当退出选择可易于付诸操作时，呼吁的效应就要打折扣；但当退出选择很难以付诸操作时，方式虽有所不同，呼吁的效应也同样要受到削弱。通常情况下，现实中退出与呼吁对于不同部门的适用性是不同的。一般来说，消费者在私人部门绩效不完美时会采取退出方式，而在公共部门绩效下降时则会采取呼吁方式。

**二　呼吁机制是实现不动产保有税效率的主导**

（一）对通过居民"退出"辖区提升不动产保有税效率的质疑

蒂布特的"用脚投票"理论认为辖区政府将会在居民流出的压力下展开类似私人厂商争夺消费者式的竞争，依靠居民退出实现不动产保有税的效率。但是，必须看到，公众从居住的辖区中退出而流向另一个辖区居住，与从一个商业企业中退出股份而转向购买另一家企业的股份是大不相同的。公众从辖区中退出的成本要远远大于后者。

首先，从物质上看，不动产是个人消费中很昂贵的消费品，从辖区中退出时遭受的损失可能是较大的。当某企业管理层的决策失误时个人才会转出其股份，一旦这种管理者决策失误的信息蔓延，该企业的股票价格随之下降，转让股票者将受到损失。与之相似，当公众对辖区的税收—公共服务组合不满意时才会从辖区中退出，居民从辖区中退出也将使得不动产价格下跌，居民遭受部分损失（这也是税收—公共服务组合资本化进不动产价格中的体现）。但是，股票的投资是可以进行不同风险组合的，一种股票的损失可以为其他股票的获利来弥补，从某企业退出的损失程度整体上不大。居民的不动产在大部分情况下却不是如此。一般来说，拥有的不动产是居民最主要财富，且并没有任何风险防范措施，一旦从辖区中退出，面临的损失将非常巨大，远远超过个人转让企业股份。在预期将面临巨大损失作为退出成本的前提下，居民退出辖区的动机将明显受到抑制。

其次，与辖区内税收—公共服务状况相比，诸如区域的文化氛围、居民本人在辖区中的圈子（人脉）及就业状况等因素会更加影响居民选择辖区的动机，并且后者常常是居民在某辖区居住的决定性因素。即使在人群流动性较强的美国，背井离乡也通常不是他们的最佳选择。在东亚文化熏陶下的我国，这种人群的流动性更差。因此，尽管奥茨验证了税收和公共服务会资本化进入不动产价格，但是，居民仅仅由于对辖区的税收—公共服务组合不满意就选择结束在本辖区工作、结束在本辖区交际圈子的做法几乎是不可思议的，这给本人带来的社会成本非常巨大。

最后，从辖区中退出与从私人企业中退出虽然形式相似，但是，由于作用对象的差异将导致不同的后果。简单将两者比拟的做法是天才的思维，但也只是没有实际价值的观念上的玄思。

进一步，埃普尔和泽勒尼茨（Epple and Zelenitz，1981）证明了在多个辖区竞争下，地方政府依然会有 $tP_H h_d = G + \dfrac{P_H h_d}{\theta}$，其中 $t$、$G$、$P_H$、$h_d$、$\theta$ 分别为辖区不动产保有税税率、人均公共服务支出、住房价格、住房需求及住房供给对住房税净价的弹性。这个式子显示出了辖区内的人均税收收入依然超过了人均政府支出，超出部分与人均住房价值 $P_H h_d$ 和住房供给弹性 $\theta$ 有关。由此他得到的结论是：即使居民可以迁移并致使辖区间展开竞争的前提下，也不能导致公共服务的有效率供给。原因在于土地是不能流动的，政府依然可以利用住房的供给弹性而能够满足自己的私利，辖区间竞争能够限制但不能完全防止地方政府部门的无效率。（不过，上式也表明了当住房供给弹性 $\theta$ 无限大时，地方政府是有效率的，因为此时 $\lim\limits_{\theta \to \infty} \dfrac{P_H h_d}{\theta} = 0$，从而 $tP_H h_d = G$，人均税收收入与人均政府支出相等。）

（二）呼吁机制对提升不动产保有税效率的作用

排除了从辖区中退出对不动产保有税效率的提升作用之后，下一步分析呼吁机制对提升不动产保有税效率的作用。下文将用完全信息的博弈模型证明结论：呼吁机制成功与否取决于居民退出辖区的成本和政府漠视呼吁的成本。

假定居民对于辖区税收—公共服务组合的不满时将首先采取呼吁的方式解决（对于公共部门来说，这种假设通常是合理的），在第一阶段地方政府有反应与不反应两种行为，给定地方政府的反应后，第二阶段居民采取退出或默许（即继续停留在该辖区）。假设地方政府初始财产税税率为 $r_0$，经济成本为 $C_0$，漠视呼吁则会引起的政治成本为 $C_P$；消费者的被征收收入为 $R$；居民要求的财产税税率为 $r_1$（也是迁移地的征收率，所以有 $r_0 > r_1$），呼吁成本为 $C_V$，退出成本为 $C_E$，则可以建立博弈树，如图 2-2 所示。

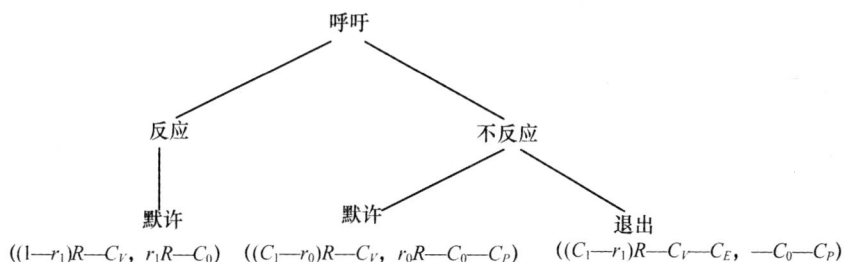

图 2-2 呼吁机制的完全信息动态博弈模型图

给定居民采取呼吁的行为，地方政府要判断反应与否。其结果取决于地方政府预期在他不反应的情况下居民会采取默许还是退出，即要比较 $(1 - r_0) R - C_V$ 与 $(1 - r_1) R - C_V - C_E$ 的大小。

当 $(r_0 - r_1) R < C_E$ 时，$(1 - r_0) R - C_V > (1 - r_1) R - C_V - C_E$，此时，即使地方政府对于呼吁不反应，居民也不会选择退出行为；

反之，当 $(r_0 - r_1) R > C_E$ 时，$(1 - r_0) R - C_V < (1 - r_1) R - C_V - C_E$，此时居民在政府不反应的情况下将会做出退出选择。

当 $(r_0 - r_1) R > C_E$ 时，由于预期到居民在地方政府不反应那么就退出时，政府的最优无疑是反应：因为它反应的收益 $r_1 R - C_0$ 一定是大于不反应收益 $-C_0 - C_P$ 的。由此可以验证第一层结论：呼吁的成功要以退出威胁为依托。当 $(r_0 - r_1) R < C_E$ 时，地方政府预期居民在它不反应的情况下也不会选择退出，那么它的选择将取决于 $r_1 R - C_0$ 与 $r_0 R - C_0 - C_P$ 的大小，当 $(r_0 - r_1) R < C_P$ 时，它会选择对呼吁反应；反之，$(r_0 - r_1) R > C_P$ 时，它会选择对呼吁漠视。这样就验证了第二层结论：对地方政府呼吁的成功也取决于管理者漠视公众呼吁成本的大小。

由于居民从辖区中退出的成本很大，使得以退出为威胁的呼吁机制的作用变得较为微小，这是由于地方政府管理者能够预期到居民的退出是不可置信的威胁。那么，呼吁机制的成功就只能通过增加地方政府漠视公众呼吁的成本来实现。在西方民主选举的制度下，漠视公众呼吁的成本极大。因为地方政府官员需要参与竞选，公众的选票对他们极为重要，而漠视公众呼吁的行为对于任何参选者来说是不明智的。在这种机制下，地方政府官员的确非常在意民众的呼吁。对不动产保有税的诸多限制最终通过呼吁机制的推动得以投票通过，而并非是通过多数公众退出辖区来推动，这种结果就直接表明了呼吁机制在提升不动产保有税效率方面具有的作用远非退出机制所能比拟，而发挥这种作用的关键之举，应是增加官员漠视公众呼吁的政治成本。

（三）呼吁机制提升不动产保有税效率的条件

由上述分析可以得到，不动产保有税成为受益税的路径并不主要在于蒂布特"用脚投票"的退出机制，由于种种因素所限，从辖区中退出的可操作性很差。在这种前提下，不动产保有税效率提升的主导因素应该归于公众的呼吁机制。这使得不动产保有税需要有浓厚的政治因素来支持。

在此前提下，呼吁机制能否取得成功的关键是漠视呼吁是否会降低政府管理者的净收益，这样，呼吁机制的成功就有两种可能：一是以退出为威胁，漠视公众的呼吁将会导致政府管理者收益降低；二是政府漠视呼吁的成本很大，以至于即使公众不能退出，管理者也将由于承受较大成本而导致其净收益下降。在退出之路不可行时，第一种可能是很难实现的，唯一能够依赖的是第二种可能——增大对政府管理者漠视公众呼吁的成本。

不动产保有税顺利实施无疑需要体现受益税性质，而这种性质得到体现的根本保证将归于公众的呼吁。因此，增加管理者漠视公众呼吁的政治成本，使财政收支更加体现出公开性、民主性将是不动产保有税制度成功实施的必要条件。

# 第四节　不动产保有税的制度要求

不动产保有税具有典型的双刃剑性质，该税发挥积极效应需要一定的制度条件。制度条件不完备或者被扭曲，都将引发公众的反对而影响社会稳定。依据上两节对该税公平及效率作用机制的分析，可以归纳出不动产保有税在制度上存在受益性、公平性与低负担三方面的要求。这一点构成了不动产保有税税制设置的理论指导。

**一　在具备良好公众呼吁机制的小辖区内征收使用**

财政交换论是税制改革的理论基础之一，这种理论起源于维克赛尔关于税收需要满足受益原则、税收与公共服务自愿交换的理论。不过，维克赛尔的税收受益原则只是强调出于税收公平的考虑，认为受益原则应该是税收公平的体现。公共选择学派对受益原则进行了延伸，他们将利维坦属性引入政府特征中，从而大大增加了政府通过税收对公众进行掠夺的可能性。在这种假设下，需要对政府的征税行为做出税制上——税基和税率的约束。约束的一种形式就是任何税制改革都必须坚持财政交换论，税收应该是受益税，这样可以限制政府的肆意征税行为。

不动产保有税具有独特的属性——它是非常透明的税种、纳税人覆盖范围很广、是对未实现的收入征税，这些属性导致了公众对不动产保有税非常反感，并直接影响该税的税收遵从度。如果这种收入再用于其他用途，不能体现出公众的直接受益，那么，不动产保有税的缴税率应该极低，不利于该税作用的有效发挥。从这方面来看，不动产保有税应该是一个受益税种。

由于不动产保有税的征税对象不易移动，不动产保有税的受益税性质一方面会由于不动产保有税的征收而减小财产的价值；另一方面，辖区公共服务水平的提升也会增加财产的价值，两者对财产价值的共同影响取决于不动产保有税用于公共服务的程度。纳税人能够明显看到该税所能带来公共服务水平的提升，自己付出的不动产保有税并没有被政府浪费，此时，纳税人—受益人角色恰当地形成。尽管不动产保有税的独特属性导致公众的反感，该税与公共服务的交换却会影响纳税人—受益人的心理，他们感知到这种公平交换，心理会达到平衡，逃税及抗税意识减弱，税收遵从水平将提高。

如前所述，与其他税种相比而言，不动产保有税的征税对象是财富存量，这种征税对象不能因政府的税收政策改变而规划自己的最优行为，因此更易为政府剥削。所以，按照财政交换论，约束政府的不动产保有税规模和使用方式也是应该的，约束的形式之一是将该税做成受益税种。

无论是从不动产保有税的特性来看，还是从该税易对公众福利造成损害来看，坚持财政交换论、突出不动产保有税的受益税性质都是极其重要的，这是不动产保有税最基础的制度要求。接下来的问题是如何才能保证不动产保有税的受益税性质，按照对不动产保有税的效率分析，这至少需要注意两点。

（一）较小辖区内的税种

为了实现不动产保有税的受益性，需要将其限定在较小辖区内征收使用。蒂布特在其论文中指出，"解决公共商品供给问题的这个思路（指用脚投票）对于动态的大城市是不可能的，但对于农村或郊区，这种考虑会更适合一些"。较小辖区类似于布坎南的"俱乐部"，此时，不动产保有税实质上具有使用费的意义，这是不动产保有税具有受益税性质的地域基础。只有在这样的区域内，公众的偏好才更容易统一起来。而在较大辖区如州政府中使用该税，由于公众范围很广导致个人偏好很难统一，不动产保有税的受益税性质就无法有效发挥，损失整体区域的福利状况。

（二）公众呼吁机制的要求

设置在较小辖区只是为不动产保有税成为受益税提供了可能，真正发挥受益税的作用，对辖区政府来说还需要一定的激励机制。这种激励机制无非就是退出和呼吁。退出辖区机制在现实中不可行性，它在提升不动产保有税的受益税效率上仅具有理论意义，实践中发挥作用不大。因此，在实践中能够有效提升不动产保有税效率的是公众的呼吁机制。

为提高不动产保有税的现实效率，应重视公众呼吁机制的作用。一方面要完善公众的呼吁机制，降低其呼吁成本，使得公众的呼吁能够简单地"下情上达"，形成一种规范的公众与辖区政府沟通的渠道，使得其呼吁很容易被辖区政府感知，这是呼吁机制发挥作用的基础。另一方面对于不能正确处理公众呼吁甚至漠视公众呼吁的辖区政府管理者，应该有一种增加其政治成本的机制，把处理公众呼吁的行为方式同地方政府官员的政治前途结合起来。

最终，不动产保有税首先需要在具备良好公众呼吁机制的小辖区内征收与使用，这是不动产保有税最基础的制度要求。

**二 设置让纳税人感到公正的课税制度**

税收公平是治税的关键，也是从斯密开始就提出的税收基本原则。对于公平的两个标准——受益原则和支付能力原则而言，受益原则意义上的公平实质就是坚持财政交换论，这一点在上文已经确定，此处不再重述。

这里主要分析支付能力公平。

对一种税收来说，必须让纳税人感到公正，而不仅仅是具备纳税技术能力，不动产保有税尤其如此，其独特属性决定了它对公平性要求极高。以下对不动产保有税公平课税的分析按照税前公平、税中公平和税后公平三个部分展开论述。

不动产保有税的税前公平是指评估的公平。不动产保有税的计税依据主要是基于市场价值的不动产评估价值①，这是一个主观性较强的规定，公众对该税的反感也起因于此。因此，不动产保有税制度首先要保证辖区内不动产价值的评估实现公平、公正、公开，避免出现横向不公平和纵向不公平。需要由具有评估资质、品行公正的人员来进行评估，并接受公众的监督，杜绝纳税人的寻租行为。评估方法应该采用分区回归法，对辖区内的所有不动产按照地理位置等标准划分成若干小区，把对不动产价值具有解释能力的自变量指标放在回归方程式中，然后根据具体不动产的特征回归出其价值。这种方式一方面使得评估有一定的客观标准，减弱其主观随意性，凸显公平原则；同时也符合不动产保有税成为受益税的标准范式——分区界定。

不动产保有税的税中公平主要体现在税制设计上，应该分析辖区内和辖区外两种情形。对于辖区内的公平，主要体现在对支付能力与其应缴不动产保有税不相称群体的税收减免方面。如前所述，不动产保有税的独特属性会导致该税有时会出现不符合支付能力原则。出于社会公平的考虑，政府需要针对退休人群等低收入家庭制定减免税措施。但是，这个措施要设计得当，标准应该是全面和动态的，设计不当会对其他不能享受减免税的公众产生不公平。应把整个家庭所有成员的所有收入考虑进来，包括其退休收入和社保收入。同时要采用动态标准：因为这类群体的收入状况是多变的，应根据其现实收入及时变更其减免税。

对于辖区外的情形，需要根本解决的是低税基辖区和高税基辖区在不

---

① 虽然还有按面积评估征收和按租金征收，但是前者更易产生不公平，因为财产的价值只能从其周围环境中获得，单纯的面积规模不能反映出纳税能力的全部，极易导致低收入家庭税收负担大于高收入家庭的税收负担。后者则会由于租金的透明性较差而出现操纵租金达到减少支付不动产保有税的目的，同时，预测未来的现金流量和恰当的贴现率也会使问题进一步复杂。

动产保有税税率上的悖反，避免前者高税率后者低税率但是却享受相同公
共服务水平的情形。如前所述，不动产保有税的内在缺陷就在于此。解决
的根本思路在于上级政府的补贴与不动产保有税的配合。目前无论在美国
还是在欧洲各国的地方政府财政收入中，都有相当比例的上级政府补贴为
地方公共服务提供资金来源。美国不动产保有税占地方政府一般收入的比
重2006—2007年度为27.60%，上级补助占一般收入的比重为37.86%①。
上级政府补助占地方政府财政收入的比重远远高出不动产保有税所占的比
重。这样的做法保证了各辖区财政状况的均衡，对于实现辖区间公共服务
均等化提供了制度保障。

　　不动产保有税的税后公平在于对税收不遵从行为的惩罚。由于人的特
质不同，总会有人逃税和抗税。对于征收范围如此广泛的不动产保有税来
说，由于其特殊属性，公众本来就对该税的公平性表现出质疑，逃税人的
行为更是加大了公众对该税的不公平意识。同时，逃税将进一步导致示范
效应，引发群体的不遵从行为。因此，对于不动产保有税来说，加大监管
和惩罚力度更显重要。使逃税者的成本远远大于其获得的收益，这既是维
护税法的尊严，同时也在于平衡公众的心理，提升税收遵从水平。

**三　税率设置坚持低负担原则**

　　不动产保有税是对财富存量征收的直接税，通常很难转嫁给他人，税
收支付需要依靠自己的其他收入来源。因此，这种税比个人所得税还要让
人反感。尽管个人所得税也是直接税，不过，由于它常常是被代扣代缴
的，且税收是自己所得的一部分，有所得才会支付个人所得税，因此，个
人所得税给个人带来的负担并不非常明显。但不动产保有税却并非如此。
即使没有收入或所得，也需要对持有的不动产支付保有税。因此，该税是
最能引起纳税人税痛的税种②。

　　由于不动产保有税的这一特性，政府在设定其税率时需要极其谨慎。
一般认为，设定税率坚持的标准是以支定收：地方政府财政支出的规模减
去其他非不动产保有税收入的差额作为拟征收的不动产保有税总量，然后
计算与不动产保有税税基的商，即可得到不动产保有税的税率。这样的做

---

① 由美国统计局网站2007年州与地方政府的财政数据计算得出。
② 庞凤喜：《物业税九大问题浅议》，《税务研究》2008年第4期。

法对于其他税种当然是无异议的。不过，对于不动产保有税而言，还需要进一步估算个体支付的不动产保有税占其家庭收入的比重，以此来衡量不动产保有税是否对个体造成较高负担。这里的家庭收入是家庭成员的全部收入，包括工资、分红、利息、伤残救济、退休金等。

美国财产税革命的实践表明，即使财产税是受益税，用在了公共服务方向，公众对于负担水平依然是十分在意的。历次税收革命的导火索均是财产税占个人收入比重过大，税收革命的结果都导致了不动产保有税占个人收入比重的下降。如在 1932 年，不动产保有税占纳税人收入的比例高达 11.3%，而 1930 年这一比例仅为 6.3%。这引起了公众对不动产保有税的限制，限制后这一比例持续下降，1940 年降为 5.8%。在 1960—1975 年间，与 19 世纪 50 年代晚期的 3.3%—3.5% 相比，这一比例达到新高，在 4.1%—4.3%，又引起对不动产保有税的限制，到 1995 年这一比例降为 3.3%。目前在美国各州这一比例是不同的，最低 1%，最高 6%，全国平均一般在 3%—3.5%。由此可见，虽然地方政府对不动产保有税的使用体现了受益税的性质，但是当公众认为负担的不动产保有税过重时，依然会发动税收革命来限制它。正如公众在税收革命时的想法——"我只有能力支付更少的食物、更少的香烟和更少的娱乐，我也情愿购买更少的政府服务"[①]。

因此，地方政府在设定不动产保有税税率时，需要有两个标准：以支定收标准——按照以支定收的原则确定税率；负担合理标准——估算个体支付的不动产保有税占收入的比重。只有同时考虑这两个标准的不动产保有税才是安全且持续的。

以上对不动产保有税的三点判断，可以概括为一句话：不动产保有税需要在拥有良好公众呼吁机制的小辖区中公平、低负担地征收，同时要有上级政府的补贴支持作为配合。这种判断考虑到了不动产保有税的公平和效率，是该税发挥积极效应的制度要求，在每个国家都是适用的。当然，由于各国国情、文化及地方政府治理方式不同，实际运用中还会蕴涵自身的特色，但如果试图设置实质意义的不动产保有税，这种制度要求应该是必须要满足的。

---

① Beito, David T., *Taxpayers in Revolt*, Chapel Hill, NC: University of North Carolina Press.

# 第三章　我国不动产保有税的实践考察

我国不动产保有税制度在不断演变中发展，至民国时期已相对完善。尽管由于种种原因，这套税制最终并未在全国范围内实施，但其蕴涵的思想已基本符合现代税收理论要求。新中国成立后，我国的不动产保有税制度随社会经济发展几经变迁，最终演变为目前不动产保有税地位极其弱化的局面。分析这种状况的形成原因及实际效应构成我国不动产保有税改革的前提。

## 第一节　不动产保有税制度的历史变迁

### 一　民国时期的不动产保有税制度

以土地和房屋为征税对象的税种在我国自古就有。夏朝在"贡法"中规定田赋的每年课税数量为一年收获数量的十分之一，即是最早的以土地为课税对象的税种。自此，田赋在封建社会中一直是国家筹集收入的重要工具。对房屋征税上，据《周礼》记载："掌敛廛布而入于泉府，"此处的"廛布"就是政府对市邸房舍征收的税种，可谓最早的以房屋为征税对象的税种。公元784年，为弥补财政不足而开征的"间架税"也属于以房屋为征税对象的税种。不过，田赋的征税对象为农田，属于所得税范畴，与目前讨论的不动产税收制度相去甚远；以房产为征税对象的税种在封建社会中并不统一，各地差别较大，所以，本书不再详细论述封建社会中的不动产保有税制度。

我国近代的不动产保有税制度是由国民政府在借鉴西方税制的基础上，结合中国实际情况建立起来的，无论在不动产税收思想、税收制度还是在税收管理上都取得了一定程度的发展。具体而言，国民政府以土地为征税对象建立起了包含地价税、土地增值税与土地改良物税在内的土地税体系；以房屋为征税对象统一了房捐。

（一）土地税

尽管土地税收在我国已经有两千多年的历史，但都是以农业用地为课税对象的"田赋"，性质上应该属于所得税类，真正对城市土地开始征税是从 1886 年的上海公共租界开始[①]。当时按照土地价格的 2.5‰征收，之后税率逐渐增加，至 1919 年变为 7‰。民国初年，并未有全国统一的土地税政策，青岛、广州、杭州、上海及天津等地根据本区域财力情况陆续开征了土地税。其中，以青岛、广州较为典型。

1889 年德国租借青岛之后，将土地收归国有，然后再放租给公众，并课以地基价值 6%的地价税，形成青岛土地税的起始点。对于未经政府收买的土地，按照原来缴纳田赋的标准将土地分等收取地价税：一等地征收 3 角 5 分，二等地征收 2 角 5 分，三等地征收 1 角 5 分。同时，不限制公众对土地的自由买卖，但是为了平抑土地投机行为，规定对土地的出售价格超过买价及其本息与土地改良投资之和的差额征收税率为 33.3% 土地增值税。依靠这种地价税和土地增值税政策，一方面为城市的公共支出获得了大量财源；另一方面也平抑了地价，有效地抑制了土地投机行为。事实上，德国在青岛的土地税政策不自觉地为中国开创了土地税的征收思路。1922 年中国收回青岛之后，依然沿袭这种土地税收制度。

孙中山建立国民政府后，提出了"平均地权"的思想，并辅以核定地价、照价纳税、照价收买与涨价归功等内容。为了实现这种思想，孙中山 1922 年在广州设立土地局，准备开征土地税，并于 1924 年聘请德国专家单维廉，以青岛土地税为借鉴，研究平均地权的实施方法，最终制定出了《广东都市土地税条例》。但是，由于政局多变，直至 1928 年才在广州开始征收临时地税和土地增值税：对估定地价按 1%（宅地）、5‰（农地）、2‰（矿地）的税率征收地价税，土地转移时按照累进税率制度征收土地增值税。该土地税为政府筹集的财政收入逐渐增加，其经验也成为了各地制定土地税制度的借鉴。

由于各城市的土地税政策差异较大，1930 年 6 月 30 日中央政府颁布

---

① 赵津：《中国城市房地产业史论》，南开大学出版社 1994 年版，第 128 页。

《土地法》，对土地管理和土地税收制度作了完备的规定。将土地税划分为地价税、土地增值税与土地改良物税三类，并对每一税种的征税范围、税率、征税方式及税收减免等税收要素做出了明确规定。地价税的税率为：城市中的改良地 10‰—20‰，未改良地 15‰—30‰，荒地 30‰—100‰；乡村中改良地 10‰，未改良地 12‰—15‰，荒地 10‰—100‰[①]，均按照地价由土地所有权人交纳。土地增值税实行超率累进税率。对于土地附属的建筑改良物，规定按照估定价值按年缴税，最高税率为 5‰。《土地法》中将土地税列为地方税种，实践中，各地规定的税率常常低于上述规定[②]。《土地法》试图统一各地的城市土地税制度，并扩展到城乡范围内广泛征收，将土地税培育为地方主体税种，利用亨利·乔治的土地单一税思想实现"平均地权"的主张。同时，《土地法》在制度上的规定也相当完备，在中国土地税收史上有非常重要的参考价值。但是，由于地籍登记整理及估价工作极其繁重，土地税的规定并未在实践中运行。1935年国民政府又颁布《土地法施行法》对《土地法》进行细节上的完善。直至 1936 年，国民政府才规定，自同年 3 月 1 日起实施这两个规定。但由于实施中的可操作性较差与政治环境迅速变化，两法并未得到广泛实施。

抗日战争的非常时期，国民政府采取了财政上的非常之举：集中中央财政，将省级财政归于中央政府管理。相应的，地价税的征收与管理权集中到中央政府。并于 1944 年制定实施了《战时征收土地税条例》。《战时征收土地税条例》将地价税改为累进税率，取消按照土地类别设定税率的规定，各种土地均按照统一税率课征：基本税率为 15‰，最低累进税率为 2‰，最高累进税率为 5‰，但累进至 50‰为止。这些规定鲜明地体现出了中央政府简化税制、增加税收收入以适应战争财政的意图。

抗战胜利后，《战时征收土地税条例》随即废除，恢复中央、省与县市三级财政体制。中央政府对原《土地法》与《土地法施行法》进行修正并实施，重新将土地税归属于地方征收。不过，地价税依旧按照累进税率征收，各地自行制定累进的起点地价。修正的土地税制度对于私有空

---

① 吴兆莘：《中国税制史（下）》，商务印书馆 1998 年版，第 168 页。

② 赵津：《中国城市房地产业史论》，南开大学出版社 1994 年版，第 133 页。

地、私有荒地与不在地主之地①课以重税，加倍（私有空地为3—10倍，私有荒地为不超过3倍，不在土地之地为数倍）征收其地价税，以打击土地投机行为，抑制地价的过快增长。对于土地增值税，修正后的制度对原制度的最高税率从100%降低为80%，在一定程度上减轻了公众的负担。对于土地改良物税，修正的《土地法》试图以建筑物法定价值为计税依据按照差别税率的方式统一当时存在的房捐，但是，由于对建筑物估价工作量很大，实践中土地改良物税并未有效实施，房捐并没有被替代。

（二）房捐

房捐是以房屋为征税对象的税种。在民国初年，各地依据本区域财力情况自主制定了房捐的征税范围、税率及征收方法，名称上也非常混乱。1915年，中央政府试图将各地以房屋为征税对象的税种统一，把存在于各地的铺捐、架捐等税种统称为房税，征税范围由原来的商业用房延展至居民住宅，无论是出租还是自用均统一征税。计税依据设定为从租征收，税率为商铺10%，民房为5%。但是，这种统一的规定并未得到地方政府的真正遵守，房捐的征收依然混乱。在计税依据方面，有的以房租为计税依据，对自主房屋或者依据房产价值征收，或者按照房产价值的每年利息作为租金征收；有的地方按照房屋的类型为计税依据，分楼房、瓦房和灰房三类实行差别税率征收房捐，计税依据为建筑物内房间的数量。在税率设置上，也并未遵守中央政府的规定。天津为3%；汉口为10%；杭州店屋与住宅分别为月租值的15%和10%；上海市的店屋与住宅捐率分别为租值的14%和12%②。

为了改变各地对房捐税收要素规定混乱的局面，也为了配合实施《土地法》中规定的土地改良物税，中央政府于1941年制定实施《房捐征收通则》，将房捐归属为市县收入，对房捐的税收要素做出了详细的规定，地方政府在此基础上制定适宜于本区域的房捐制度。首先将名称统一为房捐，并将其征税范围限定在城镇房屋，农村房屋被排除在外。在税率

---

① 是指以下三种土地：（1）土地所有权人及其家属离开其土地所在地之直辖市或县（市），继续满三年者。（2）共有土地，其共有人全体离开其所在地之直辖市或县（市），继续满一年者。（3）营业组合所有土地，其组合于其土地所在地之直辖市或县（市）停止营业，继续满一年者。

② 赵津：《中国城市房地产业史论》，南开大学出版社1994年版，第136页。

设定上，规定出租房屋的税率不得超过租金的 5%，自住房屋的税率不得超过房产价值的 0.5%，并规定由房屋所有者或典权人缴纳。

为适应战时的财力需要，中央政府于 1943 年修改《房捐征收通则》为《房捐条例》，与《战时征收土地税条例》对《土地法》的修订思想相同，《房捐条例》简化了房捐的征收制度，扩大了其征税范围与税率，以利于房捐收入的增大。抗战结束之后，1946 年政府又对《房捐条例》进行修改，缩小其征税范围，但是带来的直接后果是房捐的减少，地方财力面临窘迫境地。中央政府于 1947 年再次修改房捐的征收制度，扩大征税范围，提高税率。

国民政府对包括土地与土地改良物在内的不动产征税经历了较为曲折的过程，尽管由于环境原因未能在全国范围内广泛实施，但为完善我国不动产税收提供了可借鉴的思路。

首先，绝大部分不动产保有税划归为最低一级政府的财政收入。国民党政府建立后，逐步形成了中央、省（院辖市）、县市三级财政体制。中央与地方政府之间收入的划分经过多次修订，至 1946 年成型。在不动产保有税方面，规定县市级政府享有全部土地改良物税及土地税（包括田赋、地价税与土地增值税）的 50%，省级政府分享土地税的 20%，中央政府分享土地税的 30%（与省级政府同级的院辖市分享土地税的 60%，上交中央政府 40%）[①]。可以看出，绝大部分不动产保有税划归县级政府征收使用。这种设置保障了县级政府的独立税源，充实了地方财力，实现了最低一级政府收入的稳定性与可持续性。

其次，确立了不动产保有税的使用方向。将该税运用到公共服务中，以提升基础设施及公共福利水平为基点，形成了不动产的良性循环，这无疑是我国不动产保有税改革的一个重要参照。

最后，运用不动产保有税调控房地产市场的意图非常明显。在 1930 年颁布的《土地法》中，按照土地类型的差异分别规定税率，对未改良地和荒地实施重税，以促进土地的有效利用；对土地的转让征收土地增值税，以打击土地的投机行为。这些举措都带有明显的促进房地产市场良性运行意图。

---

① 马寅初：《财政学与中国财政：理论与现实（上）》，商务印书馆 2001 年版，第 189 页。

## 二　新中国成立后的不动产保有税制度

新中国成立后，我国经历了 1950 年、1958 年、1973 年、1984 年与 1994 年五次税收制度改革，形成了较为完整的税收体系，不动产保有税作为一个重要组成部分也在不断完善之中。概括说来，新中国成立后不动产保有税制度经历了三个阶段。

（一）内外统一、房屋与土地合并征税

新中国成立后，中央政府于 1950 年 1 月颁布《全国税政实施要则》，规定征收地产税与房产税。之后在 1950 年 7 月进一步对税收内容做了调整，将房产税和地产税合并为城市房地产税。1951 年 8 月 8 日，中央政府公布实施《中华人民共和国城市房地产税暂行条例》。城市房地产税以产权所有人、承典人、代管人或使用人为纳税人，房产税以标准房价的 1% 按年计征，地产税以标准地价的 1.5% 按年计征，标准房价与标准地价不易划分的以标准房地价的 1.5% 按年计征，标准房地价不易获得的，以标准房地租价的 15% 按年计征。由于将附加税加入正税，中央政府于 1952 年在《关于税制若干修正及实行日期的通告》中调整了城市房地产税的税率：房产税的税率为 1.2%，地产税为 1.8%，以标准房地价为依据合并征收的税率调整为 1.8%，以标准房地租为依据的税率调整为 18%。《中华人民共和国房地产税暂行条例》是对原税收制度的继承，只是简单地将房产税和土地税合并。

（二）内外相异、房屋与土地分别征税

1973 年税制改革中，企业的城市房地产税被并入工商税，导致城市房地产税仅是对个人及华侨征收。由于土地公有制下土地不允许交易，因此，城市房地产税实质上仅是对房产征税。1984 年推行第二步利改税改革，废除了工商税，房产税的开征提到议事日程。

1986 年中央政府公布实施《中华人民共和国房产税暂行条例》，将房产从不动产中划出单独征税，由地方政府征收使用。其征税对象为境内城市、县城、建制镇、工矿区范围内房屋，不包括农村区域。纳税人为房屋产权所有者、经营管理者、承典人及代管人和实际使用人，但不包括外商投资企业、外国企业和外国人，这类纳税人依然按照《中华人民共和国城市房地产税暂行条例》缴纳城市房地产税。在计税依据和税率上，房产税规定了从价征收与从租征收两种方式。从价征收的房产，依据房产原值一次减除 10%—30% 之后的余值以 1.2% 的税率按年计征；房产出租的，以房屋租金的 12% 按年征收。同时规定，个人所有非营业用的房产免征房产税。

1988 年中央政府颁布实施《中华人民共和国城镇土地使用税暂行条例》，开征城镇土地使用税。规定纳税人为在城市、县城、建制镇、工矿区范围内使用土地的单位和个人，但是与房产税相同——依然不包括外商投资企业、外国企业与外国人。该税以纳税人实际占用的土地面积为计税依据，税率由各地根据本区域情况实行大城市、中等城市、小城市与县城、建制镇、工矿区几个等级幅度税率。城镇土地使用税也将农村土地排除在征税范围之外。另外，在 1988 年 10 月 24 日国家税务局颁布的《关于土地使用税若干具体问题的解释和暂行规定》中，规定了个人所有的居住房屋及院落用地由各省、自治区、直辖市地方税务局决定是否征收土地使用税，而随后各地公布的土地使用税实施方法中均对这种用地做出了暂缓征收的规定，这意味着居民自住房产占用的土地被排除在土地使用税之外。

（三）内外统一、房屋与土地分别征税

经过第二个阶段的改革，在不动产保有环节出现了城市房地产税、房产税和城镇土地使用税三税并存的局面。其中内资企业和个人缴纳房产税与城镇土地使用税，外资企业和外国人缴纳城市房地产税。这种状况造成了不动产税收的内外不统一，影响经济竞争的公平性，在实际运行中也常常出现计税政策混用的现象，统一内外资不动产税收制度显得非常必要。

2006 年中央政府对《中华人民共和国城镇土地使用税暂行条例》进行修改，一方面大幅提高各等级土地的征税标准；另一方面，将外资企业与外国人使用的土地纳入城镇土地使用税的征收范围。2009 年 1 月 1 日起中央政府又废止了《中华人民共和国城市房地产税暂行条例》，外商投资企业、外国企业和组织以及外籍个人按照《中华人民共和国房产税暂行条例》缴纳房产税。这样，任何组织与个人按照统一的税收制度缴纳房产税与城镇土地使用税，在不动产税制上消除了内外资政策的差异，实现了税收制度的统一。

此外，在房产税和城镇土地使用税之外，还有些税种与不动产直接关联，如耕地占用税、土地增值税和契税。尽管它们不属于不动产保有环节的税种，但是与不动产保有税的改革相关，因此，描述它们的开征情况也是有必要的。

为了合理利用土地资源，保护耕地，1987年中央政府颁布实施《中华人民共和国耕地占用税暂行条例》，开征耕地占用税，划归地方政府收入。该税种的纳税人为在中国境内占用耕地从事非农建设的单位和个人，但不包括外商投资企业、外国企业和组织以及外籍个人。该税以纳税人实际占有耕地的面积为计税依据，按照各区域人均耕地的状况实行差别幅度税率，并在获得批准占用耕地之日起30日内一次性缴纳，属于行为税，在土地取得过程中支付。2008年中央政府对《中华人民共和国耕地占用税暂行条例》进行修改，提高了税率标准，并将外商投资企业、外国企业和组织以及外籍个人列入了适用范围。

土地增值税是在1994年税制改革中开征的税种，其目的在于平抑不动产的投机行为。税收收入归地方政府征收使用。计税依据是转让不动产收入减除规定的相关项目后的增值额，并实行四级超率累进税率。但在实践中，地方政府普遍采用的是简单形式：按照房地产企业的销售收入征收一定比例（1%—3%）作为土地增值税，因此，对发挥调控不动产投机的作用有限，面临尴尬的境地。

契税于1950年公布施行，当时土地不允许买卖、典当、赠与或交换，所以对于土地而言并没有契税。由于土地制度的改革，1997年中央政府公布《中华人民共和国契税暂行条例》，对原来的契税进行修改。规定契税是对于在我国境内转移土地、房屋权属，对于不动产的承受人征收的一种税，适用于国有土地使用权的出让、土地使用权的转让及房屋买卖、赠与和交换行为。计税依据为成交价格、核定价格或交换价格的差价，实行幅度比例税率，地方政府在3%—5%范围内根据本地情况自行制定。

从上述不动产税收的发展可以看出，随着社会环境的变化，我国的不动产税收制度也相应地经历了若干次变革。一方面，由房屋与土地合并征收逐渐演变为房屋与土地分开征收的税收制度；另一方面，在处理内资与外资方面，不动产税收制度改革走出了统一、相异、再统一的税改道路。

# 第二节　不动产保有税现状考察

从获取收入的形式区分，我国政府从不动产中获取的收入包括地租、不动产税及不动产收费。在土地公有制的前提下，土地属于全体人民所有，并以国家控制的形式表现出来。个人如需使用土地，将按照有偿原则支付一定费用给国家，这种费用具有地租的意义，是基于土地所有权而设置的。对不动产的征税方面，存在广义不动产税收及狭义不动产税收。狭义的不动产税收是直接以不动产为征税对象的税种，目前在我国包括房产税、城镇土地使用税、耕地占用税、土地增值税及契税。广义不动产税收是一切与不动产有直接及间接联系的税种，在上述狭义不动产税收范围之外，还包括房地产开发企业缴纳的全部税收。在地租及税收之外，出于增加财政收入及对特定不动产受益进行成本补偿的需要，政府相关职能部门对不动产还收取包括行政性收费、事业性收费及相关基金在内的费用，这构成了对不动产的收费。

从获取收入的环节上区分，我国政府分别从不动产的开发经营环节（包括不动产的取得与不动产开发完成后的出售环节）、保有环节及流转环节（二手房产交易）中获取收入。当然，在各环节中分别有地租收入、税收及收费三种收入形式中的一种甚至全部。

## 一　不动产保有税在政府不动产收入中的地位

### （一）政府从不动产开发经营环节获取的收入

政府在不动产开发经营环节获取收入的最主要来源是房地产开发企业。房地产开发企业是指依法成立，对土地及房屋进行综合开发，并将完工产品出售给其他机构或个人的企业。实践中，政府从房地产开发企业的取得土地、开发土地及销售不动产三个过程中获取财政收入。

#### 1. 取得土地过程

在房地产企业取得土地的过程中，政府主要通过地租及税收两种形式取得收入。

（1）政府的地租收入。在我国土地公有制的背景下，长期以来，土地都是无偿无限期使用，并采用行政划拨的方式实现对城市土地资源的配置。这种制度一方面损失了土地的使用效率,另一方面也削减了相当规模的政府地租收入。随着改革的深入,土地供给制度冲破了行政手段的束缚,开始引入市场机制。1990年《中华人民共和国城镇国有土地使用权出让和转让暂行条例》发布实施,对土地使用权的出让、转让及出租等问题作了规定。1994年《中华人民共和国城市房地产管理法》实施,标志着无偿使用土地制度的终结,代之以有偿、有期的土地使用制度。从避免对土地资源的浪费、促进土地资源的使用效率出发,对土地的使用行为收取租金无疑是公有制下土地使用制度的必然选择。

实践中,收取租金在方式上面临按年收取与一次性收取使用年限内所有租金的选择。我国政府采取了后者:土地使用者需要以土地出让金的形式一次性支付50年或70年的土地地租实现对土地的有偿使用。这使得土地使用制度中的支撑性项目——土地出让金开始进入政府收入结构中。对这部分收入的分享比例,1989年国务院颁布的《关于加强国有土地使用权有偿出让收入管理的通知》中规定上缴中央政府40%,60%留归地方政府支配。之后在1989年9月财政部发布的《国有土地使用权有偿出让收入管理暂行实施办法》中,规定将土地出让金全部纳入预算,城市财政部门首先留取土地出让金的20%用于城市开发,其余部分的40%上缴中央政府,60%归属于城市财政部门。这样,中央政府实际分享土地出让金的32%。不过,由于地方政府隐瞒土地收入,中央政府的分享比例难以落实,土地出让收入也并未纳入财政预算之中。1992年财政部发布《关于国有土地使用权有偿使用收入征收管理的暂行办法》和《关于国有土地使用权有偿使用收入若干财政问题的暂行规定》的通知,将土地出让金中上缴中央政府的比例削减为5%。1994年分税制改革后,中央政府不再参与土地出让金的分享,全部留归地方政府支配。从此,土地出让收入在地方政府收入中占据了举足轻重的地位。

在绝对数量上,图3-1显示了1999—2007年我国土地出让金的规模。可以看出,自2002年地方政府的"企业财政"被截断之后,土地出让金从2003年开始大幅度增长,2007年竟高达12216.72亿,是1999年的23.75倍。在相对数量上,图3-2显示了1999—2007年土地出让金占地方政府一般财政收入的比重。1999年该比重仅为9.19%,到2003年竟高达55.04%,之后该比重一直维持在40%左右,2007年达到51.83%的新高。

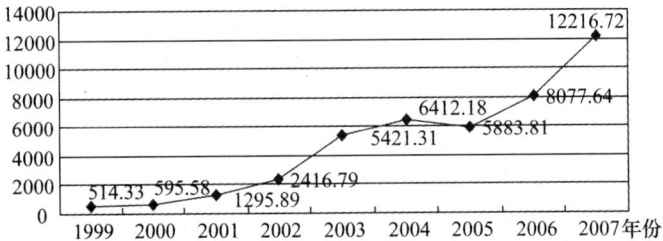

**图 3 - 1  1999 - 2007 年我国土地出让金数量（亿元）**

资料来源：2000—2008 年的《中国国土资源年鉴》。

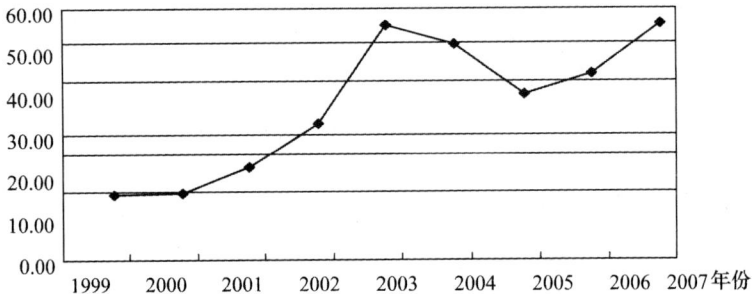

**图 3 - 2  土地出让金占地方政府一般财政收入的比重（%）**

资料来源：土地出让金来自 2000—2008 年的《中国国土资源年鉴》，地方政府一般财政收入来自同期的《中国统计年鉴》。

同时，如此大规模的收入却存在于地方政府预算收支之外、脱离严格监督的，这是一个极端不正常的现象。中央政府也试图规范这笔资金的收支管理。2006 年《国务院关于加强土地调控有关问题的通知》中提出了规范土地出让的收支管理，并在《国务院办公厅关于规范国有土地使用权出让收支管理的通知》中规定自 2007 年 1 月 1 日起将这部分资金的收支全额纳入地方政府基金的预算管理，实行彻底的"收支两条线"。但是这一规定在现实中的执行并不理想。根据国家审计署发布的 2009 年第 9 号审计结果公告，抽查的 10 个省本级、23 个市本级和 41 个县中，2007 年有 848.26 亿元非税收入未纳入一般预算和基金预算管理，其中土地出让收入为 626.42 亿元，占合计数的 73.84%。这表明土地出让金的收支管理依然存在较大的不规范性。

（2）税收形式的收入。在土地取得环节，政府还以耕地占用税及契税的形式从房地产开发企业获取收入。其中耕地占用税是对占用农业用地进行非农建设的行为征收，属于一次性税收。2007年该税的规模为1850376万元。契税是不动产的所有权发生转移时，向产权承受人征收的税种，房地产开发企业取得土地使用权时也需要缴纳该税，并列入开发成本。2007年该税规模为12062460万元。由于统计数据中不能分离出房地产开发企业为取得土地使用权而缴纳的具体契税数据，所以，此处数据为所有不动产转让行为缴纳的契税总额。

2. 开发土地过程

房地产开发企业支付了土地出让金、耕地占用税及契税后，即进入不动产的开发过程。这个过程中，政府主要通过收费的形式从不动产中获取收入，其征收主体为政府各职能部门。

改革开放之前，涉及房地产的收费很少，并遵循受益性的典型特征。随着我国改革开放的进行，为了弥补政府各职能部门经费不足，同时也为了经济体制改革的顺利推进，中央政府发文允许地方政府及其职能部门收费。之后，各部门涉及房地产的收费项目大体上分为行政事业性收费项目、政府基金项目及经营服务性项目三类。由于对收费的监管不力，设定的收费项目多而乱，并频繁出现多部门通过更改名称的方式对同一项目重复收费。这种状况最终超越了中央政府的可容忍限度，并实施了一定的政策予以治理。1997年发布实施《国家计委、财政部关于取消部分建设项目收费，进一步加强建设项目收费管理的通知》，取消未按规定程序设置且明显不合理的14个部门48项收费项目。2001年又发布实施《国家计委、财政部关于全面整顿住房建设收费取消部分收费项目的通知》，取消不合理、不合法、设置重复的收费项目，并规范对房地产业城市基础设施配套费、垄断企业价格收费及部分项目的收费标准。

但是，这些政策在地方政府执行过程中并未完全落实到位，有些被取消的收费项目依然执行，有些收费被取消后又更换了名目继续征收，目前房地产开发环节依旧存在收费项目过多、收费混乱与重复收费等问题。但由于收费项目在各城际之间差别较大，以及各职能部门信息的公开性差，很难获得普遍且精确的数据。在《经济半小时》2009年7月26日中播出的《相当多数开发商为谋暴利改容积率》中，河南郑州的房地产开发商列举出在土地开发过程中的收费项目至少有 30 项、涉及 20 多个部门就是目前普遍存在的现象。根据该节目中房地产开发的个案显示，政府各职能部门从房地产开发中收取的各种费用接近于房价的 10%，约为房地产商缴纳税收的 70%。按照这个比例，2006 年房地产开发经营企业缴纳的税收总额为 17852009①万元，那么政府各职能部门的收费规模约为 12496406.3 万元。

3. 销售不动产过程

房地产开发企业在销售开发完成的不动产时，需要缴纳相当规模的税收，其中包括营业税、城建税、企业所得税、土地增值税、印花税等。2006 年，房地产开发经营企业缴纳的税收总额为 17852009 万元。

房地产开发企业的完工产品在售出后就进入不动产消费阶段，终结了政府在不动产开发经营环节中获取收入的过程。值得说明的是，政府在房地产开发经营环节中获取的收入将全部转化为房地产开发企业的成本，在不动产需求弹性小于供给弹性时，最终将转嫁给不动产购买者负担。

(二) 政府从不动产保有环节获取的收入

与政府从不动产开发经营环节获取的大量收入相比，在不动产保有环节，政府获取收入的规模很小。只有房产税、城镇土地使用税及城市房地产税三个税种，其中城市房地产税 2009 年被取消，目前不动产的保有环节仅有房产税及城镇土地使用税。2006 年、2007 年三税规模分别为 6916559 万元、9609453 万元。远远低于政府在不动产开发经营环节获取的收入规模。这种状况是由于我国政府在不动产保有环节的税收制度缺陷所致，在征税范围与计税依据的设置上都存在导致税基过小的因素。

1. 从征税范围上看，无论是房产税还是城镇土地使用税，都对个人所有非营业用不动产的保有税实行豁免政策

我国现行房产税的豁免政策首先规定了对国家机关、人民团体和军队自用房产的免税政策，也规定了宗教、公园、名胜古迹自用房产的免税政策，尽管这种规定有悖于财产税应该是对所有财产征收这一理论限定，不过从制度的变通性与国际经验来说，仍然是可以接受的。但我国现行的房

---

① 数据源自《中国税务年鉴》(2007)。

产税豁免政策又规定对个人所有的非营业性房产免缴房产税，这就大大缩小了房产税的征税范围。随着我国经济的持续发展，个人持有的住宅用房产是最基本的房产持有方式，在房产中具有非常重要的意义。2005 年年末，城市实有房屋建筑面积为 1645064.1 万平方米，实有住宅建筑面积为 1076899.6 万平方米①，住宅房产占总房产面积的 65.46% 。将占如此大比重的住宅房产排除在不动产保有税之外，致使房产税的税基极大萎缩。

对于城镇土地使用税，《中华人民共和国城镇土地使用税暂行条例》对国家机关、人民团体、军队自用的土地、宗教寺庙、公园、名胜古迹自用的土地、市政街道、广场、绿化地带等公共用地做出土地使用税豁免。此后，各地公布的城镇土地使用税实施方法中全部对个人自有非营业性房屋及院落用地实行暂缓征收土地使用税的政策。这无疑又将个人住宅房产的占地排除在土地使用税之外，而住宅用地在利用土地中占有较大的比重。据《2008 年国土资源公报》显示，该年出让的土地中，住宅用土地占 31.3% ，商服用地仅占 11.5% 。对非经营性土地实行税收豁免政策缩小了土地使用税的征税范围。

由目前不动产保有税的规定可以看出，我国实行了仅对经营性不动产征收保有税的政策，这种狭窄的征税对象设定，一方面限制了不动产保有税规模的持续快速增长，迫使地方政府另辟税源，影响地方政府财力的稳定性与持续性；另一方面也使得我国不动产保有税的范围并不适用于大部分不动产，一定程度上失去了财产税的实质意义。

2. 从计税依据上看，并未采取较为先进的市场价值模式计税

在征税范围狭窄之外，现行不动产保有税的计税依据也是导致该税规模较小的原因。我国目前的房产税实行从价计征，采取以房产原值一次性减除 10%—30% 的余值或租金收入为计税依据。一次性减除的比率相当于国外地方政府复杂多变的评估率，只不过在我国以简单的"一刀切"的形式表现出来，属于技术性的范畴，对房产税规模的影响并不显著。关键是依据房产原值的规定并不恰当。由于周边环境、房产设施的变化，房产原值与市场价值相去甚远，以原值为基础作为计税依据没有顾及房产后期的升值因素，造成房产税税基萎缩。

---

① 数据源自《中国统计年鉴》（2006），2006 年后的统计年鉴均未显示实有房屋建筑面积。

现行城镇土地使用税采用了从量计征的方式,其计税依据是纳税人占用的土地面积。由于计税土地面积变化不大,因此,在2002年"土地财政"前,该税一直维持在低速增长的态势,2001—1991年十年间才增长1倍,而同期的税收收入则增长了4倍。2002年后,由于土地供给数量的增大,同时经过2006年提高税率与扩大征税范围,该税迅速增加。尽管如此,2007年该税收入为1991年的12.17倍,但2007年税收收入为1991年税收收入的15.26倍,土地使用税的增长依然落后于总税收收入的增加。因此,与市场价值为计税依据的税种相比,土地使用税始终面临增长"瓶颈",在不改变征税范围及税率的前提下很难维持税收规模的持续增长,在地方政府收入中所占比重也非常有限。

(三) 政府从不动产流转环节获取的收入

这里的不动产流转环节指二手房交易环节,不包括房地产开发企业的新房销售行为,后者已在不动产的开发经营环节中讨论。按照现行税收政策规定,二手房交易都需要依法缴纳契税、营业税、土地增值税、个人所得税及印花税。不过,税率在各地之间略有差异。目前北京的二手房交易环节需要支付的税种及税率如表3-1所示。其中,对于土地增值税,如果能够提供有效凭证,可以计算出增值额的,需要按照税法要求的四级超额累进税率征收土地增值税,否则,按照交易数额的1%核定征收该税。同样,如果能够提供有效凭证,可以计算出个人收益的,按照收益额的20%征收个人所得税,否则,按照交易额的1%征税。

表3-1                北京市二手房交易需支付的税收

|  | 买方缴纳 | 卖方缴纳 |
|---|---|---|
| 契税 | 普通住宅1.5%,非普通住宅3% | |
| 营业税 | | 成交价或差价的5.5%(包含5%的营业税及营业税额10%的城建税及教育税附加) |
| 印花税 | 交易价格的0.05% | 交易价格的0.05% |
| 土地增值税 | | 交易价格全额的1%核定征收或按照四级超额累进税率计算 |
| 个人所得税 | | 交易价格全额的1%或购销差额的20% |

将二手房交易中的税收加总，可得：

税收负担 = 1.5%（或 3%）+ 5.5% + 0.1% + 1% + 1% = 9.1%（或 10.6%）

这样，政府可以从二手房交易中获取房产交易价格 9.1%—10.6% 的税收收入。尽管这些收入大部分由卖者缴纳，但是基于供给弹性大于需求弹性较大，绝大部分将由买者负担。

（四）不动产收入在各环节的分布状况：流转环节过高，保有环节很少

按照以上数据，2006 年政府从不动产的开发经营环节中获取的收入规模为 80776447 万元（土地出让金）+ 17852009 万元（开发经营环节税收）+ 12496406.3 万元（开发经营环节收费估算）= 111124862.3 万元；从不动产的保有环节中获取的收入为 6916559 万元。政府在不动产保有环节获取的收入仅为开发经营环节的 6.22%。进一步，即使排除土地出让金的影响，不动产保有税也仅为不动产开发经营环节税收的 38.74%，是开发经营环节政府收费的 55.35%。政府从不动产开发经营环节获取的收入远远高于从保有环节获取的收入。另外，如上所述，不动产交易环节的税负在交易价格的 9.1%—10.6% 之间，进一步增加了不动产流转环节的税负水平。

即使排除掉土地出让金与收费的规模，只考察房产税、城镇土地使用税、契税、耕地占用税及土地增值税与不动产直接联系的税种，也表现出不动产保有环节的税收小于流转环节税收的状况。如图 3 - 3 所示，2008 年不动产保有税在不动产税收中占 40.95%，而不动产流转环节的税收占居了高达 59.06% 的比重。

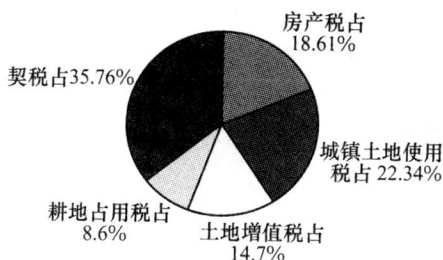

图 3 - 3　2008 年我国不动产税收分布状况

资料来源：根据《中国统计年鉴》（2009）计算得出。

具体到某一城市中，也呈现出这种情形。表 3-2 为济南市各区 2008 年不动产税收的分布情况。可以看出，即使在城镇土地使用税税率大幅提高的情况下，也仅只是市中区的不动产保有税（房产税与城镇土地使用税之和）在全部不动产税收中的比重超过了 50%，其余辖区均在 37%—43%，各区的平均比例为 41.33%，而流转环节的土地增值税、耕地占用税及契税在各区的平均比例为 58.67%。其他县区级政府也出现不动产保有环节的税收小于流转环节税收的状况。

表 3-2　　　　　2008 年济南市各区不动产税收分布状况　　　　　单位:%

| | 房产税 | 城镇土地使用税 | 土地增值税 | 耕地占用税 | 契税 |
|---|---|---|---|---|---|
| 历下区 | 27.59 | 12.08 | 20.98 | 7.04 | 32.31 |
| 市中区 | 35.55 | 23.03 | 21.23 | 5.22 | 14.97 |
| 槐荫区 | 13.58 | 24.04 | 18.24 | 1.18 | 42.96 |
| 天桥区 | 19.24 | 23.56 | 23.10 | 5.11 | 28.99 |
| 历城区 | 19.23 | 22.81 | 19.74 | 4.38 | 33.84 |
| 长清区 | 8.70 | 18.56 | 18.27 | 21.60 | 32.87 |

资料来源：根据《济南市统计年鉴》（2009）计算得出。

## 二　不动产保有税在地方政府财政收入中的地位

由于地方政府在提供公共服务方面具有重要地位，因此，需要保持地方政府财力的稳定性与可持续性。在政府不动产收入中，仅有不动产保有环节的税收具有这种性质。但是，目前我国不动产保有税在地方政府收入中的比重相当小。

（一）不动产保有税在全国地方财政收入中的状况

从全国情况来看，不动产保有税占地方政府税收收入及一般收入的比重较小，2008 年分别为 6.44% 与 5.23%（见图 3-4 和图 3-5）。同时，这里仅是政府的一般财政收入，如果加上政府的基金收入及预算外收入，该比例将进一步减小。

（二）不动产保有税在地方各级政府财政收入中的状况

1. 不动产保有税在地方政府税收收入中的地位

我国税制为流转税与所得税的双主体结构，从中央政府到地方各级政府税收收入结构都呈现出倚重于流转税与所得税的状况。具体到城市及县

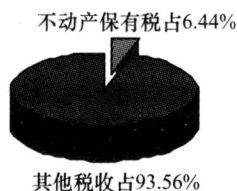

不动产保有税占6.44%

其他税收占93.56%

**图 3-4　2008 年不动产保有税占地方政府税收收入的比重**

资料来源：根据《中国统计年鉴》（2009）计算得出。

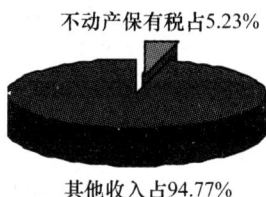

不动产保有税占5.23%

其他收入占94.77%

**图 3-5　2008 年不动产保有税占地方政府一般财政收入的比重**

资料来源：根据《中国统计年鉴》（2009）计算得出。

区级政府，总体上形成了营业税为主体、所得税为辅助的税收结构，不动产保有税所占比重很小。表 3-3 与表 3-4 分别显示了城市与县区级政府的这种状况。

表 3-3　　　　　　　　　2008 年部分城市税收收入分布状况　　　　　　单位:%

| | 营业税 | 流转税 | 所得税 | 财产税 |
|---|---|---|---|---|
| 北京 | 36.71 | 45.63 | 37.67 | 4.47 |
| 天津 | 32.92 | 53.00 | 24.87 | 5.42 |
| 上海 | 34.33 | 49.40 | 33.86 | 3.88 |
| 重庆 | 40.26 | 56.34 | 14.64 | 6.24 |
| 济南 | 34.13 | 51.95 | 21.54 | 7.47 |
| 宁波 | 30.97 | 52.24 | 23.14 | 7.85 |

资料来源：北京、上海、天津、重庆数据由《中国统计年鉴》（2009）计算得出，济南、宁波市数据由 2009 年各该市统计年鉴计算得出。其中流转税包括增值税与营业税，所得税包括企业所得税与个人所得税，财产税包括房产税与城镇土地使用税。

表 3 - 4　　　　　　**2008 年济南市各区税收收入分布状况**　　　　单位 : %

| | 营业税 | 流转税 | 所得税 | 财产税 |
|---|---|---|---|---|
| 历下区 | 46.63 | 54.73 | 16.08 | 7.98 |
| 市中区 | 40.19 | 46.34 | 32.59 | 6.74 |
| 槐荫区 | 30.45 | 48.70 | 13.26 | 10.86 |
| 天桥区 | 38.72 | 51.00 | 14.96 | 9.50 |
| 历城区 | 28.13 | 49.32 | 19.01 | 6.88 |
| 长清区 | 31.56 | 49.26 | 7.24 | 9.35 |

资料来源：根据《济南市统计年鉴》（2009）计算得出，其中流转税包括增值税与营业税、所得税包括企业所得税与个人所得税、财产税包括房产税与城镇土地使用税。

　　2. 不动产保有税在各级政府间的分享

　　包括房产税及城镇土地使用税在内的不动产保有税属于地方税种，在此前提下，目前该税在省、地市、县区及乡镇四级政府中分享。表 3 - 5 显示了浙江省各级地方政府对该税的分享情况。可以看出，该税一半以上的数额归属县级政府，约占不动产保有税总额的 53.53%，其次为乡镇级政府及地市级政府，分享比例分别为 23.15% 与 21.91%，省级政府分享比例最小，仅为 1.41%。应该说，县级政府及乡镇级政府分享较大比例的不动产保有税是符合该税制度要求的——不动产保有税应该在较小辖区内征收使用，但同时也表现出地市级政府分享比例过大的不合理之处。

表 3 - 5　　　　**2007 年浙江省不动产保有税在地方各级政府的分布**　　　单位 : %

| | 省级政府 | 地市级政府 | 县级政府 | 乡镇级政府 |
|---|---|---|---|---|
| 合计 | 1.41 | 21.91 | 53.53 | 23.15 |
| 房产税 | 1.89 | 22.91 | 54.35 | 20.85 |
| 城镇土地使用税 | 0.18 | 19.29 | 51.39 | 29.14 |

资料来源：根据《浙江财政年鉴》（2008）计算得出。

　　图 3 - 6 显示了不动产保有税在地方各级政府税收收入中的地位。可以看出，在乡镇级政府中，该税占税收收入的比重最大，但是也仅为区区 6.05% 的比例；在县级政府及地市级政府的税收收入中占的比例更小，均不超过 5%，远远低于 OECD 国家 2007 年不动产保有税在地方政府税收收入中的平均比例 39.1%。

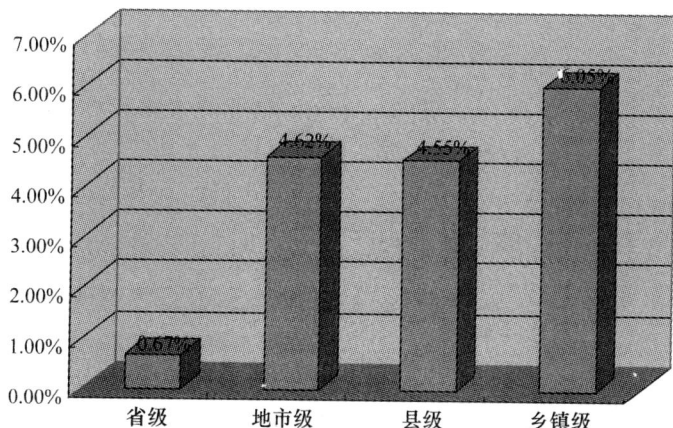

图 3 - 6　2007 年浙江省不动产保有税在各级政府税收中的比重

资料来源：根据《浙江财政年鉴》(2008) 计算得出。

### 三　对目前不动产保有税状况的判断

由以上对我国不动产收入的实证考察可以明确得出四点结论：

第一，政府从不动产各环节中获取收入的比例极不平衡：过多倚重于不动产的流转环节，从不动产保有环节中获取的收入规模相当小。

第二，政府从不动产中获取的收入大部分收支管理缺乏规范，直接表现在土地出让金与收费方面。

第三，不动产保有税在四级地方政府中分享，主要集中于县区级政府，地市级及乡镇级政府次之，省级政府分享比例最小。

第四，无论在何种级次的地方政府中，不动产保有税都未成为政府税收收入的主要来源。

# 第三节　不动产保有税弱化的效应

土地作为一种稀缺资源，是非常昂贵的生产要素，政府应该从中获取相当规模的收入，无论对于何种所有制的国家，这一点都是首先予以明确的。从这一点来看，"土地财政"的说法没有任何错误，作为极端，亨利·乔治就曾提出建立土地单一税制的理论。

不过，在"土地财政"之下，从不动产中获取收入也应该遵循"取之有道"原则：政府应采取适当、合理、持续的方式获得收入，存在政府从不动产中获取收入的最优标准。这种最优标准是既要保证政府从不动产中获取相当规模的收入，又要促进不动产市场的良性发展。只要符合这种标准，采取地租、税收或收费的方式从土地中获取收入都是无关紧要的。

从这一标准出发，目前许多国家采取了从土地开发与交易环节获取较少收入，从不动产的保有环节获取较多收入的模式。这种思路首先使得政府从不动产中获取相当大量稳定持续的收入；同时，也鼓励不动产的开发与交易，降低了公众的购房成本，满足居民对自有住房的需求，并由于不动产保有成本较大而对不动产投机发挥抑制作用，有效促进不动产市场的良性发展；作为税收的副产品，这种收入方式也调节了居民收入不公状况。在确立这一思路的前提下，为了满足政府收入的规范性与透明性目标，在土地开发、保有及交易的各个环节中，政府税收均占绝对主体地位，收费规模小，一般仅为房地产价值的2%。这样，在从土地获取收入的方式上，最终形成重保有轻开发与交易环节、重税收轻收费的收入模式，不动产保有税收入在地方政府税收收入中占据重要地位。这种制度满足了以上所说的收入标准，应该是政府从不动产中获取收入的最优模式。

目前，我国政府从不动产中获取收入的模式与最优标准相去甚远。上节分析了我国地方政府目前不动产收入采取了重开发轻保有、重收费轻税收的方式，不动产保有税被弱化。当然，这种收入结构对于地方政府提高公共产品供给水平、促进地方经济的发展曾经起到不可或缺的作用，是具体经济条件下的产物。但目前这种以不动产保有税弱化为特征的政府从不动产中获取收入的模式却逐步成为地方经济进一步发展的"瓶颈"，并直接影响到社会的稳定，产生诸多消极效应。

**一 地方政府难以获得稳定持续的收入**

地方政府作为基层政府，负有为本区域公众有效提供公共产品的责任，在全国的公共支出中占有相当大的比重，其收入的稳定性与持续性具有重要而特殊的意义。由于不动产保有税税源广阔，税基较宽，政府能够从中获取规模较大的收入。同时，与流转税不同，不动产保有税与经济发展状况联系并不十分紧密，受人口流动性的影响也较小，税收收入弹性很低，其规模相对稳定。因此，不动产保有税税基较为固定，导致该税具有一定的可持续性。不动产保有税的这些特点使得它在地方政府收入中占据较大比重，国外经验也表明了这一点。

目前，我国地方政府从不动产中获取收入的方式是以土地出让金为主导、流转环节税收与开发环节中的收费为辅的方式，不动产保有税所占比重极小。这种结构决定了地方政府的收入强依赖于土地的出让收入，一旦出现土地流拍或开发商退地的现象，那么土地出让金、开发过程中的各种收费、税收都将迅速萎缩，直接导致地方政府财力的匮乏，2008 年在地方政府出现的财政危机就是一个典型例子。进一步考虑，即使土地是可以顺利出让的，但可以用作建设的土地资源是有限的，随着我国工业化与城镇化进程的加快，耕地已由 2001 年的 19.14 亿亩迅速降为 2008 年的 18.257 亿亩，我国需要坚守 18 亿亩耕地的红线，可以出让的耕地规模极其有限。在这种状况下，依靠土地开发建设获取财政收入方式的可持续性已显得明显不足，目前地方政府从不动产中获取收入的模式由于不动产保有税弱化的状况而具有潜在风险。

**二　不利于不动产行业的宏观调控**

由于市场经济的若干缺点，各国都需要中央政府对经济进行宏观调控，我国也不例外。宏观调控本身包含了对各集团利益的调节，在调控中出现利益冲突是必然的。但是，由于我国地方政府存在事实上的利益独立性，使得地方政府对于中央政府的调控政策是选择性执行的：有利于地方政府的政策就会被执行，有损于地方政府利益时就会变相执行甚至不执行。

目前地方政府从土地中获取收入的方式重开发但是轻保有环节，其财力强依赖于土地出让金，因此，地方政府有激励通过"招、拍、挂"的市场化方式努力提高土地出让的价格，甚至不惜采取"雇托"方式抬高地价。这种现象愈演愈烈，"地王"频出，随之而来的就是商品房价格的高涨。由于我国廉租房与经济适用房制度的缺陷，广大公众不得不面对现实中飞涨的房价，在房价问题上对政府的不满溢于言表。中央政府从经济全局与社会稳定出发，2005 年先后出台新旧"国八条"、2007 年出台"国六条"等政策对房地产业进行调控，但是并未起到良好效果，城市房价依然在高位运行。这其中自然有地方政府对政策执行是否到位的问题：在强依赖于土地出让收入的背景下，任何导致土地价格下降的政策都将有损于地方政府的利益，在执行中都迅速被化为无形。公众普遍质疑调控政策的有效性，中央政府的宏观调控政策极为被动，事实上在尴尬中运行。

最终，城市房价终因 2008 年全球金融危机的爆发而下降，土地出让频频出现流拍，商品房成交量处于萎靡状态。与此同时，在目前政府从不动产中获取收入的模式下，地方政府也面临收入锐减的后果。与消极面对中央政府对房地产业的调控相比，此次地方政府则是积极出台救楼市的种种措施。2008 年 5 月沈阳首先出台政策救市之后，成都、长沙、厦门、福州等城市相继推出救楼市的政策。中央政府对于地方政府的这种行为起初是默许的，这也是中国在历次改革中经常出现的。随着地方政府的救市行动逐渐展开，中央政府最终于 2008 年 10 月 22 日推出救楼市的具体举措，承认了地方政府的救市行为。中央政府起初对房价高涨的宏观调控政策最终为地方政府与中央政府的联合救市所淹没。

在目前不动产保有税被弱化的现状未改变的前提下，房地产业实际已经绑架了中国的经济。中央政府出台任何促使地价及房价降低、保持房地产市场良性发展的调控政策，在地方政府执行上都将大打折扣，最终走出一条中央政府调控、地方政府收入减少、地方政府救市、中央政府默许、中央政府救市的道路，中央政府对不动产行业的调控极其暧昧。在目前政府从不动产中获取收入的模式下，根本找不到一个中央政府、地方政府及公众利益的平衡点。其结果，一方面是中央政府用心良苦，宏观调控极为被动，政策的可置信性受到怀疑；另一方面，不动产市场扭曲发展，公众利益受损，直接影响社会稳定。

### 三 扭曲不动产资源的配置

不动产作为一种稀缺而昂贵的消费品，需要采取一定的措施以促使其合理利用，寻求不动产的最优配置状态，减少无效的投机行为，这是政府土地资源利用需要达到的效率目标。无疑，增加不动产持有者的保有成本是有效举措之一。

对于土地而言，由于保有土地需要支付土地税，因此，基于开发商利益最大化的考虑，开征土地保有税将提高城市建设的投资密度，有效地限制城市土地开发的无序性和盲目性，同时对城市过度蔓延有一定防止作用，以此达到土地集约化使用的目的。另外，土地税还可以加速闲置土地的开发建设，抑制土地投机，平稳土地价格的波动，防止地价高涨。这些因素导致了土地保有税可以提升土地资源配置的效率。

房产的持有者一般可以分为自住型、投机型与非自愿持有型三种类型。在不动产保有税制度下，持有不动产需要每年支付一定数额的税收，对于自住型的持有者，不动产资源占用的增大将提高家庭每年的居住成本，因此，个体将根据自身需要决定持有不动产的数量。对于不动产投资者，每年支付的不动产保有税将构成其投资的成本，降低其对不动产投资的预期利润率，一旦投资者不满足其预期利润率，他们会将不动产转让以减少自己的损失。对于非自愿持有较多不动产的人群，不动产保有税是其在不动产保有过程所增加的额外支付，加大他们的保有成本，在没有投资激励的推动下，也会减少自己不动产的持有量。因此，任何持有房产的个体或试图持有房产的个体都会将不动产保有税纳入自己的成本—收益分析中，使个体对于房产的持有数量更加理性。在个体理性的背后，整个社会将实现提高房屋使用率、抑制房产投机、平抑房产价格波动幅度的目标，最终有助于实现房产资源的最优配置。

不过，由于我国目前不动产保有税弱化，政府不动产收入模式中并没有蕴涵这种机制。与购买房产时需要支付相当规模的货币相比，居民持有住宅房产却没有任何的成本。这种重开发轻保有的制度是有利于而非抑制不动产投机的，直接导致了拥有大量财富或有特权的群体持有多套住宅，但并未有任何的利用，只是处于空置状态，等待最有利转让时机的到来，成为事实上的不动产投机者。低收入甚至中等收入群体在购买一套住房时仍然承受力不足，被迫采取购买住房的“6＋1”方式。在不动产保有税弱化的格局下，直接导致了城市居民多套住宅房产与无住宅房产并存，人为形成了住宅供需的矛盾，不动产资源配置处于严重扭曲状态。

**四　难以实现政府对不动产升值的分享**

由前文分析，不动产价值通常是逐年升高的。不过，这种升值绝大多数情况下并非源于不动产持有者的个人投资行为，而是源自政府与公众因素。如果对不动产升值未采取任何调节举措，任由这种收益流向不动产保有者，就会造成个体并非不动产升值的主要创造者，却仅仅由于进入城市的先行性而获得全部不动产升值的收益，这是极端不公平的，因为这种升值是全体公众的付出。因此，在一个反对不劳而获的现代文明社会，政府需要有一种将城市房产溢价回收到政府，再用于公共服务的机制，这种机制应该包含在政府从不动产中获取收入的模式中。

人类对这种机制探索的结论是征收不动产保有税。由于不动产保有税对公众持有的不动产每年征收，因此，随着不动产升值，以市场价值为基础的不动产保有税计税依据也将随之增加。不过，不动产保有税的税率不大（国际上通常在1%—3%浮动），导致不动产保有税的年度增加肯定不及不动产升值的幅度。但由于不动产的升值需要到交易时才可以实现，而不动产保有税却需要年年征收，这两者的结合将使得政府对不动产的升值分享相当大的部分。因此，不动产保有税成为了经济学家所推崇的不动产溢价回收的工具，也成为实践中各国政府开征该税的动机之一。

但在目前我国政府不动产收入模式中，由于不动产保有税弱化，这种机制是缺失的。因此，一方面，随着我国城市化进程的加速、城市基础设施的改善，不动产价格有巨大的升值空间；另一方面，政府从非经营性不动产升值中没有获取任何收入，从根本上丧失了政府对城市不动产溢价回收的功能。从某种意义上讲，这构成了国有资产的流失，是不动产保有税弱化、政府从不动产中获取收入的模式存在缺陷造成的。

**五　阻碍税收调节收入公平功能的发挥**

在筹集财政收入与调控资源配置之外，税收还有多重的目标，其中之一就是调控收入差距，实现个体的收入公平。不过，这种功能的有效发挥需要设计一套完善的税收体系才可以完成。一般认为间接税倾向于追求效率的目标，因此，往往基于税收中性的原则而设计，对收入调控发挥的作用不大。直接税由于其固有的不可转嫁性，通常能够在调控收入的公平方面发挥较大的作用，但如前所述，财产税与个人所得税相互配合的税制才能够有如此效应。

目前，我国政府从不动产中获取收入的模式中并不具备这样有效的税收制度。由于不动产保有税弱化，个人居住用不动产被排除在征税范围之外。因此，我国并不存在实质意义的财产税。失去了财产税对个体收入的调控作用，形成了仅由个人所得税调节个体财富流量但无财产税对财富存量调节的尴尬局面，极大地影响了税收调节居民收入分配作用的发挥。

以不动产保有税弱化为特征的政府从不动产中获取收入的模式存在严

重缺陷，直接影响地方经济乃至整体经济的进一步发展，并有碍社会稳定，改变这种收入模式成为必然。不动产保有税税基稳定，在一定制度条件下，能够有效地配置不动产资源、实现对财富存量的调控及发挥不动产溢价回收机制。因此，改革思路是逐渐减弱地方政府对土地出让金及收费的依赖、提高不动产保有税比重，最终构建以土地出让金为主导、不动产保有税为重要组成部分、其他税费为辅助的不动产收入方式。无疑，在这个过程中，不动产保有税改革极为必要，是最为关键的环节，将成为重构政府从不动产中获取收入模式的突破口。

# 第四章　不动产保有税的国际借鉴

由于各国的地理环境、法律制度、文化传统及经济发展阶段不同，不动产保有税制度的设置存在很大差异。同时，绝大多数国家将该税划为地方税种，进一步增加了不动产保有税制度的复杂性。尽管如此，其中依然隐含有一般的规律。本章试图考察不同发展阶段、不同土地制度、不同征税目标的典型国家不动产保有税设置情况，并归纳出不动产保有税设置的国际经验，为我国不动产保有税改革提供可资参考的思路。

## 第一节　典型国家与地区的不动产保有税考察

### 一　美国的不动产保有税制度

（一）不动产保有税在美国政府收入中的地位

美国有三级政府：联邦政府、州政府与地方政府，其中地方政府包括郡县政府、市政府、镇政府、学区政府和特别区政府。历史上，美国的三级政府均征收财产税（本书论述的不动产保有税在美国被称为财产税）。1902 年州政府收入中财产税占 45%，财产税占州与地方政府收入的68%，占三级政府总收入的 45%①。不过，联邦政府与州政府发现自身很难将财产税作为受益税运用，所以逐渐将收入转向了其他渠道。20 世纪30 年代之后，州政府开征了销售税及个人所得税，财产税比重持续下降。目前联邦政府已彻底放弃了对财产税的征收，部分州政府还征收比例非常小的财产税。截至 2008 年，美国 50 个州中有科罗拉多州、康涅狄格州、

---

① 约翰·约瑟夫·沃利斯：《美国财产税历史》，华莱士·E. 奥茨编：《财产税与地方政府财政》，丁成日译，中国税务出版社 2005 年版，第 112 页。

特拉华州、夏威夷州、爱达荷州、爱荷华州、北卡罗来纳州、俄克拉荷马州、南达科他州、纽约、田纳西州、得克萨斯州、犹他州 13 个州政府未征收财产税。即使征收财产税的州政府，财产税占税收收入的比例也很小，一般在 2% 左右。马萨诸塞州 2008 年财产税在税收收入中的比例小到可以忽略不计的地步：在 218.36357 亿美元的税收收入中，财产税仅有 9.6 万美元①。图 4 - 1 反映了 1991—2006 年美国州政府一般财政收入中财产税所占比重情况，可以看出，财产税比例很低且呈现逐渐下降趋势。

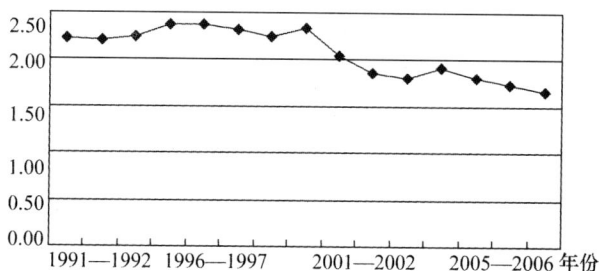

**图 4 - 1　1991—2006 年美国州政府税收中财产税所占比重（%）**
资料来源：由美国统计局各年度统计资料计算得出。

伴随着联邦政府与部分州政府对财产税的放弃，所有的地方政府却一直征收财产税，这导致财产税的绝大部分在地方政府征收。2006—2007 财政年度中，地方政府财产税占财产税总额的 96.7%。与此同时，财产税在地方政府税收收入中占有 70% 以上的份额，成为税收收入的主体，图 4 - 2 明确显示了这种状况。

但是，由于美国公众对财产税的限制，地方政府收入中的使用费及转移性收入比例呈增加趋势，财产税在地方政府财政收入中比例已有很大幅度下降（见图 2 - 1）。图 4 - 3 反映了 2007—2008 年度地方政府一般财政收入的平均构成情况：税收收入占 39.16%，其中的财产税占税收的 72.34%，占一般财政收入的 28.33%；收费及杂项收入、上级补助占一般

---

① 源自美国统计局统计资料，http：//www.census.gov/。

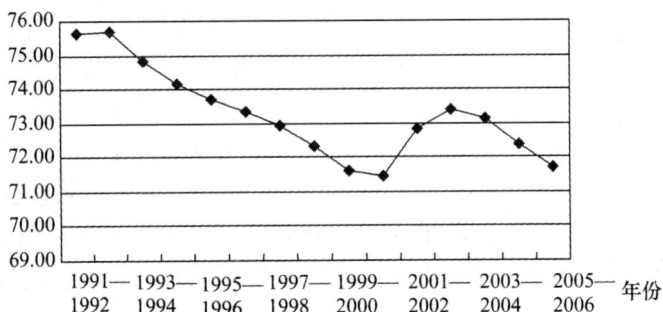

**图 4 - 2　1991—2006 年美国地方政府税收中财产税所占比重（%）**

资料来源：由美国统计局各年度统计资料计算得出。

收入的比例分别为 23.39%、37.45%①，上级政府补助收入在地方政府一般收入中的比重几乎与整体税收收入持平。因此，尽管财产税在税收收入中比重很高，但在一般财政收入中比重并不占主导地位，远低于政府补助水平。在地方政府中，上级政府补贴所占比例最高的佛蒙特州为69.44%，最低的夏威夷州为 17.37%。美国地方政府的这种收入结构意图在于弥补财产税加剧辖区间财力不平衡的内在缺陷。

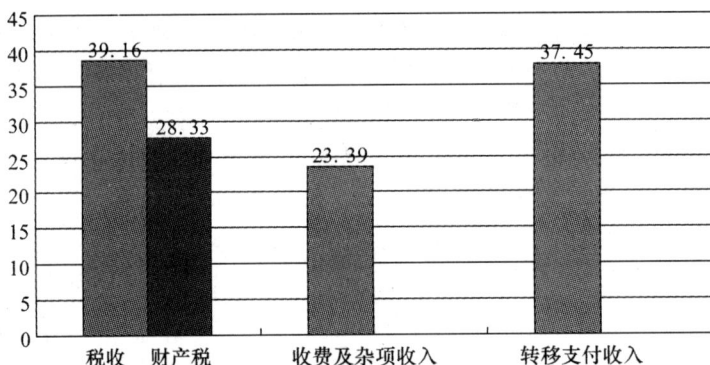

**图 4 - 3　美国地方政府 2007—2008 年度一般财政收入构成（%）**

资料来源：由美国统计局数据计算得出。

---

① 由美国统计局数据计算得出。

（二）美国财产税制度的设置

作为联邦制国家，美国的分级财政表现得尤为突出。州政府在不违背联邦政府宪法的前提下拥有独立的立法权，地方政府更多地受州政府的控制。财产税的立法权绝大部分为州政府拥有，州政府根据法律因素与包含文化传统在内的非法律因素设定本州财产税的计税依据、税率幅度、减免税原则等税收要素。同时，为激励地方政府对财产税征收的积极性，州政府也将部分立法权下放给地方政府，如税率制定权、税目调整权及税收减免权等。在财产税的执法权上，地方政府拥有完整的权力。由此看出，美国财产税属于典型的分权型，各州之间及同一州的不同地方政府间税率会有较大差异，税基设定也有所不同。

美国通常将财产税的使用方向设置在如消防安全、道路维修、垃圾处理、污水处理及教育支出等公共服务的用途上，较好地体现了财产税的受益税性质。一般说来，财产税高的地方其公共服务也很优良，在财产税这一税种上真正体现了"税收是文明的成本"。

在财产税征税对象的设置上，尽管很多州将土地与建筑物分开估价，不过两者都执行同一税率，实质属于对合并不动产征收财产税。在征税范围里，美国对城市与农村的不动产都征收财产税。在计税依据上，各州都规定为不动产的评估价值。但有些州的计税依据为不动产完全市场价值，而有些州设置有评估率，以市场价值的百分比作为计税依据，其中有些州政府对不同类别的不动产执行统一的评估率，如纽约州；有些州政府则依据住宅、工业、商业等不动产类型的不同设定差异评估率。如田纳西州规定个人住宅计税依据为评估市场价值的25%，工商业不动产为市场价值的40%。与税基为州政府限定不同，美国财产税税率一般是地方政府按照"量出为入"的原则在州政府设定的幅度内独立制定：地方政府计算出本年度的财政支出，减去其他自有收入及上级政府的转移性收入，得到需要采用财产税筹集收入的数量 $R$。然后根据区域内应税不动产的总价值 $PV$ 得到税率为 $\frac{R}{PV}$。这种确定税率的方式导致了各地税率差异较大，同一地方政府各年的财产税税率也有所差异，一般在3%—10%。表4-1显示了2006年美国各州最大城市的财产税税率及评估率情况，可以发现，评估率较高的城市其名义税率相对较低，而评估率较高的城市其税率较低，最终的有效税率（为名义税率与评估率之积）从 0.36%—3.55% 不等。

表 4 - 1     2006 年美国各州最大城市财产税的有效税率、评估率及名义税率

单位:%

| 城市 | 有效税率 | 评估率 | 名义税率 | 城市 | 有效税率 | 评估率 | 名义税率 |
|---|---|---|---|---|---|---|---|
| 印第安纳波利斯 | 3.55 | 100 | 3.55 | 小石城 | 1.38 | 20 | 6.9 |
| 普罗维登斯 | 3.03 | 100 | 3.03 | 威奇托 | 1.35 | 11.5 | 11.77 |
| 布里奇波特 | 2.96 | 70 | 4.23 | 博伊西 | 1.29 | 93.1 | 1.39 |
| 休斯顿 | 2.87 | 100 | 2.87 | 阿尔伯克基 | 1.27 | 33.3 | 3.81 |
| 曼彻斯特 | 2.84 | 100 | 2.84 | 路易斯维尔 | 1.24 | 100 | 1.24 |
| 柏林敦 | 2.72 | 100 | 2.72 | 俄克拉荷马市 | 1.21 | 11 | 10.98 |
| 费城 | 2.64 | 32 | 8.26 | 明尼阿波利斯 | 1.21 | 94.3 | 1.28 |
| 巴尔的摩 | 2.29 | 100 | 2.29 | 威尔明顿 | 1.44 | 47.2 | 3.05 |
| 密尔沃基 | 2.22 | 94.5 | 2.35 | 苏福尔斯 | 1.4 | 85 | 1.65 |
| 得梅因 | 2.11 | 46 | 4.59 | 夏洛特 | 1.2 | 93.8 | 1.28 |
| 法戈 | 2.04 | 4.4 | 46.76 | 堪萨斯城 | 1.19 | 19 | 6.26 |
| 纽瓦克（新泽西） | 2.03 | 81.4 | 2.49 | 波特兰 | 1.17 | 60.4 | 1.94 |
| 底特律 | 2.01 | 30.4 | 6.6 | 拉斯维加斯 | 1.15 | 35 | 3.28 |
| 奥马哈 | 1.98 | 95.3 | 2.08 | 洛杉矶 | 1.1 | 100 | 1.1 |
| 孟菲斯 | 1.87 | 25 | 7.47 | 波士顿 | 1.09 | 100 | 1.09 |
| 哥伦比亚 | 1.83 | 4 | 45.81 | 菲尼克斯 | 1.08 | 10 | 10.76 |
| 亚特兰大 | 1.75 | 40 | 4.39 | 西雅图 | 0.96 | 91.6 | 1.04 |
| 新奥尔良 | 1.75 | 10 | 17.52 | 华盛顿 | 0.92 | 100 | 0.92 |
| 哥伦布 | 1.75 | 35 | 4.99 | 维吉尼亚 | 0.91 | 74.8 | 1.22 |
| 杰克逊维尔 | 1.72 | 94.6 | 1.82 | 查尔斯顿 | 0.87 | 60 | 1.45 |
| 杰克逊 | 1.72 | 10 | 17.21 | 夏延文 | 0.72 | 9.5 | 7.6 |
| 盐湖城 | 1.58 | 97.3 | 1.62 | 伯明翰 | 0.7 | 10 | 6.95 |
| 芝加哥 | 1.58 | 20.4 | 7.74 | 纽约市 | 0.66 | 4.2 | 15.66 |
| 波特兰 | 1.55 | 95 | 1.63 | 丹佛 | 0.56 | 8 | 7.02 |
| 比林斯 | 1.57 | 80 | 1.96 | 火奴鲁鲁 | 0.36 | 100 | 0.36 |
| 安克雷奇 | 1.5 | 100 | 1.5 | | | | |

资料来源:《美国统计摘要》（2009）。

值得注意的是，自现代税收革命以来，各州陆续通过了对财产税的限制法令，从税率、税基、税收三方面对财产税实施限制，直接影响到地方政府制定财产税税率的权力，财产税税率与公共服务的联系不再非常紧密。财产税收入不足的政府转向使用者收费与转移性收入的增加来弥补，财产税收入与公共支出的密切联系遭到破坏，也许从这方面而言，财产税限制无益于地方政府自治，尽管目前公众对财产税的限制依然狂热。

出于维护社会公平的考虑，美国财产税制度设定了多种类别的税收减免优惠。一种是针对财产税的减免，包括对政府、宗教组织、慈善机构及非营利性组织自有财产的免税及对自用宅地、退伍军人的免税。另一种是以"断路器"（Circuit Breakers）的形式对收入极低阶层做出的减免税，这种制度于 1964 年由威斯康辛州首先采用。在"断路器"制度下，地方政府设定财产税占家庭收入一定比例为显示财产税过重的标准，对于超过该标准的财产税，可以用来抵扣所得税或退税。运行机制为 $TR = t(PT_0 - kR)$，其中，$TR$ 为财产税减免优惠数额，$t$ 为税收优惠的比例，$PT_0$ 为本应该缴纳的财产税，$k$ 为地方政府设定的"断路器"适用的比例，$R$ 为家庭收入。第三种优惠是财产税的延期支付。由于财产税是依据不动产的评估价值征税，因此通常会出现纳税人的实际收入未增加但财产评估价值上升的情况，给纳税人带来骤然增加的税收负担。延期支付对于这种情况作了规定：可以先按照原来价值征税，实缴税款与应缴税款之间的差额可推迟到以后缴纳。这在一定程度上减轻了纳税人的负担，缓解了公众的不满情绪。

（三）美国不动产保有税制度的特点

作为不动产保有税有悠久传统的国家，美国的不动产保有税制度相对成熟，并表现出自身特点。

税权分配上，美国采取较为彻底的分权机制。州政府在联邦政府宪法原则下对财产税享有立法权，地方政府依据州政府的法律自主设定本地的税率与减免税制度，拥有少部分立法权。不过，州政府也对地方政府的财产税采取均等化措施以平衡财产税的公平性，表现在地方政府按照州政府颁布的统一财产评估标准对本地不动产价值进行评估，州政府对各地方的初次评估结果采取均等化调整指数加以调节，最终决定全州的不动产评估价值。

税收要素设置上，美国采取对土地与建筑物的市场价值合并纳税方式，不单独设置土地税及房屋税，减小了税收管理的复杂性。同时，以市场价值为计税依据的方式也体现了更大程度的公平。财产税的税率一般较低，如上所述名义税率为一般在3%—10%，而考虑到税基是以不动产评估价值的百分率征收，有效税率一般不会超过不动产市值的3%。

另外，美国政府对财产税的减免类型较多。由于财产税的特点在于对财富存量的评估价值征税，因此对特殊人群会发生税收负担与收入水平脱节的现象。为了维护社会公平，美国政府采取了免税、"断路器"制度与延期支付的政策，在一定程度上缓解了低收入阶层的财产税负担。但这种做法也损失了一定程度的经济公平，并影响到财产税效率。

**二 日本的不动产保有税制度**

日本人口密度为338人/平方公里①，是典型的人多地少国家，因此，不动产税收政策被赋予了双重任务：在筹集地方政府财政收入的同时，也需要调节土地投机、促进不动产资源的有效配置，属于混合型不动产税制。第二次世界大战以来，日本不动产税制在促进不动产资源有效配置上积累了丰富的经验，也留下了深刻的教训。

（一）日本不动产保有税制度的演变

日本近代不动产税制源于明治政府1873年公布的地租条例。条例改革了原来的年贡制度，将纳税人由耕作者改为土地所有者；计税依据由土地产量改为土地价格，但是该地价由土地的生产能力决定；税率为地价的3%。在日本军国主义战略的引导下，为了筹集战费的需要，日本于1931年又对这种土地税收制度实行改革，计税依据改为土地的租赁价格。因此，这种土地课税实质是地租税，属于所得税而并非在财产税之列。在税收归属方面，日本政府在1940年的税制改革中，按照对人课税归属中央、对物课税归属地方的原则，将地租划为了地方税。

第二次世界大战后，这种土地税制被颠覆，由于维持日本稳定是当时美国长远利益的需要，美国派遣哥伦比亚大学教授卡尔·夏普到日本考察，负责对税制改革提出指导意见。1949年考察团提交了《日本税制报告书》并公布，日本据此于1950年进行了大规模的税制改革，史称"夏

---

① 本章各国的人口密度均据新华网国际资料库计算得出。

普劝告"。改革按照中央与地方实施分税制的原则，建立起了独立的地方税体系。在不动产税制方面，战前的地租、房产税被替代为固定资产税，在不动产保有环节征收，规定为财产税范畴，由市町村政府①征收使用，计税依据改租赁价格为资产价格，并将税基扩大至折旧资产。此后，固定资产税成为市町村政府倚重的两大税种之一②，1955 年该税占市町村税的 47.1%，1985 年该比例为 31.8%。另外，由于该税的财产税性质，对于平抑地价、配置土地资源也发挥了不可或缺的作用，使得日本的土地市场在经济高速增长时期依然能够平稳运转。

自 20 世纪 80 年代末开始，日本的土地投机较为突出，地价飞涨严重。为抑制不动产投机、建立政府分享不动产升值的机制，1989 年年底日本政府颁布了相当于土地宪法的《土地基本法》，提出对于土地应该采取适宜的税收举措。随后，政府于 1991 年立法进行土地税制改革，1992 年开始实施。改革内容，一方面在土地保有环节开征了归属于中央政府的地价税，计税依据为按照全国统一标准评估的土地价值，起征点为 10 亿日元，税率为 3‰；另一方面调整了固定资产税的评估率，自 1994 年开始课税标准由公布价格的 20% 提高到 70%。这些举措又加大了纳税人在不动产保有环节的税负水平，试图挤出不动产市场中的泡沫，税制设计应该是没有错误的。但是，由于不动产泡沫在 80 年代末就已经出现破裂，地价也已经开始下降，因此，1992 年的土地税制改革加速了不动产泡沫崩溃的速度，并导致日本经济的长期萧条。最终，政府于 1998 年税制改革中暂时停征了地价税，并合理调整了固定资产税的负担水平。自此以后，日本的土地保有税制一直延续至今，未发生大的变化。

（二）目前日本不动产保有税制度设计及税权配置

1. 不动产保有税制度的设计

在目前日本的不动产保有税中，作为中央税的地价税已于 1998 年暂停征收，1973 年开征的特别土地持有税也于 2003 年暂定不再征收，所

---

①　日本政府有中央政府、都道府县政府与市町村政府三级，其中后两级政府为地方政府，市町村政府为最低一级地方政府。

②　市町村政府的另一主要税种是市町村民税，属直接税范畴。随着经济的发展，该税在市町村税中的比例逐渐超过了固定资产税。

以，目前日本对于不动产保有环节的征税仅有固定资产税与城市规划税两种，都归属市町村政府征收使用。

固定资产税纳税人是固定资产的所有者，此处的固定资产是指土地、房屋及折旧资产，所有者包括个人和法人。计税依据是登记在固定资产台账中的价格，此价格为土地、房屋等固定资产的时价，即依据一定评估标准，参考当时交易价格对土地、房屋的评估价格。为了简化税制，规定对土地与房屋的价格三年评估一次。对于住宅用地，税法规定了计税依据的减免待遇：住宅用地面积在200平方米以下的小规模土地，以评估额的1/6作为计税依据；除小规模住宅用地之外的一般住宅用地，以评估额的1/3作为计税依据。固定资产税的标准税率为1.4%，最高上限为2.1%。在减免税方面，固定资产税，一方面设置了征税的起征点：土地为30万日元，房屋为20万日元；另一方面，中央政府与地方政府占用的不动产及宗教、学校等公益性组织的不动产免征固定资产税，对于新建住宅也有固定资产税的减免措施。

城市规划税1950年被并入水利土地利益税，1956年作为市町村税独立征收。该税的纳税人是城市化区域内与开发区内的土地及房屋的所有者，计税依据与固定资产税相同。不过，对于住宅用地的计税依据，城市规划税规定为小规模住宅用地评估额的1/3，一般住宅用地规定为评估额的2/3，最高税率为0.3%。

2. 不动产保有税的税权配置

日本实行中央政府集中立法制度，中央政府负责中央税与地方税的立法工作，地方政府没有地方税的立法权。对于固定资产税及城市规划税而言，首先是中央政府立法，然后由自治省在调查的基础上起草法案，最后由内阁提交国会审议批准。地方政府仅在中央政府规定的权限下行动，如税种及税率选择、制定地方征收条例等。不过，在《地方税法》中，中央政府规定了地方政府对税法中列举税种有选择征收权，可根据本地情况不征收税法中或另外开征税法外的某些税种。税法中规定的是标准税率，对于固定资产税的幅度税率而言，市町村政府可以在幅度内选择税率，但是如果超过1.7%，就必须报中央政府审批。尽管中央政府规定了地方政府有一定的自主权，可以选择税种及税率，但在实践中，地方政府间实行的税种与税率是基本一致的，这主要是由于地方政府竞争及中央政府按照税法规定的标准测算地方政府财力所致。

在税收执行上,除中央政府代收地方政府消费税之外,一般是中央政府征收中央税,各级地方政府征收归属自己的税种。固定资产税与城市规划税属于市町村政府的税种,因此,市町村政府设置税务管理机构征收。

### (三) 简短的总结

由于日本人口密度很大,因此,作为不动产保有税的固定资产税自1950年起就一直存在并发挥双重作用。随着经济环境的变化,日本政府的不动产保有税政策演变出倒"U"形:1950年仅有固定资产税,1973年设置特别土地所有税,1992年开征地价税,1994年加重固定资产税。这段时期不动产保有税呈现逐渐加重的态势。1998年暂停地价税并调整减轻固定资产税,2003年暂停特别土地所有税。这段时期公众的不动产保有税负担减小。这些税制的变化反映出不动产保有税是一把双刃剑:既能够限制不动产投机行为、抑制地价飞涨,也能够打击不动产市场,并引发整个社会经济的长期萎靡。日本政府试图寻求一种能够促进土地市场良性发展的不动产税制,这是我国不动产保有税改革中所必须注意到的:要找到促使土地市场与经济发展相平衡的不动产保有税制度,实现从不动产中获取大量收入同时又能促进不动产市场良性发展的双重目标。

### 三 韩国的不动产保有税制度

韩国人口密度为487.39人/平方公里,其土地资源稀缺程度甚于日本。在这种前提下,不动产税制成为调控土地资源的主要工具,不动产保有环节主要有土地综合税与财产税两个税种。截至目前,政府已经两次利用不动产税制改革对土地资源实施大规模调控。一次是20世纪80年代末的土地税制改革,另一次是2003—2008年的卢武铉政府时期的不动产税制改革,这两次改革均表现出了对不动产保有税的重视。

#### (一) 韩国利用不动产税制调控土地资源的改革

1. 80年代末期的不动产税制改革

从20世纪70年代末期开始,随着韩国经济的迅速发展,土地投机现象变得十分突出,房地产价格呈现快速上涨的态势。政府于1978年8月8日出台了调控房地产投机和稳定地价的综合措施,在地价涨势较快的区域实行土地交易批准制与申报制,并将转让所得税从30%增加到50%。但是,由于只是不动产交易环节的改革,并未显现出良好的效果,反而使得土地投机更加严重。

20 世纪 80 年代末期，在地价飞涨与土地保有环节税负较轻的背景下，韩国政府制定了土地税制的改革方案，其中主要的内容就是在土地保有环节开征了新税种——土地综合税。

土地综合税是从原财产税中独立出来的税种，合并了 1988 年开始征收的土地闲置税。土地综合税征税对象是所有类型的土地，纳税人设定为在评估基准日登记在册的应税土地所有人，其计税依据为估价的土地市场价值及租金价值。在税率的设定上，韩国政府采取了固定税率与累进税率相结合、分土地用途差异实施不同税率结构的措施，将土地综合税的税率分为三类：法律规定的作为一般课税对象的土地适用于一般综合税率，为九级累进税率，最高税率为 5.0%；附属于建筑物的土地适用于特殊综合税率，也为九级累进税率，不过，最高税率为 2.0%；法律限定类型的土地适用于分类的固定税率，如表 4 - 2 所示。

表 4 - 2　　　　　　　　　　韩国土地综合税税率表

| 税率类别 | 土地类型 | 税率（%） |
|---|---|---|
| 九级累进税率 | 一般课税对象的土地 | 0.2—5.0 |
| | 附属于建筑物的土地 | 0.3—2.0 |
| 固定税率 | 所有者自己耕作的农田；同一家族中不同家庭分别拥有的应税森林、田地 | 0.1 |
| | 标准面积的牧场、厂区用地；用于发电的以及准予开采的矿区内土地等 | 0.3 |
| | 用于高尔夫球场、别墅和高级娱乐项目的土地；超过标准面积的房产土地 | 5.0 |

在税收归属上，与国际大多数国家一致，土地综合税被明确划入了市郡税①，由市郡政府负责征收使用。不过，由于韩国的中央政府享有税收立法权、征收权和管理权，地方政府的权限很小，只有部分管理权，包括估算和征收权。按照宪法规定的地方自治原则，各地方政府有权对本辖区的房地产进行评估。

20 世纪 80 年代末的土地税制改革还有一个重要的特点就是开征了土

---

① 韩国政府分为中央政府、道政府与市郡政府三级，后两者均属于地方政府，市郡政府为最低一级的地方政府。

地增值税，也是政府为实现分享不动产升值、限制土地投机行为而设置的税种。这次土地税制改革的目标直接指向对土地资源配置的调控，而没有增加财政收入的目标。经过改革，韩国初步实现了利用土地税制来调控土地资源的目的，不动产市场趋于稳定。

2. 卢武铉时期的不动产税制改革

1998 年的金融危机给韩国不动产市场带来了很大冲击，也促使政府与学者再次审视当时的不动产税制弊端：交易环节税负过高而保有环节税负较低。但是，由于当时金融危机的影响，增加不动产保有环节税负无益于经济复苏，因此，政府对不动产保有税并未有实质调整。

随着金大中政府复苏经济方案的实施，韩国逐渐走出了金融危机的阴影，但房地产价格也再次走高，土地市场的泡沫化极其明显。2003 年上台的卢武铉政府开始采取多种措施展开对房地产市场的调控，起初设定的总体原则是"提高不动产保有税，缓和不动产转让税"，不过，政府在实施过程中逐渐偏离了这一原则，对不动产转让也征收了较高税收。

2003 年韩国政府改革土地综合税，计税依据在原来市值 36% 的基础上逐步提高，以扩大其土地税税基。对于财产税来说，计税依据由建筑面积改变为房产价值，这样将使投机严重的汉城（现首尔）江南地区的公寓财产税比 2003 年水平平均上升 60%—70%。不过，这些举措并未体现出其良好的有效性，土地投机非但没有被抑制，反而愈演愈烈。到了2004 年之后，韩国的房地产价格已出现明显的泡沫化迹象，政府面临必须采取综合对策调控房地产市场的局面。

2005 年 8 月 31 日，韩国政府颁布《不动产综合对策》，对房地产实施了涵盖税收、供给、交易、土地制度的全部政策，试图达到让人"囤不起"大房产、"倒不动"大房产与"瞒不住"大房产。在税收政策上，加大了对不动产持有的税负水平。对住宅公示价格超过 9 亿韩元的房产征收综合房产税，税率实行累进税率：住宅公示价格扣除 9 亿韩元之后 3 亿韩元以下部分税率为 1%，超过 3 亿韩元而在 14 亿韩元以下部分为1.5%，超过 14 亿韩元而在 94 亿韩元以下部分为 2%，94 亿韩元以上部分为 3%。这使得约有 5 万—10 万拥有大量不动产的富裕阶层缴纳该税，囤积不动产的成本大大增加。此外，在不动产交易方面，《不动产综合对策》规定对于拥有两套以上住宅的家庭，当其房产交易价格超过政府制定的各地房产基准价格 10 万美元以上时，转让所得税税率由以往的 9%—36% 提高到 50%，而高档住宅的转让所得税税率更高。

随后，在 2006 年 "3·30" 房地产对策与 2006 年 "11·15" 房地产对策中，韩国政府对 2005 年的 "8·31" 政策做出补充与完善。首先，将综合房产税的起征点从 9 亿韩元降低到 6 亿韩元，同时废除了以个人为单位的计税方式，采取以家庭拥有的房地产总值为计税依据，这两大措施增大了综合房地产税的税基。其次，进一步提高不动产交易税，规定转让非自用土地最高征收 60% 的转让税。

无疑，卢武铉政府对于抑制地价快速上涨、打击不动产投机花费了很多的精力，调控政策密集出台，甚至被称为 "房地产政府"。但是，这些政策所发挥的作用却是不很理想。为了回避高额的不动产转让税，不动产所有者即使出租其不动产也不愿意转让。最终在韩国形成了不动产所有者负担沉重、不动产市场交易萎缩、房价居高不下的局面，使买房者和养房者都感到不满。由于卢武铉政府制定不动产税制的意图在于调控不动产资源、限制地价快速上涨，因此，政府的不动产税制改革并未实现预期目的，应该说是失败的，这也是卢武铉总统下台的重要因素。

3. 目前韩国政府的不动产税收政策

为解决房地产税收的不合理状况，另一方面受全球经济危机的影响，李明博政府自 2008 年上台以来，提出了大规模的减税计划，其中包括对不动产保有税和不动产转让税的减免。主要措施是将综合房产税的起征点由 6 亿韩元再次恢复至 9 亿韩元，税率由原来的 1%—3% 降为 0.5%—1%；不动产交易税也有一定程度的减免，基本取消了对只拥有一套住房的家庭的房地产转让税。不过，尽管李明博政府部分 "松绑" 了上届政府对不动产实行的重税政策，未来一段时间内，韩国政府仍将把遏制房地产投机作为房地产政策的主轴。

（二）韩国不动产税制改革的经验与教训

韩国国土面积较小，因此，不动产税制属于调控型税制，政府设定不动产税制的中心目标在于调控不动产资源，达到促使不动产资源有效配置的目的。

韩国政府的财产税和 20 世纪 80 年代末设置的土地综合税都属于不动产保有环节的税种，对于有效配置不动产资源都是很有作用的。尤其是土地综合税的税率形式，对土地的不同类别采取固定税率与累进税率相结合的设置方式有较大的优越性。既能够打击不动产投机者的行为，也不至于给大多数普通民众造成很大的税收负担，有效地实现了对效率和公平的平衡。我国不动产保有税改革中可以考虑这种税率结构在我国的实现形式。

不动产保有税改革要考虑与其他税种的配合。韩国政府起初采取的对不动产保有环节重税、缓和交易环节税收的原则是合理的，能够有效促进不动产交易市场的运行。不过，后期实行的在不动产保有环节与交易环节均采取重税政策就不再是有效的：对于持有不动产数量较多的所有者，由于转让税较重，所以，他们宁可将不动产转向出租行业也不愿转让出去。交易环节中较重的转让税未能促进不动产流转，不动产供给量并未增加。同时，在供给量没有增加的前提下，房价并没有由于保有环节的重税而下降，购房者依然无力负担高额的房价。因此，没有相关政策相互配合的不动产保有税很难发挥预期效果。仅从调控角度考虑，增加不动产供给量、交易环节采取轻税、保有环节采取重税应该是有效的举措。

**四　巴西的不动产保有税制度**

与美国、日本、韩国不同，巴西属于发展中国家，在不动产保有税设置上呈现出自身的特点。巴西人口密度为 21.96 人/平方公里，远远低于人口密集的日本及韩国。但是，巴西的人口分布极不均衡，在 26 个州中，仅圣保罗州、米纳斯州和里约热内卢州三个州就占了总人口的 40.4%[①]。东南部沿海各州人口密度较大，其中，巴西利亚联邦区高达 352.16 人/平方公里。因此，政府的不动产税收制度一方面具有筹集财政收入的意图，另一方面也有调控不动产资源配置的意图。与日本与韩国比较而言，巴西的不动产税制相对简单，不动产保有环节征收的税种有农村土地税（ITR – Imposto de Propriedade Territorial Rural）与城市房地产税（IPTU – Imposto de Propriedade predial e Territorial Urbana）。

（一）巴西的农村土地税制度

巴西全国可耕地面积约 4 亿公顷，为了取得财政收入，同时也出于对农村土地合理利用的考虑，政府对农村土地征收土地税。依据 1996 年 12 月 19 日的 9393 号法律，农村土地税属于共享税，由联邦政府征收，与土

---

① http：//cbitc. mofcom. gov. cn/aarticle/guonyw/200908/20090806461323. html.

地所在地的州政府按照 50% 的比例分享。其课税对象为用于种植庄稼、饲养牲畜和其他农业性生产的农村土地，城市土地不在农村土地税的征收范围，农村的建筑物也被排除在征税之外。其纳税人为在每年 1 月 1 日农村土地的所有者与使用者；计税依据为未开发的农村土地价值（裸地价值）；税率设置采取累进税率制，在 0.3‰—20% 浮动。土地适用税率以土地面积及使用程度的不同而有所差异：其他因素稳定的情况下，土地面积越大使用程度越低则土地税的税率越高；土地面积越小使用程度越高则土地税的税率越低。如一块 5000 公顷以上的土地，如果其使用程度为 80% 以上，那么其适用的税率为 0.45%；如果使用程度在 30% 以下，则税率提高为 20%[①]。在税收减免上，为了鼓励居民在农村居住，巴西政府规定全家居住在农村的家庭可免于缴纳农村土地税。

（二）巴西的城市房地产税制度

巴西对城镇土地征收城市房地产税。与农村土地税属于共享税不同，城市房地产税是地方税种，由市政府征收使用[②]，是地方政府财政收入的重要来源。目前巴西市政府征收三个税种：社会服务税（ISSS）、城市房地产税（IPTU）与不动产转让税（ITBI），其中城市房地产税一般占总税收的 25%。城市房地产税的课税对象是城市土地及土地上的建筑物，纳税人为房地产的所有权人。该税的计税依据为考虑房地产的成本价格、面积及所处位置的评估价值，一般每年评估一次，纳税人如果对评估结果存在争议可以向相关部门反映，直至最终上诉到法院。联邦政府规定城市房地产税率的幅度税率为 0%—4%，市政府在该范围内依据本辖区情况自主设置税率。巴西政府对城市房地产税有一些减免税规定：宗教寺庙、公立教育机构的房产免征该税，低收入阶层及低于一定面积的住宅也有减免措施，这在一定程度上也是实现社会公平的需要。纳税人可以一次缴纳也可分期缴纳城市房地产税，一次缴纳税款可以享受规定的税收优惠。在联邦政府规定的期限内未缴纳税款的，市政府有权上诉至法院，没收并拍卖

① 中国驻巴西经商处：《巴西关于企业税收的规定》，2009 - 05 - 14，http：//br. mofcom. gov. cn/aarticle/ddfg/sshzhd/200905/20090506245702. html。

② 巴西是联邦制国家，政府有三级，分为联邦政府、州政府与市政府，市政府是最低一级的地方政府。

其房产以缴纳房地产税。

作为联邦制国家,巴西三级政府的税收权限由联邦政府制定,各州及地方政府也有开征停征税种、自主制定税率的权限,不过,需要在联邦政府法律范围内实施。对于城市房地产税,州政府在宪法的范围内有部分立法权,在0%—4%幅度内自主设定税率就是明确的表现,因此,与大多数国家相同,巴西地方政府间的房地产税税率有所差异。城市房地产税的执法权在地方政府,由地方政府下属的税务部门征收。巴西城市房地产税从立法权与执法权的设置上表现出相对分权型的特征。

**五 中国香港的不动产保有税制度**

与美国、日本、韩国、巴西相比,中国香港的不动产保有税制度更值得内地借鉴。这首先在于香港地区的土地是公有的,特区政府通过批租的方式向土地使用人出让土地使用权。除此之外,政府还从不动产的持有环节获取大量税金,可以说,香港是典型的以地租与不动产保有税两种主要方式从土地上取得收入的地区,与目前我国讨论的不动产收入模式有很大的相似性。另外,香港地区自1845年设置不动产保有税制度以来,经过了数次历史变迁,在税制设计与税款征收方面积累了丰富经验,因此,研究香港地区的不动产保有税制度对于内地不动产保有税改革有重要的借鉴意义。

(一) 香港地区的地租与不动产税制

自1842年英国将香港划为自己的殖民地之后,土地的所有权归英国皇室所有,土地使用者都需要从政府获取土地资源,其方式采取了土地批租制:由港英政府向土地使用者出让土地的使用权,土地使用者须向政府一次性缴纳规定期限的土地出让金。1997年香港回归之后,这一制度被延续,特区政府继续以招标、拍卖或协议方式批租土地,但是新租约的最长期限到2047年。香港的土地批租收入全部归政府所有,成为政府很重要的财力资源。如表4-3所示,2007—2008年度,香港政府的地价收入为623.18亿港元,占政府总收入的17.38%。

在土地批租制度下,香港当局还实行土地年租制度。对1985年5月27日《中英联合声明》生效前批出或到期又续期的土地,香港当局还要每年征收较小的固定数额的名义年租金,这种制度被称为名义年租制。对1985年5月27日期满的土地,土地承租人在续约后不用补缴土地出让金,

表 4 – 3　　　　　2001—2008 年香港地区地价收入、差饷收入情况

单位：百万港元、%

| 项目<br>年度 | 地价收入 | 一般差饷<br>收入 | 税收收入 | 政府总<br>收入 | 地价占政府<br>总收入比重 | 差饷收入占<br>税收的比重 |
|---|---|---|---|---|---|---|
| 2001—2002 | 10327 | 12727 | 123091 | 175559 | 5.88 | 10.34 |
| 2002—2003 | 11476 | 8923 | 112271 | 177489 | 6.47 | 7.95 |
| 2003—2004 | 5415 | 11167 | 126254 | 207338 | 2.61 | 8.84 |
| 2004—2005 | 32033 | 12640 | 149650 | 263591 | 12.15 | 8.45 |
| 2005—2006 | 29472 | 14146 | 168388 | 247035 | 11.93 | 8.4 |
| 2006—2007 | 37001 | 15467 | 181792 | 288014 | 12.85 | 8.51 |
| 2007—2008 | 62318 | 9495 | 223417 | 358465 | 17.38 | 4.25 |

资料来源：香港特别行政区政府统计处网站，其中的税收总额未加入某些税收性质的收费，http：//sc.info.gov.hk/gb/www.censtatd.gov.hk/home/index_ tc.jsp。

不过在续约期间需要缴纳实际年租金；对 1985 年 5 月 27 日之后新批出的土地，承租人既要一次性缴纳土地出让金，又要按年缴纳实际年租金。实际年租金以物业的应课差饷租值乘以一个征收率计算，目前该征收率为3%。2007—2008 财政年度该项收入为 5810.879 百万港元，占全部收入的 0.93%①。这样，香港的土地年租制实际形成了名义年租制与实际年租制并存的局面。

在地租之外，香港特区政府还以税收的方式从不动产中获取收入。其中直接税中与土地相关的税种有物业税与遗产税，间接税中与土地相关的税种有差饷、酒店房租税与印花税。香港的物业税是按照《税务条例》第 5（1）条征收的税种，在税收收入中比重很小，如图 4 – 4 所示。该税种对坐落在香港的土地或建筑物拥有人就其出租物业的租金收入征收，由于其计税基础为物业的出租收入而使得该税种具有所得税性质，与我国目前所讨论的物业税有实质的差别。印花税是对不动产的产权确立行为征税，酒店房租税是对酒店宾馆的房租收入征税，遗产税是对包括不动产在内的财产的转移征税，这三个税种实质都是对不动产的交易环节征税，不

————————————

① 由香港特区库务署网站统计资料计算得出。

属于我国目前讨论中的物业税含义，因此，在此不再多加解释。差饷作为一个在香港地区长期征收的税种，具有真正的不动产保有税性质，也是我国目前不动产保有税制度改革应该借鉴的对象，下面具体考察该税种的设置及征收情况。

比重（%）

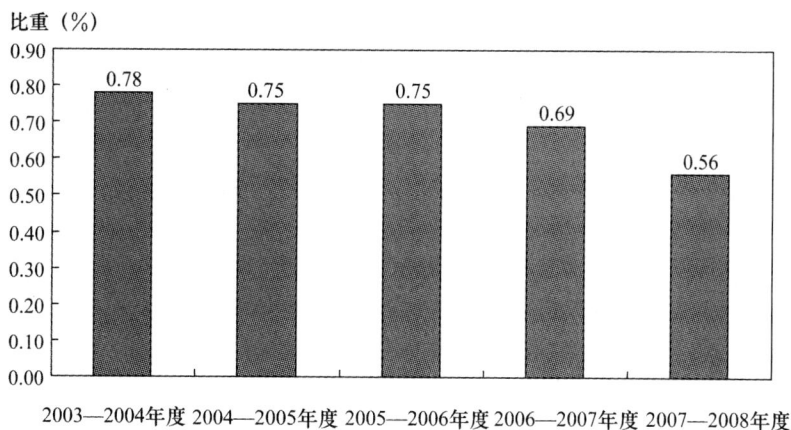

2003—2004年度 2004—2005年度 2005—2006年度 2006—2007年度 2007—2008年度

**图 4 - 4　香港物业税占税收收入的比重**

资料来源：根据香港特别行政区政府统计处网站数据计算得出。

（二）香港地区的差饷制度

1. 香港地区差饷制度的设置

差饷是政府向土地及建筑物等不动产物业的拥有人或占有者征收的一种税，无论物业经营与否都需要缴纳，具有财产税性质。最早于1845年在港岛及九龙地区征收，征税目的在于支付香港警队的粮饷，所以被冠以"差役饷项"的名称。其后，又陆续加征"街灯饷项"、"食水饷项"、"消防饷项"等项目，分别为提供公共照明、食水及消防服务等支出筹集资金。1956—1988年差饷征税范围扩展至新界。1973年起，市区差饷分为一般差饷与市政局差饷，1986年开始，新界差饷分为一般差饷及区域市政局差饷，2000年临时市政局及临时区域市政局解散，全部差饷统一归为一般差饷，由政府直属的差饷物业估价署统一评估与征收。目前一般差饷已是政府收入的来源之一，在税收中占8%左右，如表4 - 3所示。

与美国财产税计税依据是不动产的评估价值不同，香港差饷计税依据是物业的应课差饷租值。这个租值是假设物业在一个指定估价日期（2009—2010 财政年度的估价依据日期为 2008 年 10 月 1 日）空置出租时所能够获得的市值租金，在估价依据日期之后的租金变动均不影响物业的应课差饷租值。该租金市值的评估按照统一的标准进行，不考虑物业的状态是出租抑或自用、私有与公有，也不考虑纳税人的负担状况。只是根据区域内同类物业在评估日或接近评估日业主与出租者商定的租金，然后考虑物业面积、位置、设施等其他因素调整而成。按照这样的原则得到评估租金市值与实际收到的租金通常会有所差异。另外，物业价格的波动也不会影响应课差饷租值的评估。严格说来，应课差饷租值需要每年度评估，但是由于政府的资源所限，难以实现每年对租值进行全面重估，但评估时间相距过远又会导致应课差饷租值的大幅飙升，引起公众不满，因此，1984 年财政司宣布每三年重估差饷租值一次。随着政府技术的更新及可用资源的增加，1999 年起政府每年进行一次差饷租值的重估，以更新物业的租值水平，达到公平分配差饷负担的目的。

香港的各类物业都需要缴纳差饷，其税基相当广阔，如表 4 - 4 所示，截至 2008 年 4 月 1 日，香港应课差饷的物业合计为 2309837 个，应课差饷租值为 3757.65 亿港元，其中最主要的是住宅物业，占 46.7% 的比重。

表 4 - 4                     2008 年香港各类物业数目及应课差饷租值

| 类别 | 数量（个） | 比例（%） | 应课差饷租值（千港元） | 比例（%） |
| --- | --- | --- | --- | --- |
| 住宅 | 1720271 | 74.5 | 175387681 | 46.7 |
| 铺位及其他商业楼宇 | 123133 | 5.3 | 56708589 | 15.1 |
| 写字楼 | 75914 | 3.3 | 41378548 | 11.0 |
| 工贸大厦 | 4087 | 0.2 | 1128555 | 0.3 |
| 工厂大厦 | 92626 | 4.0 | 14659215 | 3.9 |
| 货仓 | 2412 | 0.1 | 2924569 | 0.8 |
| 停车位 | 240633 | 10.4 | 8083792 | 2.2 |
| 其他物业 | 50761 | 2.2 | 75494126 | 20.1 |
| 总数 | 2309837 | 100.0 | 375765075 | 100.0 |

资料来源：香港特别行政区差饷物业估价署 2008 年年报。

差饷由应课差饷租值与征收率之积得出，因此，征收率实质是差饷税率。市区的征收率在70年代前期维持在17%，自1977—1978年度改为11.5%，后来征收率经历了数次改变。差饷征税范围扩展至新界时，为了避免纳税人的抵触情绪，对新界差饷征收率设定的相对较低。从1974年开始，新界与市区的征收率一致（1977年、1982年除外）。自1999—2000财政年度至今，无论在何种区域——新界还是在市区、何种类型的物业——住宅、商业、工业还是其他类型的物业，差饷的征收率统一固定在5%。在差饷的纳税人方面，物业的所有者与使用者都有缴纳差饷的责任，如果签订的租约没有确定由业主缴纳差饷，那么缴纳差饷的责任在于物业的使用者，因此，在香港特区政府的收入账目上，差饷被归属到间接税收入。

香港特区政府也有差饷减免的规定，这种税收扣减与政府的公共服务相关联。物业如没有获政府输水管供应淡水或只是获得政府供应的未经过滤的淡水，那么应缴纳的差饷额将相应扣减15%与7.5%。另外，由于经济形势的需要，政府也会对差饷采取宽减的举措。在1998—2003年金融危机期间，政府采取退还、豁免与宽减差饷等多项措施刺激经济增长。在2009—2010年度间，为了应对世界经济危机，香港特区政府又对差饷实行宽减措施：纳税人在2009年4月至2010年3月的应缴纳的差饷可获得每季1500元为上限的宽减。

2. 香港特区差饷的评估与征收管理

为了准确地评估物业，差饷物业估价署建立了综合物业资料库。资料库融合了地图及物业资料、租金和物业的转让资料，将空间系统与文件管理系统有效地联合起来，形成对各种物业资料的综合文字记录与图像结合显示。资料库的另一个优势在于通过该系统，物业资料的信息能够迅速在各部门中传送与交流，从而实现信息的低成本共享。

在物业应课差饷租值的评估方面，香港特区地区自20世纪80年代就开始采用批量评估技术，目前85%的物业估价是运用CAMA协助评估的[1]。在CAMA的评估下，一般找出一栋物业中的指标单元，根据该指标

① 萧家贤：《房地产税的批量评估》，载谢伏瞻主编《中国不动产税制设计》，中国发展出版社2006年版，第202页。

单元的评估结果按照相关因素加以调整，即可得到整栋物业的评估值。这使得香港的物业评估效率较高，评估也更加准确。

如果物业所有者或使用者认为应课差饷租值不恰当，可以首先与物业所在地的估价主任商讨，如仍感不满可以填写"反对通知书"送交差饷物业估价署正式提出反对。如对估价署的决定不认可，可向司法机构——土地审裁处提出上诉。土地审裁处可作出维持、提高或降低应课差饷租值的决定，并且属于最终决定。不过，如果该决定涉及法律要点，上诉人有权继续向高等法院上诉庭提出上诉。

香港的年度差饷分为四季预缴，为节省征税成本，差饷物业估价署在差饷征收过程中大力推行电子化服务。政府每年的估价册及应课差饷租值都可以在网上查到，纳税人也可以随时在网上更改姓名及地址、查询及缴纳差饷。纳税人缴纳差饷后也可随时拨打查询电话要求以传真或邮寄方式获得差饷缴款确认书。

（三）香港特区不动产保有税制度的特点

首先，差饷与公共服务紧密结合。财产税是一种受益税，公众支付财产税需要得到公共服务水平的提升，这是符合不动产保有税制度要求的。香港特区的差饷在这方面体现得较为明显。从差役饷项、街灯饷项、食水饷项、消防饷项都可以看出差饷的公共用途使用方向。另外，如上所述，如果居民获得公共服务程度较低，那么差饷也会适当减免，缴纳差饷与公共服务获得程度相结合的关系体现得更加直接。将财产税用于公共服务，这是我国内地在不动产保有税改革中必须注意到的一条重要原则。

其次，税制设计简化。由于各国常常试图利用不动产保有税实现多重目标，因此，对该税的设定相对复杂，造成各要素的作用互相抵消，减弱了不动产保有税正常作用的发挥，同时也使得税制设计烦琐。香港特区差饷的设计真正体现了简税制的要求。第一，土地与建筑物合并评估，合并纳税，简化了税收管理。第二，各区域、各类型的物业实行单一比例税率，既没有设定累进税率，也没有按照物业类型的差异设定不同的税率。其理由在于物业的应课差饷租值已经体现出纳税人的承担能力，高收入阶层的物业自然得到一个较高的估价，无需再运用税率进行调节。

再次，税制设计公平。由于财产税极易引起公众的抵制，要求财产税制度公平设计。香港特区的差饷制度较为明显地体现了对纳税人公平的原则。在计税依据上，对物业的应课差饷租值在每年的统一日期重估，反映了市场价值的变化，这种做法将因市值变动而影响公平性的可能性降到最低。在税率上，各类物业的征收率统一为5%，实现了形式上的公平。在对差饷的申诉上，设置了公平的上诉机制。

最后，征管成本较低。香港特区差饷物业估价署自2000年率先推行了"公共服务电子化"，大大降低了差饷的征管成本。在差饷征收的基础工作方面，建立了综合物业资料库，集中了物业位置、面积、交易情况、租金等资料，为全面准确地征收差饷奠定坚实的基础。在评估方面，全面推行计算机批量评估，降低了评估成本，评估的效率及准确性大大提高。在公众查询估价册、查询及缴纳差饷方面，全面实行电子化服务，征税成本较低。

# 第二节　不动产保有税税制设计的国际经验

不动产保有税属于地方税种，各地之间差异较大，考察不动产保有税税权划分与税制设计等方面的国际做法非常必要。当然，任何不动产保有税的税制设计对于各国而言并无好坏之分，只有适合与不适合的区别，不存在普遍适合所有国家的最佳不动产保有税结构。本节只是对这种设置进行分类研究，探讨各种模式的利弊，为构建与我国税收环境匹配的不动产保有税制度提供思路。

## 一　不动产保有税收益权一般划归地方政府

税权是税法研究的核心，是一个税种的价值核心，国内外学者对此做出了大量研究，但是目前并没有统一的认识。本书认为，由于税收主体有征税主体与纳税主体的双重意义，税权也应相应地具有国家层面与国民层面的两重性。从国家层面来说，税权包括立法权、执法权、收益权与司法权。其中立法权是税种立法的权力，执法权是税收征收管理的权力，收益权是得到税收收入的权力，司法权是对税收中争议裁决的权力。在国民层面，税权是公众具有的税收决定权、知情权及监督使用权。由于国家税收从公众手中得到，因此，公众应该享有决定税收收入与支出的权利，这是民主财政的实质。按照本书对税权的这种分类，"权"有不同的含义：国家层面税权中的"权"是指"权力",国民层面税权中的"权"是指"权利"。

不动产保有税的税权也具有双重层面的意义,并且由于该税种的特殊性,国民税权的权重应该表现的更加突出:本地公众对不动产保有税的决定及使用方向拥有充分的话语权,不动产保有税的税率及相应财政支出均需由听证会的形式决定。本章不对这种意义的税权解析,只是对国家层面的立法权、执法权及收益权做出比较。由于不动产保有税计税依据的特殊性——需要由政府做出评估,因此,在立法权、执法权及收益权之外,还需加入对税基的估价权,这使得对不动产保有税税权的比较需要从四个方面进行。

(一)不动产保有税的收益权通常归地方政府①

不动产保有税收益权的意义在于收入归属于何种级别的政府。在世界各国均有多级政府的背景下,税种收入的归属权需要有依据地划分。必须首先提及的是,这种划分的依据绝不是事权与财权的匹配②:有多少事权就划分给政府相应的财权,划分给政府多少税种以与事权对称。实践中,各级政府的事权与财权几乎全部是不对称的,即使联邦制的美国也是如此。美国地方政府作为最低一级政府,在政府支出中占较大比重。2007—2008年度地方政府支出占州与地方政府总支出的56.12%,但是地方政府的自有收入仅占其财政支出的55.03%,从联邦政府及州政府中获得的收入占财政支出的32.94%③,事权与财权呈现明显不对称状态。因此,事权与财权匹配并不是税种划分依据。各级政府的事权与财力是对称的,自身财力不足的政府需要由上级政府通过转移性补贴以满足其与事权相匹配的财力。

---

① 国际上许多国家有中央政府与地方政府之分,地方政府通常包括两级,如巴西的地方政府为州政府与市政府,市政府是最低一级的地方政府。韩国地方政府有道政府与市郡政府,市郡政府为最低一级的地方政府。日本地方政府有都道府县政府与市町村政府,市町村政府为最低一级的地方政府。美国在联邦政府之外有州政府与地方政府,地方政府为最低一级的政府。为统一表述,此处所说的地方政府意指最低一级的地方政府,而不是指与中央政府相对应的广泛意义上的地方政府。

② 目前我国理论界有许多税种划分的依据,其中之一认为税种划分是实现政府事权与财权相配合的手段。

③ 根据美国统计局数据计算得出。

真正决定税种在各级政府间划分的是各税种的性质，这是客观存在的事物。税种归属于何种级别的政府并不以人们的意志为转移，即使人为勉强改变其归属权，该税种也不会有效率运行，最终导致社会福利的损失。一般说来，税基的流动性、所期望行使的职能及受益范围等税种的这些性质决定了税种的收益权归属。税基流动性较强的税种、预期实现收入调控职能的税种，其收益权应该归属较高一级政府，这对于避免税收竞争、调控收入都是有良好作用的。对于税基不易流动税种，一般归入较低一级政府。由受益视角分析，开征某税种的受益对象清晰，能够将税收的收益内部化为某个区域的税种，应该归属到该区域；受益对象不明确的税种，其收益权应该归属到较高一级政府。

不动产保有税的税基为土地及建筑物，税基相对稳定且不易流动，税收使用方向限定为本地的公共服务及基础设施建设，受益对象明确为本地的公众。因此，不动产保有税的收益权应该归属到最低一级政府。实践中，大部分国家将该税的收益权主要归入地方政府，只有瑞典将该税的收益权全部归入中央政府。表 4 - 5 列示了 2007 年 OECD 国家中财产税在各级政府收入中的比重情况，明显体现了不动产保有税的地方税属性。需要说明的是，国际统计的财产税包括不动产保有税、不动产取得税及不动产所得税三种类型。其中地方政府中的财产税一般是不动产保有税，如日本的固定资产税、美国的财产税、英国的住宅税、加拿大的财产税、澳大利亚的财产税与房产税等；不动产取得税的收益权归属于中央政府或州政府，如美国中央政府与州政府的遗产与赠与税、日本都道府县征收的不动产取得税、加拿大省政府征收的遗产税、澳大利亚州政府征收的印花税、韩国的不动产购置税等；不动产所得税的收益权归于中央政府，如英国的资本所得税、德国的资本流转税等。

（二）不动产保有税的立法权区分为分权与集权

税种立法权关注的是归属问题。不动产保有税绝大多数为地方税种，因此，对不动产保有税立法权的关注集中于立法权在地方政府、州政府与中央政府间的分配状况。立法权的分配与一国的政治制度——联邦制还是单一制、历史文化传统——集权还是分权、政府干预经济的力度——强还是弱紧密相关。总体上，不动产保有税的立法权一般可以划分为三种类型。

**表4-5**     **2007年OECD国家财产税在各级政府税收收入中的比重**     单位:%

| 国家 | 地方政府 | 中央政府 | 州政府 |
|------|---------|---------|--------|
| 爱尔兰 | 100 | 7.1 | 0 |
| 英国 | 100 | 10.3 | 0 |
| 澳大利亚 | 100 | 0 | 39.4 |
| 加拿大 | 94.9 | 0 | 4.7 |
| 新西兰 | 88.7 | 0.2 | 0 |
| 墨西哥 | 88.6 | 0 | 25.8 |
| 美国 | 70.9 | 1.6 | 2.3 |
| 希腊 | 56.4 | 5.2 | 0 |
| 葡萄牙 | 54.5 | 0.9 | 0 |
| 法国 | 50.9 | 5.1 | 0 |
| 韩国 | 47.8 | 7.6 | 0 |
| 西班牙 | 29 | 0.1 | 25.5 |
| 日本 | 25.9 | 5.1 | 0 |
| 波兰 | 25.6 | 0 | 0 |
| 匈牙利 | 20.5 | 1.2 | 0 |
| 比利时 | 16.5 | 1.4 | 22.7 |
| 冰岛 | 15.4 | 3 | 0 |
| 瑞士 | 15.2 | 4.5 | 16.1 |
| 德国 | 14.6 | 0 | 5.6 |
| 意大利 | 13 | 5.1 | 0 |
| 斯洛伐克 | 12.4 | 0 | 0 |
| 土耳其 | 12 | 3.9 | 0 |
| 奥地利 | 11 | 0.5 | 0.8 |
| 挪威 | 10.8 | 1.6 | 0 |
| 丹麦 | 9.5 | 2.1 | 0 |
| 卢森堡 | 7.7 | 13.8 | 0 |
| 芬兰 | 5.2 | 2.8 | 0 |
| 捷克 | 2.6 | 1.9 | 0 |
| 瑞典 | 0 | 4.4 | 0 |
| 荷兰 | 0 | 5.2 | 0 |

资料来源:OECD国家税收统计(其中荷兰的税收统计被低估,2006年其财产税占地方政府税收的49.8%)。

第一种类型是立法权完全归属中央政府，地方政府对不动产保有税没有任何立法权。由于不动产保有税在绝大多数国家是地方税种，因此，这种类型的税权划分非常少，瑞典是较典型的个案。由于瑞典实行高税收伴以高福利的财政制度，因此，税权设置上实行自上而下的垂直型模式，税权归属高度集中于中央政府。中央政府完全享有所有税种的立法权，税法一经颁布，任何级次的政府都无权更改。

第二种类型是中央政府拥有对不动产保有税的立法权，下级政府在该基本法律制度下拥有有限立法权。这种有限立法权表现为下级政府可以在中央政府规定的幅度内，依据本地经济发展状况自行制定税率或减免税政策。具体设置上，下级政府的立法权有大小之分。法国、芬兰的不动产保有税立法集中于中央政府，下级政府对税收要素的调整权限较小，基本没有立法权，只可以在有限范围内制定税率及减免税举措，不动产保有税的立法总体上倾向于集权型。日本、巴西、澳大利亚、德国等国家下级政府权限较大，中央政府只负责制定不动产保有税的基本法律制度，下级政府可以依据该基本制度对不动产保有税立法，总体上倾向于分权型。日本不动产保有税的立法权集中于中央政府，但包括都道府县及市町村在内的地方政府，在中央政府统一立法限度内，有自行开征停征税种权、税率税目调整权及税收减免权，同时，日本也规定了中央政府对地方政府的法律具有无限的否决权以限制下级政府的立法权。作为联邦制国家的巴西，州政府对不动产保有税的立法有部分立法权，不过，联邦政府对这种立法权有一定的限制举措。澳大利亚则允许州政府在联邦政府统一的税法基础上对土地税立法，财产税则由地方政府自行决定并立法。德国有联邦、州及地方三级政府，州政府在联邦政府授权下拥有一定的不动产保有税立法权，地方政府依据本地情况有调整税率的权力。

第三种类型是立法权完全归属下级政府，中央政府不予干涉或只是做原则性限制。这种立法模式下的不动产保有税是"纯粹"地方税，以美国与加拿大最为典型。美国不动产保有税属地方政府税种，其立法权归属于州政府，州政府在不违背联邦宪法制度下制定不动产保有税的基本法律制度，地方政府在州政府法律规定下有调整税率、税目、税收减免等权力。加拿大有三级政府——联邦政府、省政府及市政府，不动产保有税属于市级政府，其立法权归属省政府，不过联邦政府对省政府的立法拥有无限否决权。市级政府拥有制定不动产保有税税率、税收减免及优惠政策的权力。

在上述三种类型中,第一种属于集权型立法权模式,第三种属于分权型立法权模式,第二种介于两者之间,属于混合型立法权模式。由于不动产保有税一般属于地方税种,因此,类似于瑞典中央政府为不动产保有税立法、地方政府没有立法权的模式不利于调动地方政府的积极性,只适用于高税收、高福利的社会。同时,由于世界各国的地方经济发展并不均衡,有些国家中的地方经济差异非常严重,对不动产保有税的立法权完全实行分权型模式也是不恰当的,尤其对于不动产保有税这种会加剧地区间财力失衡的税种更是如此。即使在分权化较强的美国,州政府也拥有不动产保有税基本法律制度的立法权,对地方政府财力实行均等化机制调节,地方政府拥有的立法权受到限制。因此,现实中实施更多的是第二种类型,在混合型不动产保有税的立法权下,中央政府设立基本法律制度、次级政府制定本区域的实施细则,最低级次政府在一定限度内拥有税率调整及税收减免的权力。

(三) 不动产保有税的征税权通常归属地方政府

根据"剩余控制权"理论,各级政府的税种由其相应的征税机构负责征收有利于效率的提升,共享税则一般由共享政府中的较高的一级政府征收。如瑞典的不动产保有税是中央税,所以由国家税务局直属的征税机构征收。而大部分国家的不动产保有税归属权在地方政府,因此,征税权也由地方政府行使。不过,有些地方政府的征税权受到中央政府较为严格的监管,如英国与芬兰。

出于不同目的,也会出现上级政府代征下级政府不动产保有税的情况。

在有些转轨国家,为了经济制度转型的平稳性,中央政府代征部分地方税种,导致税收征税权归属于中央政府。如俄罗斯的不动产保有税由联邦税收地方分支部分代征,乌克兰的财产税则为中央政府代征。

在某些国家,上级政府代征行为则属于集权制度的因素。在中央政府较为集权的前提下,不设地方税务征收机构,全部由国家税务机关征收,在征税权上表现出极强的集权特征。如作为集权性特征较强的法国,没有设置地方税务局,不动产保有税由国家税务总局的派出机构代征。

此外，出于节约税收成本的考虑，国土面积较小的国家也会出现由中央政府代征地方税种的情形。如智利、几内亚与突尼斯的不动产保有税为中央政府征收①。

（四）不动产保有税税基估价权的集中与分散

由于不动产保有税计税依据为不动产的评估价值，税基需要由政府决定。因此，不动产保有税的税权中需要有估价权的配置，其意义在于判别对不动产保有税税基的估价由何种级别政府负责。由于不动产保有税收益权归属于地方政府，因此，地方政府是否同时拥有税基的评估权成为讨论的焦点。按照地方政府在评估中是否占据主导地位，一般可分为集中评估与分散评估两种形式。

集中评估是由中央政府或次级政府组织实施评估，地方政府只起辅助作用。目前实行集中评估模式的国家主要有澳大利亚、爱沙尼亚、爱尔兰、新加坡、巴基斯坦、牙买加及塞浦路斯等国。这种模式的优势在于能够实现评估的规模效益，有效降低评估成本。但地方政府在一定程度上失去了较多的自主性，有损分权目标的实现。同时，公众对评估产生异议时的复议成本较大。

分散模式是由地方政府在评估中占有主导地位，上级政府仅提供有限的业务指导。目前，美国、日本、荷兰、捷克、匈牙利、肯尼亚、南非、泰国和津巴布韦采用这种评估模式。这种模式的优缺点与集中评估恰恰相反：不能获得规模评估的低成本优势，但是能够促进地方政府财政自治的实现，并且公众对评估结果有异议时复议成本较小。如果地方政府技术上不存在问题，那么在较大辖区内使用分散模式配置评估权是有较大优势的。

不动产保有税税基的评估涉及税收的公平性与准确性，因此，税基评估权需要谨慎配置。技术问题虽然重要，但并不是关键因素，毕竟，中央政府可以为地方政府培训评估人员及提供关键评估设备。评估权的配置关键在于一国对税收成本与财政分权的平衡，取决于一国集权分权的传统与地方政府的管理素质。一方面，中央政府是否有向地方政府分权的动机；另一方面，地方政府是否有足够的管理能力准确、公正地行使评估权。如

---

① Bird, M. R. and Slack, E., Land and Property Taxation: A Review, World Bank, March 2002.

果中央政府无意向地方政府放权，那么评估权将采取集中模式；如果地方政府管理素质较低，即使在拥有成熟技术前提下也很难做到公平、准确地评估，那么采取集中模式配置评估权应该是必须的。

二　纳税人通常为不动产所有者

任何税种纳税人的确定应遵循公平、可行、便利的原则进行。对于不动产保有税来说，由于征税对象具有不可移动性，且不动产保有税的使用方向是本辖区的公共服务及基础设施建设，税收与公共服务均能够资本化为不动产价值，因此，不动产保有税纳税人设定为不动产的产权所有者是公平的，同时，这种设置也具有较大的可行性及便利性。

不过，对于土地来说，对纳税人设定为土地产权所有者并不十分准确。尽管目前各国的土地制度总体上有所有制之分，但任何一个国家也未实行绝对的土地私有与土地公有制度，通常是处于私有土地与国有土地并存的状态。如美国属联邦政府所有的土地占国土面积的32%，私人所有土地占58%；加拿大私人占有的土地仅占国土面积的10%。因此，对于私人使用国有土地时，土地保有税的纳税人常常规定为土地的使用者而非所有者。对于一些转轨国家，由于历史的原因，如爱沙尼亚、捷克等一些东欧国家除规定不动产所有者为不动产保有税的纳税人之外，还规定了国有土地的占用者也为该税的纳税人。

在不动产出租行为上，存在不动产保有税的纳税人如何确定的情形。按照公平原则，不动产出租者将获得不动产价值的升值，缴纳不动产保有税是理所应当的；而不动产承租者在当期享受了不动产所在辖区的公共服务，缴纳不动产保有税也不失公平。所以，有些国家规定了不动产的承租者与出租者都是纳税人。市政税（Council Tax）是英国唯一的地方税种，对公民居住用房屋以其评估价值为依据征税，纳税人规定为房屋业主或居住者，对于长期租赁住房的则以承租人为纳税人。我国香港特区差饷则规定为业主与物业使用人均有纳税责任，实际运行中，如果租约未订明有业主缴纳，那么须由使用人（承租者）缴纳。

三　征税范围中农业用地具有特殊性

在处理不动产保有税的征税范围时，发达国家与发展中国家有不同的倾向。发达国家一般将城市与农村不动产同时划入征税范围，而不将农村不动产保有税单独列出，只是对农业用地实行较低的优惠税率，如美国、爱尔兰、澳大利亚、加拿大等国。其中英国是个特例：政府对农村不动产的保有税均采取豁免政策。发展中国家一般将城市与农村不动产保有税分开，对农用土地征收较低税率的保有税，对于农民自用房屋实行免税政策。不过，菲律宾是个特例：政府对农用物业征收比住宅物业还高的税率。还有些发展中国家对农村的土地及房屋都不征收不动产保有税，如坦桑尼亚、南非及乌干达等非洲国家。

各国对农业用地保有税实行较低税率的优惠政策，一方面是出于政府对农业保护的原则，也防止了农业用地被转换为城市用地；另一方面由于农村公共服务及基础设施相对城市而言水平较低，因此，实行低税率也是公平的。不过，这种做法的有效性值得考虑：一方面以地域划分税收优惠的方式极易引起城市与农村边界处的土地投机；另一方面，这种优惠也会增加纳税人合法避税的机会。鉴于此，丹麦及瑞典已将农业用地分离出来试图单独设置税收制度①。

## 四　征税对象上呈现房地分开估价、合并征税的趋势

征税对象上，有两种类型。第一种类型是土地、建筑物及其他财产合并在一起征税，有一般财产税和净值税两种情形。

一般财产税就是将纳税人包括不动产在内的所有财产合并计征，当对财产总额中减除纳税人债务之后的余额征税时，此时就被称为净值税或净财富税。美国、加拿大、新加坡等国采取一般财产税模式，德国、挪威、秘鲁、印度、墨西哥等国采取净值税模式。

在实行一般财产税的国家中，美国财产税的征税对象是纳税人的动产与不动产，不过占主导的还是城市区域的不动产。尽管美国对土地与建筑物征收相同的财产税税率，但在申报财产时，大部分州需要分别报告其价值，这意味着土地与建筑物是分离评估、合并征的。加拿大财产税征税对象主要包括土地、建筑物、机器及设备。由于各州政府对于机器设备的界定有差异，因此，征税对象也出现相应的不同。如纽芬兰州规定土地、房屋及机器设备为财产税的征税对象，而安大略州规定财产税的税基为土地、房屋、固定装置及建筑物，用于制造业、农业的机器设备属于不动

---

① 李英：《全球视野下的财产税制改革——兼论对中国物业税改革的启示》，《涉外税务》2005 年第 3 期。

产，但是不缴纳财产税。新加坡的财产税征税对象是包括出租公寓、商店、房屋、厂房及土地在内的不动产，其中对土地的估价与其他不动产的估价按照不同原则进行：土地价值为市场价格的5%；其他不动产价值为不动产出租一年的合理租金。

许多欧洲、亚洲及拉美国家实行净值税。德国的净值税课税对象是对个人及公司拥有的包括不动产、债权、专利权及银行存款在内的全部财产减除纳税人债务的余值。不过，由于不动产的征税依据为市场价值的10%，而其他资本性投资的征税依据为市场价值，导致不动产优惠较多。联邦政府裁定这种税收制度有违税收公平原则，最终于1997年停征。法国的个人财产税以个人在每年1月1日拥有包括土地、房屋、汽车及有价证券在内的所有财产为征税对象，同时设置了该税的免征额，目前规定个人应税财产净额在76万欧元之上者需要缴纳财产税。印度的财富税、挪威的净值税、秘鲁的净财产税及墨西哥的净值税与德国及法国的规定类似，都是首先将土地及建筑物合并在纳税人财产中，然后对减除纳税人负债后的余额征税。

第二种类型是将土地与建筑物分开，单独设置土地税与房屋税。

由于土地是重要而稀缺的自然资源，部分国家单独设置了以土地为征税对象的税种，如韩国、日本、泰国、巴西、新西兰、德国、坦桑尼亚等。前文分析的韩国的土地综合税、日本的地价税与固定资产税中对土地的征税、巴西的农村土地税都是对以土地为征税对象的税种。此外，泰国的土地发展税对包括城市土地、农村土地、山地在内的所有土地征税，不过，税法同时规定，如果缴纳土地房产税则可免于缴纳土地发展税。德国的土地税较为有特色，将土地分为用于农林的A类用地与可建或有建筑物的B类用地，两者的评估价值与税率都是有差别的。其中A类计税价值为农业产出价值，B类用地计税价值为其市场价值。新西兰的土地税仅对非农业用地征收，并设有税收减免措施。

有部分国家对房屋建筑物设置了专门的房屋税。如上节提到的日本固定资产税中对房屋征税的部分，英国、法国、荷兰、韩国、波兰、越南等国也征收房屋税。英国对房屋征税的税种为市政税，也称为家庭财产税，是地方政府唯一的地方税种，于1993年开始征收，征税对象设定为楼房、公寓、平房及出租房。此外，政府还对拥有工商业、服务业等非住宅用房的使用人按照房屋租金征收营业房屋税。法国征收的居住税（taxe d'hab-itation）属于房屋税，是对每年1月1日房屋的使用者征收，其征税对象为所有带家具的房屋，包括房屋的电梯、浴缸等附属设施。韩国的房屋税是与某些财产（如船只、飞机等，但是不包括土地）合并征收的，但实际上主要对房屋征收。

对于不动产保有税的征税对象来说，实行一般财产税及净值财产税的国家较少，有逐渐被个别财产税取代的趋势，因此，需要探讨土地与建筑物应该合并还是分离征税的问题。从理论上说，对于土地征税与对建筑物征税是出于不同的考虑，因此将产生不同的效应。

对土地的保有征税，其动机在于促使土地的持续合理利用。如果仅对土地征税而对建筑物免税，那么将直接促进土地开发。而对建筑物征税将由于建筑物价值增加而使得税收增加，直接抑制建筑物的改良。从实践中来看，土地与建筑物的价值随时间的改变也是不同的。土地无疑会随公共服务的增加而升值较快，建筑物则由于折旧原因价值逐渐减小，这给土地与建筑物合并估价带来了较大的麻烦。从这两方面出发，土地与建筑物分离征税是应该的。

实践中，20世纪90年代以来，发达国家如美国、澳大利亚等国开始对土地及建筑物实行分开估价、统一征税的"分级式财产税制"（the graded property tax），既照顾了土地与建筑物的不同价值属性，也节约了征税成本，是较为先进的征收模式。

**五 普遍以市场评估价值为计税依据**

国际上对不动产保有税计税依据的规定有面积标准与价值标准两种类型。

面积标准需要首先确定不动产单位面积税额，然后将不动产所占面积与单位税额的乘积作为应支付的不动产保有税。这种计税方法非常简便易行，是不动产保有税计税依据的原始形态。由于没有发达的不动产交易市场，同时对价值评估的可行性感到怀疑，目前在部分发展中国家及转轨国家中依然使用这种计税依据，如阿尔巴尼亚、波兰、捷克、乌克兰、肯尼亚等国。阿尔巴尼亚规定每年每平方米公用房屋缴纳房屋税2列克，民用房屋为3—6列克，生产性房屋50列克，商业用房屋100列克；捷克规定其不动产税率为每平方米0.1—10克朗之间，土地税依据农业土地、工业土地及住宅土地的用途及位置规定，基本税率规定为每平方米 0.1 克朗到 1 克朗，然后基本税率乘以一个依据地理位置不同而确定的系数，作为该块土地适用的税额标准。波兰对住宅及公寓规定最高税率为 0.18 兹罗提/平方米，营业用房屋执行 6.63 兹罗提/平方米，其他建筑物 2.21 兹罗提/平方米。我国的城镇土地使用税也使用依据面积标准计税的方法。

按面积计税简便易行，但存在的最大缺陷在于公平性欠缺：不动产价值在面积相同的前提下差别很大，低收入阶层与高收入阶层却要支付同样单位的不动产保有税，加剧了公众收入不平等状况。为了最大限度地保证公平性，一些国家改进了面积标准的计税方法。对城市进行了分区界定，各区域实行不同的税率，试图缓解面积计税标准的不公平性。如以色列的特拉维夫市将居民用地与非居民用地都划分为 5 个区域：最好的、较好的、平均的、较差的、差的。实践中，第四与第五类区域实行同样的税率，第三类区域与第四、五类区域税率几乎相同，因此，在该市实际有三种税率①。这种不动产位置与面积标准结合的计税依据改进了简单的面积标准，获得更大的公平性。但是，由于不动产价值差别较大，除非将城市划分为足够多的区域，否则，不可能完全消除该税计税依据的不公平性。

基于价值标准不动产保有税的计税依据为不动产的价值，有历史价值、市场价值与租金价值之分。我国的房产税目前采取历史价值为基础的计税依据，以房产原值减除 10% —30% 的余额计税。由于不动产历史价值与目前的市场价值差别较大，且不动产由于位置、公共服务及个人行为等原因导致价值浮动较大，所以，采用历史价值为计税依据出现较多不公平性。世界各国一般将不动产的市场价值或年租金价值作为不动产保有税的计税依据。理论上，以市场价值标准与租金价值标准是有区别的，市场价值是基于不动产交易价格对不动产价值的评估，而租金价值是对不动产产生的年租金收入征税，是对财富流量征税，有违于财产税的本质。实践中，采取何种价值作为不动产保有税的计税依据取决于不动产交易数据及不动产租金信息的可获得性。加拿大、日本、美国等国家采取市场价值标

---

① Dan Darin, A Politician's Appraisal of Property Taxation: Israel's Experience with the Arnona. Lincoln Institute of Land Policy Working Paper, http://www.lincolninst.edu/pubs/dl/75_web99Darin.pdf.

准，澳大利亚、我国香港特区、泰国及印度等国家及地区采取租金价值标准。但从总体上看，价值法是各国不动产保有税计税依据发展的趋势。

## 六　通常采用差异化比例税率

不动产保有税的税率决定了征收的深度，反映了政府从不动产价值中以税收方式获得收入的比例。税率问题总体上表现为两个方面：税率模式是定额税率、比例税率还是累进税率；税率结构是单一税率还是差异化税率。

### （一）税率模式上，比例税率的运用较为广泛

有些国家实行定额税率，如罗马尼亚、阿塞拜疆、波兰及捷克等国。罗马尼亚对土地征收的不动产税中，税率按照土地占有面积设定：城市土地每平方米 0.001—0.59 列伊，城市之外的土地征收每平方米 1 列伊的不动产税。阿塞拜疆的土地使用税也采取定额税率的模式，如在巴库地区，用于工业、建筑、交通、通信、服务及其他特殊用途的土地税率为每平方米 10 马纳特，建房基金用地、农场用地、避暑房屋用地税率为 0.6 马纳特。波兰的土地与财产税除去建筑工地之外，也都采取定额税率的模式，对住宅与公寓，征收每平方米不超过 0.18 新兹罗提的税收，对营业用房屋与公寓、农林业用建筑房屋，征收每平方米 16.83 新兹罗提的不动产税。捷克的土地税也是按照土地面积征收，基本税率为每平方米 0.1—1 捷克克朗，然后每块土地的适用税额还需要乘以依据位置不同而确定的系数。

还有些国家实行超额累进税率，其中包括两种情形，一是不动产并入其他财产中征收一般财产税或净值税的国家，如法国、阿根廷及丹麦；二是土地资源非常稀缺、不动产保有税主要发挥调控作用的国家，如韩国。在法国，政府对包括土地在内的财产的净值征税，2006 年起对超过 75 万欧元的财产净值征收。净值在 75 万—120 万欧元的部分适用于 0.55% 的税率，超过 1553 万欧元的适用税率为 1.8%。阿根廷对包括不动产、交通工具及股票等征收财产税，起征点为规定 102300 比索，超过起征点但不超过 302300 比索的部分税率为 0.5%，超过 302300 比索的部分税率为 0.75%。丹麦的不动产税对市场价值在 304 万丹麦克朗以内的不动产按照市场价值的 1% 征收，超过 304 万丹麦克朗的部分按照 3% 的税率征收。韩国国土面积较小，土地资源极其稀缺，因此，对部分土地的土地

综合税实行九级累进税率，上节已对该税率进行了介绍，如表 5 – 2 所示。

相对于定额税率与累进税率而言，对不动产保有税设置比例税率的国家非常普遍，这在一定程度上是实施比例税率的成本相对较小且比定额税率更显公平所致。一般情况下，比例税率设置较低，但是以年租金为计税依据的国家，税率设置较高，如摩洛哥的城市税，计税依据为不动产的租金收入，税率设置为 13.5％；埃及的土地税也是按照土地及建筑物的年租金价值征收，税率高达 30％，在开罗及亚历山大市则为 32％。

（二）税率结构上，实行差异税率

很多国家中不动产保有税税率可以由地方政府设置，因此，各地之间存在不动产保有税税率的差异。但这不是本部分分析不动产保有税差异税率的意义。此处的税率差异是指在同一辖区内，对不同类型的不动产执行差异化税率。

由于不动产的特殊性，政府对不同不动产的调控目标存在差异，因此，不动产保有税通常设置差异化税率而非对所有不动产执行统一税率。一般来说，这种差异化设置是以不动产用途及不动产位置不同为依据的。

1. 按照不动产类型设置差异化税率

捷克、阿塞拜疆、波兰、芬兰、土耳其及韩国等国家设置差异化税率的依据是不动产类型：农业用地低于城市用地、非经营用不动产低于经营用不动产。

捷克的土地税依据农业土地、工业用地与住宅用地等土地类型的差异设置不同的税率。芬兰的不动产税按建筑物与土地的应税价值征收，永久住所的税率为 0.22％—0.5％，其他房地产税率为 0.5％—1.0％。土耳其对用于农业、工业、渔业活动的土地及建筑物免征不动产税，建筑工地税率为 0.3％，普通建筑物税率为 0.2％，一般用地及居住用地为 0.1％。在阿塞拜疆，用于工业、建筑、交通、通信、服务及其他特殊用途的土地使用税高于同地区用于建房基金用地、农场用地、避暑房屋用地的适用税率，如在苏姆盖伊特市，前者税率为 8 马纳特/平方米，后者税率仅为 0.5 马纳特/平方米。波兰也是按照不动产的用途设置了差异的土地与财产税税率，如表 4 – 6 所示。

**表 4 - 6** 波兰土地与财产税税率表

| 项目 | 税额标准 |
|------|----------|
| 住宅与公寓 | 每平方米不超过 0.18 新兹罗提 |
| 营业用房屋与公寓、农林业用建筑房屋 | 每平方米 16.83 新兹罗提 |
| 其他建筑物 | 每平方米 2.21 新兹罗提 |
| 建筑工地 | 价值的 2% |
| 用于经营活动的土地 | 每平方米 0.60 新兹罗提 |
| 其他土地 | 每平方米 0.02 新兹罗提 |

资料来源：国家税务总局税收科学研究所编译：《外国税制概览》第三版，中国税务出版社 2009 年版，第 281 页。

2. 按照不动产位置设置差异化税率

按照不动产所处位置设置差异不动产保有税税率的做法主要体现在城市与农村不动产上。

罗马尼亚对坐落于城市的土地设置了税率为每平方米 0.001—0.59 列伊的不动产税，而对于城市之外的土地，税率为每平方米 1 列伊。智利的不动产税对城市财产税率为 1.4%，对农村财产则为 1%。葡萄牙的不动产市政税规定城市不动产税率为 0.2%—0.5%，农村不动产税率为 0.8%。

**七 不动产保有税税收优惠形式多样**

出于不同动机，政府对不动产保有税设置了较多的税收优惠措施，这进一步加剧了不动产保有税复杂性。总体而言，这种税收优惠的范围包括四个方面：公共机构不动产、某些工商企业的不动产、自住不动产、低价值或低收入群体持有的不动产。

（一）公共机构不动产的税收优惠

很多国家对于政府及其他非营利性机构的自用不动产免征不动产保有税。理由很简单：不动产保有税目的在于提供公共服务，从一定意义上讲，这些机构本身就是公共服务用途，对其征收不动产保有税意义不大。但是，这种做法引起的争议也很多。由于这些机构不动产也享受了公共服务，所以，缴纳不动产保有税是应该的，同时，也将避免这些机构在使用土地及建筑物时可能出现的浪费行为。

实践中，有些政府也确实以一定方式来支付不动产保有税。在菲律宾，政府占有的不动产需要全额纳税；加拿大的联邦政府也就其占有的不动产向地方政府支付不动产保有税；爱尔兰通过中央政府向地方政府转移支付的形式替代不动产保有税；新加坡与孟买则是通过与每个纳税人（政府、铁路、港口、公用事业公司）具体协商纳税数目①。

（二）工商企业占有不动产的税收优惠

由于工商业不动产属于经营性不动产，不动产保有税有转嫁的可能，同时，这些不动产价值较高，从这方面讲，对其征税基本没有异议。但是，在发展中国家如新加坡及菲律宾，由于鼓励投资及促进经济增长的需要，对这部分不动产的保有税实施了一定程度的减免待遇。不过，根据美国的经验，这种减免将在多大程度上对经济增长产生刺激性作用却并不明确。

（三）自住不动产的税收优惠

如税率差异显示，许多国家对于公众自住不动产实施了一定程度的税收优惠。或者是人为地降低该不动产的税率，或者是降低该不动产的评估率，还有国家如我国对居民自住不动产实施免税待遇。

这种做法的动机应该在于促进公众拥有自己的住宅，或许还在于这类不动产的征管成本较高。但是，这种优惠无疑地会损失不动产保有税的公平性，导致其显示出更多的累退性。这一点在分析不动产保有税的功能时已有分析。因此，政府对这种做法还需要谨慎进行。

（四）低价值不动产或低收入群体持有不动产的税收优惠

大部分国家对于低价值不动产采取了免税政策，表现在对不动产保有税设置了一定数目的免征额，价值低于该数额的不动产无需缴纳不动产保有税。这种做法应该是减低征管费用的考虑：由于这部分不动产应该支付的不动产保有税很少，甚至不能弥补征税的费用，对这些不动产免税实际体现了税收效率原则。

但是，政府对低收入群体拥有的不动产实行的税收减免措施就远非由于征管成本，而是基于社会公平的考虑。美国29个州及哥伦比亚特区对

---

① ［美］罗伊·巴尔、约翰尼斯·林：《发展中国家城市财政学》，陈开元、杨君昌主译，中国财政经济出版社1995年版，第61页。

住宅类不动产实行"断路器"政策，对超过家庭收入一定比例的财产税，政府通过直接归还或减免所得税等方式予以税收抵免。获得这种优惠待遇的主要是老年人及低工资的人群，他们应支付的不动产保有税与其家庭收入是不相称的。从社会公平角度考虑，实施这种优惠是可取的，尽管将失去部分经济公平。

# 第五章　我国不动产保有税改革中的利益冲突

　　各国的税制改革表明，在一项税收政策制定过程中，良好的经济分析通常与政治的考虑并非一致，总是存在着一定程度的冲突，不考虑政治制约的税制改革不会有良好效果。20 世纪 80 年代日本中曾根和竹下登内阁推行的税制改革、1986 年美国的税制改革都明确显示了这一点。因此，任何税制改革都需要分析改革中存在的利益冲突。对于我国不动产保有税改革来说，是平衡各主体间的利益冲突而不是技术因素决定改革进程的推进，因此，分析改革中的利益冲突具有关键意义。

## 第一节　制度变迁中的利益冲突

### 一　利益冲突是破解政策制定"黑箱"的关键

　　现实中通常存在这样的情况：按照主流经济学①原理分析得到的最优改革方案常常被拖延，甚至并不被执行，而是选择实施了另外一种政策。这在一定程度上表明政策的制定存在着难以被主流经济学解释的"黑箱"，其原因在于主流经济学所采用的方法。主流经济学只研究稀缺资源的配置，因此仅仅需要考虑达到政策最优的技术条件与标准，通常不去考虑实施问题，隐含在这种理论中的假设是最优政策一经制定即被自动实行。从这一点出发，主流经济学的最终目的无疑就是得到一项政策的最优解，且这种最优解只是受技术与信息的制约，与权力、政府、利益集团等概念毫不相干，不受政治的约束。

---

① 在此指始于马歇尔、流行于西方国家的新古典经济学。

但现实政策的制定是受经济上的技术及信息与政治上的利益冲突双重约束的，满足这种双重约束下的政策才是可以被实施的，这是破解政策制定"黑箱"的关键。忽视政治上存在的利益冲突只能得到一种类似完全竞争市场一样的理想状态，并不能对现实做出完美的描述。因此，任何改革方案或政策都需要同时在政治与经济的综合框架下构建。不过，这种分析是新古典经济学所不能做到的，需要采取新的研究范式，这种研究范式就是政治经济学或新政治经济学。

**二　以分析利益冲突为中心的新政治经济学范式**

政治经济学一词最早出现于 1615 年法国经济学家安东尼·蒙克莱田（Antoine De Montchretien）的《献给国王和王太后的政治经济学》一文。但是，作为一门学科，政治经济学形成于 18 世纪 70 年代，以亚当·斯密的《国民财富的性质和原因的研究》1776 年出版为标志。该书开启了经济学不仅要研究经济增长，而且更要研究收入分配的政治经济学思路。为了实现这种目的，政治经济学既要研究个人与市场行为，也需要研究政治因素对经济过程的影响。政治行为与经济问题是不可分离的，这种传统一直延续到穆勒 1848 年出版的《政治经济学原理》。

随后，在西方边际革命的影响下，经济学家们逐渐偏离了政治经济学的传统思路。为了追求研究的缜密性，他们将灵活性较强、不易用数学工具形式化的政治因素、制度因素及道德因素抛出了政治经济学领域，政治学与经济学出现分离——在公共领域或政治领域，国家是关键；在私人领域或经济领域，市场是主体。从这点出发，经济学家逐渐认为，经济学只是研究个人和市场的行为——在经济人、技术条件及稀缺资源的假定下研究个人和企业的选择问题，而将政治、制度、意识形态划为了政治学的研究范围。这实际就将政治经济学蜕变为仅仅是在数学领域内最优解的求解过程，成为了瓦尔拉斯所宣称的"纯粹经济学"。最终，马歇尔在《经济学原理》中将"政治经济学"改为了"经济学"，并将力学上的均衡概念引入他的理论体系中，成为其理论的基础和核心概念。至此，经济学与政治学彻底分离：研究经济行为时假定制度一定且不变，所以根本无需考虑政治及制度要素。之后，在庇古、凯恩斯、萨缪尔森、斯蒂格利茨和曼昆等经济学家的努力下，新古典经济学逐渐构造出了以微观与宏观为内容、以均衡化、数理化与边际化为形式的一套完备理论体系，并成为西方世界的主流经济学。这个理论体系遵循的是国家与市场的两分法,在其中是看不到利益集团、选民、公共权力等政治概念的。在这样的体系下,由于忽视了权力、制度和文化道德因素,经济学并不能真正理解社会系统,很难对现实作出正确的解释,"脱离政治学的经济学是无用的"(加尔布雷斯语)就是对新古典经济学最好的批评。

由于新古典经济学解释现实的乏力,从19世纪三四十年代开始,一批经济学家逐渐向政治经济学复原,这种趋势在80年代迅速发展。他们试图构建起政治学和经济学结合的交叉学科,既要研究经济主体的理性行为,也要研究利益集团、权力及制度等政治因素对经济主体的影响,将历史及制度结构与经济主体理性结合起来,最终形成新政治经济学(New Political Economy)的研究范式。在这种范式中,关注的是经济政策制定中政治、制度与经济间的相互作用。

尽管新政治经济学发展迅猛,但其理论结构远未完全统一,不同的经济学家界定这一学科的含义及研究内容并不一致。著名政治经济学家阿伦·德雷泽(Allan Drazen)指出:新政治经济学主要是以运用现代经济分析的正规工具来考察政治学对经济学的重要性来定义的[①]。同时,他认为,不一致性和利益冲突是政治经济学的实质[②]。按照这种思路,利益不一致既包括中央与地方政府之间、地方政府之间、政府与公众之间的国内利益紧张,也包括国家之间的利益冲突。另外,著名政治经济学家佩尔森和塔贝里尼也认为,政治经济学就是"借助经济学的基本工具为政策选择建立模型,并将其视为理性人之间的策略性互动作用的均衡结果"[③]。这些政策主要包括收入再分配问题、地方公共品供给问题、资本税问题、公债问题与货币政策等问题。还有一些经济学家对新政治经济学定义非常宽泛,如斯图尔特·塞耶(Stuart Sayer)将运用经济学方法分析政治过程甚至生活现象都称为新政治经济学。研究中,不少经济学家将经济学的方法用于分析政治进程和政治现象之外的其他学科,如社会学和历史学等,

---

① [美]阿伦·德雷泽:《宏观经济学中的政治经济学》,杜两省、史永东等译,经济科学出版社2003年版,第4页。

② 同上书,第5页。

③ [瑞典]T. 佩尔森、G. 塔贝里尼:《政治经济学:对经济政策解释》,方敏、徐蓉蓉、徐晓博、马晓强、刘凤义译,中国人民大学出版社2007年版,第2页。

大有以经济学一统整个社会科学的企图。

本书认为，塞耶所提出的新政治经济学过于宽泛，已部分地失去了"政治"这一概念的实质意义——权力与利益集团，而只是运用经济学的工具对各种社会现象进行的分析。基于这样的认识，本书所说的新政治经济学并非指后者宽泛的意义，而只是关注政治安排对经济改革进程的影响。具体到我国的不动产保有税改革，核心在于分析不动产保有税改革在各集团利益冲突影响下的路径选择。

**三　利益冲突影响制度变迁的机理**

制度变迁是新古典经济学很难分析的。一方面由于新古典经济学的研究对象是个体，而制度变迁是社会各利益集团实现均衡的结果，纯粹的经济学分析无法实现从个体到群体的跨越。另一方面在于新古典经济学排除了政治要素，假定政府及制度是不变的，因而也就无法分析群体间的利益冲突。新政治经济学的研究对象可以是若干个集团，从而能够得到由于集团间的利益不一致而达到的政治均衡，因此，研究制度变迁需要采用新政治经济学范式而非新古典经济学范式。

新古典经济学的研究假设之一在于个体的"经济人"角色，新政治经济学延续了这一假设。不过，两者的"经济人"假设存在差异。在新古典经济学中，个体是在制度既定下进行选择，新政治经济学则是群体在制度变迁时的选择，是制度决策中各利益集团的"经济人"角色：每个集团基于制度变迁对本群体成本收益带来的影响来选择积极支持还是反对制度的变迁。因此，相对于新古典经济学的研究对象为生产什么、如何生产和为谁生产的三个基本问题，制度变迁的新政治经济学研究关键并不在于制度变革能够带来多少社会福利总量的增加，而在于制度变迁给每个利益集团带来的福利增加。换言之，新政治经济学需要分析制度变迁带来的社会福利增加在各集团中的分配问题。只有一项决策或制度变革能够引发强势利益集团净福利的增加，这种决策才是可以通过且有效果的；如果这种决策损害了强势利益集团的净福利，那么即使变革能够显著增加整个社会的福利状态，现实中也常常由于该集团的消极对待而使得变革流于失败，制度变革由于政治约束而不能达到稳定的均衡状态。因此，新政治经济学下的制度变革所要求达到的是经济和政治的双重均衡，并且后者常常是更为重要的——毕竟政治是影响决策过程的。这就是所看到的为什么一项能够显著增加社会福利的最优政策却常常不会被顺利实施，而被替代以实施另一项次优政策的根本原因。不去分析这种政治约束而只是分析改革的经济效应，认为一经按照纯粹经济学"计算"出来的政策就会自动实施的想法都是幼稚且终将流于失败。

在经济与政治的双重约束下，制度变迁将有两个过程（见图5-1）：一是制度变迁的决策过程；二是制度变迁的实施过程。在决策过程中，需要将制度放在相应的历史环境中去考察，了解这一制度制定的具体政治、经济状态。另外，由于制度变迁存在的路径依赖，旧制度中的既得利益集团会阻碍新制度的构建。因此，初始制度的起点限定了改革的范围，制约着新制度建立的方向及途径。这样，在新制度的决策过程中，政治异质性、经济异质性、路径依赖及特定历史背景都是起作用的。最终制定出的制度将实现基于初始制度的满足政治与经济双重约束的平衡。在制度实施过程中，由于不确定因素很多，因此，决策者还将根据经济绩效反馈出的信息对新制度不断完善，最终确立新制度。

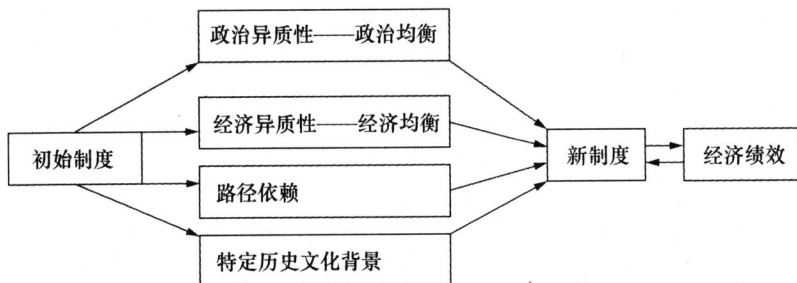

图5-1　制度变迁的分析框架

在制度变迁框架中，由于利益不一致的存在，需要突出政治约束的因素。但是，政治约束在不同制度变迁方式下的作用程度有较大差别。

按照林毅夫的界定，诱致性制度变迁是指现行制度安排的变更或替代、新制度安排的创造是由个人或一群（个）人，在响应获利机会时自发倡导、组织和实行。与此相反，强制性制度变迁由政府命令和法律引入和实行①。可以看出，这种分类方式是依据制度均衡的打破方式来划分的。诱致性制度变迁的动力并非来自中央政府，而是自下而上对制度均衡的改变：某利益集团发现改变制度将增进自身的净收益，出现对新制度的需求，于是和其他集团组成分利联盟，通过某种方式达到促使政府变革制度的目的。在这种自发的制度变迁中，由于各利益集团变革制度的决策是在分析变革给自身带来的收益之后做出的，因此，新制度所带来的利益不一致程度较小，在决策时面临的政治约束相对较弱。

相反，强制性制度变迁的动力来自中央政府，是自上而下对制度均衡的打破：中央政府出于自身收益最大化（这种最大化一般来自稳定国家政权的考虑）对制度进行变革，但是地方政府与中央政府利益在整体一致的基础上常常会出现冲突。地方政府将从自身利益出发，有选择地执行中央政府的新制度，甚至挑战中央权威，造成制度变革的失败。在这种制度变革下，利益冲突表现得相对较强，制度变革的成功与否将受到较强的政治约束。因此，强制性制度变迁的决策更需要同时考虑经济均衡和政治均衡，并重点考虑后者的影响。

**四　我国不动产保有税改革需要利益冲突思维**

新政治经济学以其利益冲突为核心概念，分析政治约束对经济的影响，打开了政策决策的"黑箱"，这种思路在发达国家具有一定的应用价值。在发展中国家中，由于政府在经济行为中的干预较多，政治、社会文化与经济结合更加紧密，新政治经济学的适用价值要远远大于发达国家。

（一）新政治经济学框架适用于分析我国的改革进程

目前我国正处于经济转轨过程中，利益多元化较为明显，在整体利益一致基础上的利益冲突普遍存在。按照汪丁丁（2004）的说法，中国的问题属于"大范围的制度变迁"。这种现实决定了如西方的经济理论一样只精细地考虑改革的经济效应，仅仅考察一项制度变革细枝末叶的做法是行不通的。需要综合了解中国的政治、社会与文化背景，才能运用经济理论抓住改革中的主要问题和症结，并得到正确的结论。因此，加入政治约

---

① 林毅夫：《关于制度变迁的经济学理论：诱致性制度变迁与强制性制度变迁》，R. 科斯、A. 阿尔钦、D. 诺斯等：《财产权利与制度变迁：产权学派与新制度学派译文集》，刘守英等译，上海三联书店、上海人民出版社1994年版，第384页。

束的新政治经济学范式对于分析中国的经济问题更凸显出其重要。

另一方面,近30年来中国经济转轨过程是在政府主导下展开的,分析中国经济现象不能脱离这一基点。西方经济学家对中国经济充满迷惑,因为中国的许多经济现象并不符合正统经济学的逻辑思路,其缘由之一即是未能认清政府在中国经济发展中的地位。尤其对于地方政府,在面对政绩显示和财政赤字的双重压力下,其行为不可避免地出现双重性:积极促进经济增长的同时也存在大量的消极效应。因此,任何中国的经济问题都需要考虑到政府的因素而非舍弃它,或者将政府行为作为内生变量,或者甚至直接去分析政府的行为。

仅仅凭借大范围制度变迁与政府主导的改革这两个理由,新政治经济学对于分析中国的经济问题就具有很高的适用价值,中国不可能绕过新政治经济学的分析范式,无论理论分析是否这样去论证,实践总是这样运行的。

（二）不动产保有税改革尤其需要利益冲突的分析

不动产保有税改革首先属于税制改革。税制改革的决策由于需要加入政治的约束,即利益集团的支持与阻碍作用,必须要用政治经济学范式分析,税制改革的成败要考察强势利益集团得到了什么而非税制改革对社会净福利增量的大小。单纯税收制度的经济效应仅仅是在税制方案设置完成之后才可以去分析的。

诚然,在我国社会主义公有制下,各主体间的整体利益是一致的。但是,在此基础上,也存在利益不一致情形,有时还表现得极为突出。这些利益不一致都是马克思哲学中对立统一观点的表现,并直接影响改革的进程及效果。

首先,中央政府更关注政权巩固,地方政府则从自己利益最大化出发,行为拘泥于小范围利益,使得政府间利益冲突成为可能。十六届三中全会提出以统一规范的物业税替代有关收费,因此,中国的不动产保有税改革实质是房地产行业的租税费改革过程。由于目前地方政府收入主要依赖于房地产行业的地租与收费,直接推动了房价的升高,导致不动产资源没有得到有效配置。中央政府出于调控房价、巩固国家政权的目的,试图治理这种状况,改变租费为不动产保有税。无疑,这是增加社会整体福利的举措。但地方政府属于既得利益者,在不动产保有税改革的政策制定中尽管不具有决策权，但是政策制定时必须要考虑到这些集团是否有支持不动产保有税改革的激励。毕竟，实践表明，地方政府对中央的政策是选择性执行的。

其次，由于制度的设定偏差，地方政府追求自身利益最大化的行为常常在一定程度上损害公众利益。尽管在不动产保有税决策过程中，公众的意愿不会起到举足轻重的作用，但在实施过程中，必须考虑公众对不动产保有税的税收遵从因素。对于公众来说，不动产保有税是一个税意识极强的税种①。因此，促进地方政府在不动产保有税收支方面的透明性、公开性至关重要。从这个意义上来讲，不动产保有税改革中将倍加体现出纳税人的权利意识，以促进地方财政的公共性及民主化进程。

从这两方面出发，以利益冲突为核心的新政治经济学对分析我国不动产保有税改革具有极大的适用价值。改革过程中，在各主体整体利益一致的基础上，存在中央政府与地方政府间、地方政府与公众间的利益冲突。前者实际构成不动产保有税改革的动力机制，后者则形成了改革的约束机制。

## 第二节 不动产保有税改革的动力机制

### 一 中央政府与地方政府在不动产保有税改革中的利益冲突

（一）我国中央政府与地方政府间的分权关系

世界各国政府都是多级次的，因此有中央政府与地方政府之分。由于中央政府距离公众较远，对地方公共产品需求处于信息不对称状态，很难有效提供地方公共产品。地方政府在公共产品需求方面比中央政府有较大的信息优势，所以，地方政府通常是提供本区域公共产品的基本力量，进而导致地方支出占整体支出比重较大。但是，主要税种却适合中央政府征收，所以最终形成各级政府的财政能力与支出需要处于非对称状态：收入的大头在中央政府，支出的大头在地方政府。相应的，中央政府对地方政府有一定数量的转移支付（补贴性收入）以使其财力与事权匹配。无疑，

---

① 庞凤喜：《物业税九大问题浅议》，《税务研究》2008 年第 4 期。

这种政府财政收支的非对称性是一种常态，在经济学上具有合理性，无论联邦制国家还是单一制国家都是如此。在这种财政分权情形下，基于信息经济学的视角，通常把中央政府作为委托人，地方政府作为代理人来处理。由于地方政府与中央政府的利益会出现不一致，处于信息劣势的委托方——中央政府，需要设计一定的激励制度以促使地方政府有效率地治理地方经济。

中央与地方政府间关系始终影响我国的经济发展。我国是一个集权情结明显、处于向市场经济转轨过程中的发展中大国，在这种背景下，地方政府被赋予了双重任务——不仅仅是本区域公共产品的供给主体，还需要成为促进经济增长的主要推动力量。为了促进地方政府发展经济的积极性，中央政府采取了逐渐向地方政府分权作为激励其努力程度的治理模式。并伴之以地方 GDP 的相对高低、引进外资的数量和上缴税收的数量作为地方官员晋升的评价指标，而并非采取公众的直接选举制，表现出鲜明的经济分权而政治集权的中国式分权特色。

在这种分权模式下，地方政府始终在双重压力的夹缝中生存：追求政绩显示与财政赤字约束。一方面追求政绩显示，实现自己收益最大化，需要按照评价指标努力促进经济增长，增加本地的 GDP 与引进外资数量；另一方面，完成促进经济增长与供给公共产品的双重任务需要巨额财政资金的投入，由于中央政府集中了较多的财力，导致地方政府经常面临财政赤字的制约，预算内财力匮乏。为了缓解地方政府的财政缺口，地方政府寻求预算外收入和体制外收入方式增加自己可支配收入。可以说，几乎所有中国的经济现象都是围绕地方政府增加自身财力展开的。

地方政府采取预算外收入以扩大财力的策略在形式上依次表现为企业财政与土地财政。自改革开放以来至 1994 年分税制之前，由于财政包干制的实行，地方政府财政表现为企业财政。地方政府采取降低预算内的企业税收、藏富于民的方式缩小与中央政府的分成数量，而后又通过收费、摊派将预算内收入转化为预算外收入的方式增大自身财力。这种现象愈演愈烈，最终造成"两个比重"的迅速下降。中央政府于 1994 年实行分税制，以划分税种替代分享收入，试图以划分税种的方式来规范地方政府的行为，并以提高"两个比重"为直接目的。之后由于地方政府对企业所得税实行先征后返的机会主义行为，2002 年中央政府通过改变所得税分享比例切断了地方政府从企业中汲取预算外财力的途径，地方政府的企业财政特征逐渐消除。

由于中央政府在改变地方政府企业财政特征之后并未作出其他的制度安排，地方政府面临的双重压力依然存在。因此，地方政府财政收入并没有走向正式与规范的路径，反而更加强化了地方政府追逐预算外收入的动机。随着城市化的推进，地方政府追逐预算外收入的策略转向了土地，土地出让金为地方政府财力增长提供了新的增长点。土地出让金作为国有资源在经济上的实现形式，在 1994 年分税制改革前中央与地方政府尚有形式上的分享比例，但由于地方政府的机会主义行为，中央政府实际并未得到相应的税收。分税制改革后，中央政府不再参与对土地出让金的分成，全部留给地方政府，极大地激励了地方政府经营土地的积极性。2004—2007 年全国出让土地价款依次为 6412.17 亿元、5883.82 亿元、8077.64 亿元和近 12216.72 亿元[1]，土地出让金占地方政府一般预算收入的比重为 54.84%、39.53%、44.13%、51.83%[2]，极大地增强了地方财力。

由上述地方政府预算外收入的策略演变可以看出，无论是企业财政还是土地财政，都是地方政府处于政绩显示和财政赤字双重压力下的理性行为。这种压力不改变，即使中央政府再控制地方政府从土地中汲取收入，地方政府或者沿袭路径依赖思路再开发出另外的生财之道，或者无法搜寻到这种手段而致使地方经济增长乏力，这些后果都不是中央政府希望看到的。未来长期内中国经济是地方政府主导的状况不会改变，因此，无论中央政府制定怎样的改革方案，前提都是需要地方政府的配合，甚至是对地方政府的妥协，不可触及地方政府的既得利益[3]。否则，改革断无顺利推进的道理。

地方政府是影响制度变迁的路径和绩效的关键因素，这是在对历史回顾中得到的结论，并在未来一个相当长的时期内具有有效性，研究任何中国经济现象都需以此为前提。

---

[1] 各年《中国国土资源年鉴》。

[2] 根据各年《中国统计年鉴》中地方政府的财政收入数据与《中国国土资源年鉴》数据计算得出。

[3] 当 2008 年楼市处于低迷状态时，中央政府默认地方政府或明或暗地采取救市措施就是典型的例子。

（二）中央政府与地方政府在不动产保有税改革中的利益不一致

不动产保有税改革具有税费改革的意义，并不是由地方政府自发实行的诱致性制度变迁，而是由中央政府发起的强制性制度变迁。如前所述，这种制度变迁产生的利益冲突程度较强，因此，制度变迁是否能够顺利进行，中央政府与地方政府之间存在多大程度上的利益不一致、地方政府是否会配合改革将是关键的一环。

对于中央政府来说，不动产保有税改革的目的很明显：抑制不动产的投机行为，平抑公众对房价过快增长的不满，维护自身政权和社会的稳定；改变地方政府的不动产收入方式，促进地方政府财政收入的可持续发展；完善税收调节收入分配的相关制度。这种动机无疑是符合公众利益、增进社会整体福利的。

不过，尽管不动产保有税是地方税种，但地方政府对于不动产保有税改革却并不一定是积极的，主要有两个方面的原因：

1. 地方政府的环境因素

按照官方的说法，不动产保有税改革的意义在于将房地产开发中的税费合并，在不动产保有环节以税收的形式征收。这无疑是将预算外收入转为预算内收入的举措。由于预算外收入管理的规范性较差，地方政府运用时随意性较强，因此，相对于税收来说，地方政府更加偏好于预算外收入。同时，不动产开发过程中诸多名目的收费仅仅是面向有限的开发企业收取，且极易转嫁给购房者负担，因此，征收的难度很小。而不动产保有税的纳税人将是拥有不动产的公众，其涉及范围很广，透明性极强，税收征收将极大地考验官员的地方治理能力。从这个角度考虑，地方政府对不动产保有税的偏好将进一步减弱。

2. 地方政府的财力因素

最重要的是，地方政府需要衡量制度改革后自身的财力是否会受到影响。第一，与土地出让金收入相比，目前来自土地的税收占地方政府财政收入比重不大。不动产保有税改革后，来自不动产的税收将会迅速增加。这种增加来源于非经营性不动产保有税从无到有的增加，也来源于经营性不动产计税依据从历史价值到市场价值的转变。但是，不动产保有税规模的增大并不一定能够激励地方政府培养税源的积极性，还要涉及地方政府能够从中分享到的收入，这关系中央政府是否会分享这部分税收以及分享比例的问题。第二，按照前文不动产保有税功能的分析，征收不动产保有税将对土地出让金的数量产生消极影响，因此，地方政府得到的不动产保有税是否能够弥补土地出让金的减少将最终决定地方政府从改革中得到什么及得到多少，这是地方政府配合不动产保有税改革的关键所在，也成为不动产保有税改革的动力机制。如果不动产保有税改革方案损害了地方政府的初始财力，即使中央政府强制性地推行，也会由于地方政府的消极执行或再次走向"税外加征"的恶性循环，导致不动产保有税改革的失败。

## 二 中央政府承诺的可置信性与地方政府税收努力

按照不动产保有税的制度要求，该税由地方政府征收使用，毫无疑问应该属于地方税种。但是，实践中，各国也会出现中央政府分享的情况。在发展中国家和转轨国家中，不动产保有税更像是中央政府税而非地方税种。因此，地方政府对不动产保有税的分享比例极其敏感，中央政府设定的分享比例将直接影响地方政府培养税源的努力。

在此前提下，地方政府对于培育不动产保有税的努力程度取决于两个方面：一是中央政府设定的分享比例；二是中央政府对于分享比例的承诺是否是可置信的[①]。假设中央政府起初设定的地方政府分享比例是 $\tau_0$，由于税收努力与付出的成本正相关，所以地方政府将在此比例下选择自己最优的努力程度 $\varepsilon(\tau_0)$ 来培育不动产。由于不动产保有税的征税对象是财富存量，一经构建就很难发生改变，因此，中央政府在地方政府付出培育税源的努力后有改变分享比例以最大化自身财力的激励，在征收不动产保有税时会将其分享比例改变为 $\tau^*$，且有 $\tau^* < \tau_0$，出现政策的动态不一致行为。动态不一致表现为政策在制定者设定时是最优的，但是政策执行时，其他政策对于制定者而言更加有益（这种有益并非是由于环境的改变所导致的，即使在政策环境稳定不变时依然会出现），因此，制定者在执行政策时有改变政策的激励。不过，理性的行为人能够预期到政策执行时的改变，所以，并不是按照起初公布的政策选择自己的行为，而是按照自己预期的政策作出决策。如在不动产保有税的分享比例中，尽管中央政府公布地方政府的分享比例为 $\tau_0$，但是地方政府预期到实际分享不动产保

---

[①] 分税制改革之后中央政府多次调整财政关系的行为表明，它有足够的能力改变既有的政府间财政安排，由此出发，对不动产保有税而言，也很难相信中央政府对起初分享比例的承诺。

有税时中央政府的比例改变，所以，他努力程度的选择不再是$\varepsilon$（$\tau_0$），而是$\varepsilon$（$\tau^e$），$\tau^e$为地方政府预期最终对不动产保有税的分享比例，且有$\tau^e < \tau_0$，$\varepsilon$（$\tau^e$）$< \varepsilon$（$\tau_0$）。如果中央政府在最终执行时选择的分享比例是$\tau^*$，并且$\tau^* = \tau^e$，即地方政府预期是正确的，那么，将会出现政策的动态一致解。不过，相对于中央政府的承诺是可置信的——政策执行与起初的承诺相比不发生改变而言，此时地方政府培育不动产保有税税源的努力程度将减弱。

如下一个完全信息动态博弈模型显示了中央政府信守承诺时（不改变分享比例）与不守承诺时（事后改变分享比例）对地方政府培育税源努力激励的差异。

假定事前确定中央政府分享比例为$\theta$，不动产保有税税率为$t$，地方政府培养税源的努力为$\varepsilon$（$\theta$），$\varepsilon$（$\theta$）为凹函数，即$\varepsilon' > 0$，$\varepsilon'' < 0$。原始不动产数量为$y_0$，经地方政府努力而培育的新不动产数量为$\varepsilon$（$\theta$）$y_0$，则中央政府获得的不动产保有税为$\theta t \varepsilon$（$\theta$）$y_0$。假设地方政府的征税成本是不动产数量的二次函数，对$\varepsilon y_0$数量的不动产征收成本为$a$（$\varepsilon y_0$）$^2$，则地方政府不动产保有税的净收入为（$1-\theta$）$t \varepsilon y_0 - a$（$\varepsilon y_0$）$^2$。

**（一）中央政府信守承诺的情况**

当中央政府信守承诺时，表现为中央政府先行动制定分享比例，之后地方政府在分享比例下选择自己培育税源的努力。在此情况下，中央政府首先需要根据地方政府的反应函数来确定最优的分享比例。对于地方政府而言，给定分享比例$\theta$，选择$\varepsilon$（$\theta$）为求解其净收入最大化的过程。即：

$$\underset{\varepsilon}{\text{Max}}\left[\left(1-\theta\right)t\varepsilon y_0 - a\left(\varepsilon y_0\right)^2\right] \tag{5-1}$$

求解可得：

$$\left(1-\theta\right)ty_0 - 2ay_0^2\varepsilon = 0 \tag{5-2}$$

所以

$$\varepsilon = \frac{\left(1-\theta\right)t}{2ay_0} \tag{5-3}$$

（5-3）式即为地方政府对于中央政府设定分享比例$\theta$的反应函数。

接下来，需要得到中央政府追逐收入最大化时设定的分享比例。即求解：

$$\underset{\theta}{\text{Max}}\left[\theta t \varepsilon\left(\theta\right)y_0\right] \tag{5-4}$$

将（5-3）式代入$\theta t \varepsilon$（$\theta$）$y_0$中，

$$\theta t \varepsilon(\theta) y_0 = \frac{\theta(1-\theta)t^2}{2a} \tag{5-5}$$

因此可得：

$$\underset{\theta}{\mathrm{Max}}\big[\theta t \varepsilon(\theta) y_0\big] = \underset{\theta}{\mathrm{Max}}\Big[\frac{\theta(1-\theta)t^2}{2a}\Big] \tag{5-6}$$

可得 $\theta = \dfrac{1}{2}$，代入（5-3）式可求出地方政府的努力程度为

$$\varepsilon^0 = \frac{t}{4ay_0} \tag{5-7}$$

**（二）中央政府不信守承诺的情况**

当中央政府不信守分享比例的承诺时，此时行动的先后顺序发生改变：地方政府首先根据对中央政府事后分享比例的预期来选择努力程度，中央政府根据地方政府的反应函数设定分享比例。地方政府最大化自身净收入，即：

$$\underset{\varepsilon}{\mathrm{Max}}\big[(1-\theta)t\varepsilon y_0 - a(\varepsilon y_0)^2\big] \tag{5-8}$$

由于此时地方政府预期中央政府的 $\theta$ 随 $\varepsilon$ 而改变，所以，对 $\varepsilon$ 求导时将考虑到 $\theta$ 的影响。将函数 $(1-\theta)t\varepsilon y_0 - a(\varepsilon y_0)^2$ 对 $\varepsilon$ 求导，可得

$$(1-\theta)ty_0 - t\varepsilon y_0 \theta' - 2ay_0^2\varepsilon = 0 \tag{5-9}$$

从而得到

$$\theta' + \frac{1}{\varepsilon}\theta = \frac{t - 2ay_0\varepsilon}{t\varepsilon} = \frac{1}{\varepsilon} - \frac{2ay_0}{t} \tag{5-10}$$

解此微分方程得到：

$$\theta = 1 + \frac{A}{\varepsilon} - \frac{ay_0\varepsilon}{t}，其中 A 为常数 \tag{5-11}$$

作为与中央政府信守承诺时的对照，当 $\theta = \dfrac{1}{2}$ 时，$\dfrac{1}{2} = 1 + \dfrac{A}{\varepsilon} - \dfrac{ay_0\varepsilon}{t}$，

可以得到 $\varepsilon^n = \dfrac{t - \sqrt{(ay_0)^2 - 2A\varepsilon t^2}}{4ay_0} < \dfrac{t}{4ay_0} = \varepsilon^0$（$\varepsilon^n$ 表示中央政府不信守承诺时的地方政府培育税源的努力，$\varepsilon^0$ 表示中央政府不信守承诺时的地方政府培育税源的努力）。

可以得到，当地方政府预期中央政府会改变事先承诺的分享比例时，其培育税源的努力将下降。因此，不动产保有税改革中，中央政府要设置

足以承诺分享比例的制度安排，这样才可以最大限度地实现地方政府对该税税基的培育。

### 三　不动产保有税改革路径与地方政府财力变化

由于中央政府集权的偏好，地方政府始终面临来自政绩显示与财政赤字的双重压力，预算外资金成为释放压力的有效措施。从企业财政到土地财政，地方经济的增长都存在对预算外资金较强的路径依赖。中央政府出于对经济增长的追求，起初总是默许地方政府的强依赖于预算外资金的行为，但是，当这种行为逐渐威胁到中央政府的财力或引发公众的强烈反对意愿时，又会通过制度改革对这种行为实行限制。这就是中央政府的左右逢源策略。目前进行的不动产保有税改革就是试图削减地方政府的收费项目、改收费为税收、将预算外收入转化为预算内收入的制度变迁。即使在中央政府信守起初所设定分享比例的假定之下，该项改革对于地方政府的财力结构也将发生重大的改变。地方政府能够从这种改变中得到什么将影响改革的路径。中央政府会顾及地方政府的既得利益，最终的改革方案将是中央政府与地方政府妥协的结果，这种结果是实现政治均衡与经济均衡的最优解，而并非是仅仅按照社会净福利最大而求得的经济均衡解。

目前地方政府财力中来自不动产的收入主要有不动产税收、房地产开发过程中的职能部门收费、土地出让金。其中土地出让金对于地方政府非常重要，2004—2007年土地出让金收入占地方政府一般预算收入的比重高达54.84%、39.53%、44.13%、51.83%，也是不动产保有税改革进程中影响地方政府财力的关键。按照不动产保有税改革的初始框架，不动产保有税是对现有土地、房产相关的税费的整合。其中的费用包括了土地出让金与政府各职能部门在房地产开发过程中收取的费用。对房地产开发过程中的收费是比较一致的：需要取消相应的收费，转移到不动产保有环节中以税收的形式征收。但对于土地出让金来说，出现了截然相反的两种处理思路。由于土地出让金占地方政府收入较大比重，因此，土地出让金将成为不动产保有税改革绕不过去的首要问题。如何对土地出让金作出相应的制度安排对于改革的顺利推进显得举足轻重。

### （一）思路一：将土地出让金并入不动产保有税

这种思路将土地出让金并入不动产保有税中，不再一次性征收国有土地使用权费用。其实质在于将土地出让金改为年租制，把土地租金分散到每年中，与不动产保有税一起按年征收。尽管地租与税收是两个性质不同的概念，但都是政府对不动产升值的分享，出于节省成本的考虑，这种合并无疑也是可行的。

这种思路的优势，首先在于可以直接切断地方政府对于高额土地出让金的追求，激励地方政府通过改善本辖区公共服务状况的方式来积极培育不动产保有税税源，提升不动产的价值，以实现本辖区征收不动产保有税最大化，促使地方政府收入向税收财政转换，最终形成以不动产保有税为主导的地方财政收入结构。其次，将土地出让制改为年租制的意义在于还在于将一次性缴纳的租金分摊在若干年限内支付，这会大幅降低房产的初始价格，缓解公众对高房价的不满情绪，维护社会稳定。毫无疑问，这种改革思路对于公众来说是最优的，无论对于中央政府还是地方政府来说，长期来说都是有益的，会增进整个社会的净福利。

但是，实行这种思路的困难也是极其明显的。一是土地出让制改为年租制之后，土地资源应该以何种方式配置。行政配置资源的方式已经被证明效率是很低的，那么，如何在市场配置与土地年租制中找到一个平衡点相当困难。无论是理论界对土地年租制的探讨还是某些地方实施土地年租制的实践都表明，这一平衡点远未找到。如果这个问题是一个技术性的、是可以克服的话，那么，这种思路的第二种困难可能是致命的：地方政府并不会支持这种改革思路。尽管不动产保有税是土地出让金的替代，不过，准确地说，应该是未来七十年不动产保有税贴现值对当期土地出让金的替代。因此，地方政府当期不动产保有税的增量要远远小于同期土地出让金的减少。取消土地出让金而代之以土地年租金与不动产保有税的做法在短期内将降低地方政府的收入。尽管地方政府长期内将由于拥有稳定的税源是"利好"的政策，但地方政府总是短视的，毕竟，官员的任期都是有限的。因此，除非中央政府加大对地方的转移支付力度，否则地方政府将会竭力反对这种改革思路。没有地方政府的配合，这种思路的改革是不会顺利推进的，尽管能够有效地提升社会福利，也会由于政治的考虑而放弃。

（二）思路二：土地出让金与不动产保有税并存

第二种思路是保留土地出让金，只是将房产税与城镇土地使用税等税种合并为不动产保有税，并剔除土地开发过程中重复征收的收费项目，其余合理收费全部并入不动产保有税中，同时，扩大不动产保有税的征税范围，对所有不动产的拥有者征收。在这种思路下，由于持有不动产会有一定的成本，所以不动产保有税会降低土地出让金的价格，而征收不动产保有税又会由于税基的扩大而增加地方政府的财力，部分抵消土地出让金的减少。

当土地出让金与不动产保有税共存时，由于政府对土地供给数量的增加将减少土地出让金，但是也带来了建筑数量的增加，从而会增加本区域的不动产保有税。因此，理性的地方政府将综合考虑土地出让金和不动产保有税两方面因素，追求两者之和的最大化。

在第二种思路下，由于土地出让金和不动产保有税共存，地方政府对土地的供给存在一个最优数量。低于这个数量时，尽管能够获得较高的土地出让金，但会导致不动产保有税减少；高于这个数量，土地出让金虽然会有一定程度的下降，但是却可以取得更多的不动产保有税，地方政府的财力并不一定会减小。因此，可以预计地方政府供给的土地不会过多，但是也不会过低，将会以一个适宜的数量供给土地。另外，由于不动产存量也有充分的理由缴纳不动产保有税，所以，即使在改革初期，土地出让金与不动产保有税并存的思路对地方政府财力影响有限。同时，两者并存的思路由于将有效地打击不动产的投机性需求，在一定程度上降低房产价格，从而也将得到公众的支持。

保留土地出让金，只是将房地产开发过程中的收费及不动产交易的某些税收合并在不动产保有环节征收，在地方政府收入结构中形成土地出让金和不动产保有税并存的思路权衡了政治因素，能够得到地方政府的配合，同时也可适当降低房价，缓解公众对政府的不满，维护社会稳定。可以预计，中央政府推进的不动产保有税改革将会采取土地出让金和不动产保有税并存的思路，在相当长时期内应该是如此。

## 第三节　不动产保有税改革的约束机制

不动产保有税改革的动力机制在于通过对地方政府妥协换取其对改革的支持，但是，改革的成功还存在一定的约束条件，这种约束机制来自公众的税收遵从。尽管公众在改革决策的制定中未发挥足够的影响力,但其对不动产保有税的税收遵从度却直接影响不动产保有税的成功实施。

## 一 "政府—纳税人"关系与不动产保有税的推进

### (一) 不动产保有税推进需要公众较高的税收遵从度

在不动产保有税改革的决策阶段,需要倍加关注地方政府的财力变化,其原因在于改革需要地方政府配合才能推进。因此,中央政府在进行不动产保有税改革决策时,需要在考虑地方政府意愿的基础上作出妥协性的安排,从而我国的不动产保有税改革在一定时期内将出现土地出让金与不动产保有税并存的状态。

在此基础上,公众的税收遵从在不动产保有税的实施过程中会起到极其重要的作用,直接影响不动产保有税改革的顺利推进。在制定改革政策时,必须考虑作出怎样的制度安排,才能够有效地提高公众纳税意愿,从而增大不动产保有税的征缴率。

无疑,公众对税收的不遵从是任何一个税种面临的障碍,不动产保有税的特殊性则增加了税收不遵从程度。国际经验表明,发展中国家公众对该税种的税收遵从度较低。对我国而言,公众对该税种的税收遵从度更加关系不动产保有税改革的顺利推进。

一方面,不动产保有税的直接税属性制约了该税的征缴率。直接税需要直接从个人收入中支付,不易转嫁,透明性很强。与可以转嫁、可见性较差的间接税相比,直接税更加依赖于纳税人的自觉缴纳和有效的征管手段。发展中国家对这些因素的满足程度较低,因此,税收收入中并不依赖于直接税,而是采取了间接税为主体的税制模式。我国作为发展中国家,税制结构中也表现出间接税占主体、作为直接税的个人所得税在税收收入中比重较低的情形。2004—2007 年间,包含增值税、消费税和营业税在内的间接税占税收收入的平均比重为 56.57%,而在同期,个人所得税占税收收入的平均比重仅为 7.12%[①]。这种以流转税为主体的税制结构无疑是适应我国文化与征管技术的必然选择。不动产保有税征管难度更甚于个人所得税:我国目前个人所得税的缴纳是一种代缴代扣的机制,由单位或雇主在发放个人所得时予以扣除。不动产保有税却很难找到这种机制,需

---

① 根据 2005—2008 年《中国统计年鉴》计算得出。

要依赖于纳税人的自觉缴纳。在这种状态下，不动产保有税征缴将面临很大挑战。

另一方面，不动产保有税将以所有拥有不动产的个体为纳税人，征税范围极广，部分公众的税收不遵从行为会引发示范效应，导致大规模的抗税行为。在法不责众的预期下，不动产保有税的征缴率极低。从这个角度考虑，如果不动产保有税改革没有公众的支持，其税收收益将远远低于征税成本，最终使改革走向失败。

没有地方政府配合的不动产保有税改革不会顺利推进，没有公众支持的不动产保有税改革也会流于形式而非实质运行。因此，改革需要考虑如何提升公众对不动产保有税的税收遵从度，无疑，公众的支持是关键因素。获取这种支持的有效途径在于保障公众的税权，实现政府与公众之间的服务关系。

(二)"政府—纳税人"服务关系与税收遵从度的提高

税收是随着国家的出现而产生的，政府与纳税人的关系也随着时代的改变而丰富着自身的内涵。臣民社会中，在"普天之下，莫非王土"的观念下，政府与民众之间的权利义务关系非常不对等：政府处于绝对强势状态，民众对于税收的缴纳仅仅是一种义务，没有任何权利与之对应，民众无法监督和制衡政府官员税收的运用。这种弱民态势助长了官员扩大无效支出和随意加赋的动机，最终的后果是民众只能通过激烈的革命方式对抗，建立新的政权。新的当政者起初采取轻赋税的方式与民休息，随着政权的巩固又开始了支出扩张与随意增税的过程，最终又被新政权所代替。在中国乃至世界各国臣民社会的朝代更替中无出其右者。这种状态的根本原因在于政府与纳税人的关系失衡，政府处于绝对强势地位，纳税人仅有纳税的义务而没有任何税收权利。严格说来，这种状态下的纳税人不是实质意义的纳税人，而只能称之为"税款缴纳者"①，因为实质意义的纳税人概念中是包含税收义务与相应税收权利的。

在公民社会中，税收的内涵得到了很大丰富，单纯强调税收是依靠政治权力来获取财政收入的理念已不再适用于现代文明社会。税收内涵由国家的强制性逐渐向契约关系演进，更加体现了公众与政府间的交换过程：

---

① 张馨：《税收公共化：以"纳税人"为基点》，《涉外税务》2003年第5期。

公众按照约定将财产以税收形式支付给政府，政府将收取的财产运用于公众所需的公共服务。在这个过程中，纳税人与政府都具有对称的税收权利与义务。对于纳税人而言，其最基本的权利应该是选举权与对税收收支的监督权。选举权是指纳税人有被选举为议会代表的权利，这符合"无代表不纳税"的税收理念，从而能够保证纳税人的权利不被肆意侵害。对税收收支的监督权是指要有公众对政府征缴税款和税收使用方向有一种监控和约束的机制，限制政府随意加征税赋的行为，同时，限制税收的用途，使政府运用税收在遵循对纳税人负责的原则下进行。公民社会中，政府扮演为纳税人服务的角色，纳税人支付税款是自己享受各种公共服务的成本。因此，在公民社会中，税收虽然受技术水平的限制，但体现更多的是清晰的政治含义与民主成分。

尽管如此，即使在公民社会中，间接税由于很容易被转嫁到商品价格中，公众只是感受到商品价格的升高但并未直接付出税收。同时商品价格的升高并非单一受税收影响，而是由多种因素导致的，因此，公众对自己间接付出的税收数量并没有清晰的认识。政府只是对商品流转额征税，也未明显感受到税收是来自公众的。因此，间接税在增强公众和政府"税"意识上程度较低。不动产保有税与间接税不同，它是一种可见性极强的税种，公众能够直接感受到由于支付不动产保有税给自己带来的收入损失，政府也清晰地知道自己从不动产所有者身上得到了多少税收。因此，这样的税种是最能够增强公众和政府"税"意识的税种，不动产保有税使得政府与纳税人的关系变得极为清晰。

公众的税收遵从度很大程度上依赖于税收的公平程度。不动产保有税纳税人的权利得到保障，实现了税收权利与义务对等，政府与纳税人的服务关系恰当地形成，纳税人对于税收公平的认同度增加，将进一步提升公众对不动产保有税的税收遵从度。

二 不动产保有税实现"政府—纳税人"服务关系的机制

理论上，保障公众对不动产保有税税收权利的获得有两种途径：一是地方政府的自我激励机制，即地方政府从自身收益最大化出发与纳税人形成"政府—纳税人"的服务关系；二是公众参与地方政府决策的公共选择过程。在第一种途径下，对公众税权的保障是地方政府主动的行为，在第二种途径下，税权的保障对地方政府来说带有被动的意味。

西方学者的论述中，地方政府为纳税人负责的税收理念会由于政府追逐不动产保有税最大化的动机而被自我激励。但是，在目前我国不动产保有税改革过程中，这不是形成"政府—纳税人"服务关系的主要机制，地方政府自我激励的作用空间相对较小。

（一）不动产保有税的自我激励机制

不动产保有税的计税依据是依据不动产市场价值作出的评估价值，在税率一定的前提下，市场价值越大，地方政府得到的不动产保有税就越多。这样，地方政府有激励提高不动产的价值。按照前文对不动产属性的论述，不动产价值受区域影响显著，所处辖区的公共服务水平越高，不动产价值就越大。因此，不动产保有税将形成一种良性循环：地方政府将征缴的不动产保有税用于公共服务领域，改善公众的居住环境，提高不动产价值，并带来不动产保有税的增加。在这种机制中，地方政府追逐不动产保有税最大化的动机带来了公共服务水平的提升，这就是国外学者讨论的不动产保有税对地方政府的自我激励机制。格莱泽（Glaeser，1996）建立了三个数学模型，表明这种激励比一次总负税的激励程度更高，在地方政府比高一级政府激励程度更高，并能消除地方政府的短视行为，同时不动产保有税将激励地方政府降低辖区内其他日用品的税负以吸引外来居民，提升不动产价值。格莱泽实际上论证了不动产保有税对地方政府行为的影响，认为该税种能够激励地方政府有效地供给公共服务。

（二）我国不动产保有税对地方政府的自我激励不足

上述不动产保有税对地方政府的自我激励机制在我国不动产保有税中不会有太大作用，目前仅仅依靠这种机制实现地方政府对公共服务水平的提高是不现实的。

首先，我国不存在不动产保有税自我激励的经济因素。国外论述不动产保有税对地方政府的自我激励作用是在不动产保有税占财政收入重要地位的前提下进行的。这种状况下，地方政府的财力较多地依赖不动产保有税，地方政府有培育不动产保有税税源的激励，重视对公共服务数量与质量的供给，不动产保有税对地方政府的自我激励机制能够显著发挥作用。这是不动产保有税对地方政府形成自我激励机制的经济原因。但在我国的相当长时期内，不动产保有税作为地方政府税收收入主体地位的状态不会出现，这制约了地方政府通过供给辖区内公共服务来提升不动产保有税的动机。根据前文分析，不动产保有税改革最终将形成不动产保有税与土地出让金并存的状态，在一定时期内后者的数量依然会大于不动产保有税。进一步讲，对于地方政府而言，由于对土地的垄断地位，在自己任期内推动土地出让金的增长并不困难，只需要降低土地供给量就可以实现，而这一举措会拉动土地及房屋等不动产价格的攀升，不动产保有税也将随之增加。在这样的状态下，不动产保有税怎么会产生地方政府将税收用于改善公共服务水平的自我激励呢？

其次，我国不存在不动产保有税自我激励的政治因素。国外不动产保有税促使地方政府以税收改善公共服务状况，产生自我激励机制也是出于地方政府利己动机的，只不过这种状态的出现是地方政府利己动机与为公众服务实现激励相容的结果。国外地方政府官员是由公众选举产生的，其行为自然更大程度上需要迎合选民的意愿。因此，地方政府将竭力改善本辖区的公共服务水平，税收的征收与使用遵循"向下负责"的原则，以获取更多的选票当选。这是不动产保有税对地方政府形成自我激励机制的政治原因。但是，目前中国地方政府官员的晋升需要上级政府的考核。地方政府官员需要分析如何最大限度地提高执政业绩，行为遵循"向上负责"的原则。这种考核指标目前主要是地方 GDP 的数量，基于中央政府保持较快经济增长速度的需要，这种指标的设置在相当长时期内依然不会改变。在该指标下，地方政府出于增强自己政绩的需要，将把有限的财政资源投放于促进经济增长的领域，并改善基础设施以吸引外资的进入，对涉及民生的公共服务则重视不足。考核指标的设定与地方政府改善辖区公共服务的目标出现激励不相容。

可以看出，由于缺乏经济上与政治上的激励，即使我国扩大不动产保有税征收范围，类似西方学者所分析的不动产保有税对公共服务的自我激励机制也很难形成，地方政府自动改善辖区公共服务状况的积极性依然不足。此时，促使地方政府将不动产保有税用于公共服务领域、"政府—纳税人"服务关系真正形成的途径只能是不动产保有税征收与使用决策过程中的公众参与。

**三 民主财政机制是我国不动产保有税改革的必要条件**

相对于更高级次的政府，地方政府与公众的距离最近，与公众信息沟通的成本较小，因此，地方政府是公众表达与汇集公共物品偏好的组织，在西方通常被看做民主政治的训练场。在地方政府的财政收支方面，公众有较多的话语权，能够影响政府作出的财政收支决策。公众参与的公共选择过程保证了财政的民主机制，将政府的收支置于公众的监控与制约之下。这种民主机制导致地方政府能够积极回应公众的诉求，制定的财政收支政策体现出向公众负责的态势。

对于具有直接税属性的不动产保有税来说，税收要素设定过程中的公众参与度应该更强。在美国不动产保有税征收使用过程中，几乎每个环节都会有公众的参与，这种参与主要以听证会的方式进行。对公众的不动产价值评估之后，将在指定报纸上公布，充分披露评估信息；州政府制定出评估价值的调整系数后，举行听证会，评议调整是否公平与有效；地方政府的年度预算规模制定出来之后，举行听证会，公众对政府的财政支出数量与结构进行评价，有效地限制了地方政府的无效支出；当需要收取的不动产保有税数量计算出之后，举行听证会，听取公众对不动产保有税数量的意见。在不动产保有税收入规模和使用方向设定过程中，公众参与增强了公众对政府行为的监督，这种民主机制是不动产保有税有效发挥作用的保障。

不可否认的是，目前在我国地方政府的财政收支决策中，纳税人的权利未得到有效保护，公众的话语权缺失，对于政府财政收入规模和支出方向的影响非常微小。如果说这种状态对于间接税的影响还不是很大的话，那么对于不动产保有税的实施来说将构成一个极大的"瓶颈"。从这方面说，不动产保有税的实施绝不仅仅考虑评估、信息分享与征管水平这些技术性问题，而更多地体现在政治体制和政府治理层面。不动产保有税要伴随以地方政府行为方式的变革——强化地方治理而非地方政府的意识。在地方政府实现普遍的财政民主制、构建公众参与不动产保有税财政收支政策的制定和评议机制将是不动产保有税顺利实施的保障。按照不动产保有税的制度要求，该税需要在小辖区中征收使用，在这样的基层政府中，民主财政制是非常有可能实现的，而绝不是空穴来风的假想。民主一定是从地方开始的，实质意义上的不动产保有税改革，或许将拉开我国基层政府民主财政制度的序幕。

# 第六章　我国不动产保有税改革设想

任何一项制度都具有时代性，不动产保有税制度也是如此。如前所述，我国政府从不动产中获取的收入规模很大，但在收入结构上却存在严重不合理性，突出表现为不动产保有税的弱化。这种状况是适应设置时社会环境的，但20年后，经济环境已大大改变。一方面，我国住宅私有化程度已上升到很高比重，2005年全国城镇住宅私有率已达81.62%[①]，2009年重庆市城市住宅私有率已达87.37%[②]，青岛市在2008年该比例已达89.47%[③]。另一方面，不动产评估技术、税收征管水平已明显提升，公众生存状态也有明显改善。与此形成鲜明对比的是，我国不动产保有税制度却并未做出任何实质变动，与整个社会经济发展的协调性极差，改革已是必然之举。

## 第一节　不动产保有税的定位

对不动产保有税定位是该税改革的首要任务。这种定位需要分为三个层面：不动产保有税的目标设定、不动产保有税税权分配及在政府从不动产中取得收入中的地位。

### 一　以筹集财政收入为目标

不动产保有税的功能较多，但通常的情况是：税种各功能之间是矛盾的，围绕收入目标设计的税制会导致对土地利用发生不利反应，或在一定

---

① 2005年城镇房屋概况统计公报。
② 由《重庆市统计年鉴》（2010）数据计算得出。
③ 由《青岛市统计年鉴》（2009）数据计算得出。

程度上损失收入分配的公平性。如秘鲁对不动产保有税采用累进税率以促进收入的公平分配，却导致土地所有者出于避税动机将土地进行不经济的分割，损失了资源配置的效率；中国台湾的累进税制则导致了逃税①。因此，不动产保有税并不具有什么魔力，尽管功能较多，但是并不能期望它实现所有目标，而是需要在众多目标之间选择。实践中，一般对不动产保有税的所有功能分配相关权数，鉴别出需要该税行使的主要目标，并赋予较大权重。

对于我国来说，不动产保有税的目标应该是为地方政府提供稳定、持续的财力，改变地方政府目前的财政收入结构。尽管在这个过程中不动产保有税不可避免地会对收入分配、土地资源配置及房价产生一定影响，但这应该仅是不动产保有税在实现筹集收入目标时的副产品。不动产保有税是一项长期的财政收入制度而不应是调节收入分配或资源配置的短期工具，这是由各方面因素共同决定的。

（一）是构建稳定、持续、规范的地方政府自有收入结构的要求

自 1994 年分税制以来，中央政府与省级政府的收入划分已基本到位，但省以下政府间的收入划分远未完成。目前地方政府的自有收入中包含税收收入与收费及土地出让金等非税收入，其中税收收入形成了以营业税为主体、所得税为辅助的税种结构，不动产保有税（包括房产税及城镇土地使用税）占税收收入比例很小（见表 3-3 和表 3-4）。

无疑，以流转税为主体、所得税为辅助的税收结构是适合我国发展中国家国情的，但基层地方政府是财政支出的主体，在该级政府出现这种税收结构会有较大的弊端：收入受经济波动的影响极为严重，一旦经济出现萎缩，地方政府税收收入将急剧下降，税收收入的稳定性较差。

由于地方政府的税收收入不能满足提供公共服务与经济建设的双重需要，所以，地方政府有追求预算外收入的激励。一项又一项的非规范制度被创造出来。2002 年企业财政被切断之后，又形成了目前以土地出让金为主体的"土地财政"。土地出让金在地方政府收入结构中占有举足轻重的地位。同时，这种资金在管理上规范性较差，尽管中央政府在 2007 年

---

① ［美］罗伊·巴尔、约翰尼斯·林：《发展中国家城市财政学》，陈开元、杨君昌主译，中国财政经济出版社 1995 年版，第 73 页。

就将土地出让金纳入预算收支范围内,但是,审计署的检查结果表明,地方政府的执行并未完全到位。另一方面,土地出让金收入的持续性不足,在经济萧条时极易出现土地的流拍现象,导致地方政府的财政风险。2007年各地出现土地流拍时,地方财力锐减就使人们关注到地方政府财政风险的隐患。即使土地能够顺利出让,由于土地的有限性,最终也将导致无地可卖的状态,这些都致使依赖土地出让金的财政难以持续。

我国地方政府目前的自有收入模式存在稳定性、规范性及持续性不足,直接影响地方经济的进一步发展及中央政府宏观调控的有效性。解决问题的途径有两种:一是增加转移支付;二是为地方政府提供稳定、持续的税源。在我国,尽管中央政府对地方政府的转移支付占重要地位,但是其效率依然值得怀疑,挤占、挪用、截留及浪费转移资金的现象极为突出。赋予地方政府以稳定的税源是另外一种途径。由于不动产保有税受经济波动影响不大,收入稳定,弹性较小,且税基有较强的持续性,地方政府稳定的财力理所应当地落在不动产保有税身上。我国不动产保有税的目标应该定位于为地方政府提供稳定、持续、规范的财力资源,以实现地方政府自有财力结构的转型。这种过程是漫长的,短期内要扩大不动产保有税税基,形成营业税与不动产保有税双主体的税收结构;随着经济的发展及不动产保有税制度的成熟,从长期来看,应形成省级政府以营业税及所得税为主体,县区级政府则以不动产保有税为主体的税收收入架构。

(二)不动产保有税本身没有足够力量调节房价

物业税自提出以来,公众期待更多的是其发挥调控职能:降低房价。诚然,不动产保有税肯定能够对降低房价起到一定程度的积极影响,但这只是不动产保有税收入职能的副产品,不应作为不动产保有税改革的本意,该税也没有足够力量完成对房价的调控。目前,国际上还没有政府利用税收成功实现对房价的调控,即使有这种意图,最终结果也不尽如人意,韩国卢武铉政府时期房地产调控的失败就是典型案例。

不动产保有税影响房价的机制很明显:增加其持有房产成本,减小对不动产的需求,同时降低不动产供给者对房价的预期。与个人决定购买车辆与否及购买何种类型车辆时需要考虑养车成本相同,公众在购房时也需要将"养房"成本纳入买房决策中。这样,不动产的供求双方都会将不动产保有税纳入自身决策中。可以预见的是,该税越高,相同境况下房价将会越低。

但是，不动产价格作为特殊商品的市场价格，在成本之外，还要受到不动产市场供求状况的影响。需求方面，尽管城市化率指标是个值得争议的指标，但我国城市化水平较发达国家还有较大距离，城市化进程加速将是一个不争的事实。未来二三十年还将持续，对不动产的需求有很大潜力，在一定程度上必将推动不动产价格升高。供给方面，我国土地公有制下，土地进入市场的数量由政府掌握，是一个垄断市场而非完全竞争市场，这直接影响地价并进而影响房价。再者，在地价逐渐升高的背景下，能够入围的房地产开发商数目减少，最终将形成房产的寡头市场（2009年频频出现的"地王"均是中央企业背景就是较为典型的例子）。在土地是垄断市场、房产是寡头市场的结构下，房价已不再简单地受成本与税收的影响，而是供求双方在这种市场结构下达到均衡的产物。

不动产保有税与房价分属不同的经济范畴，前者是公共收入领域，后者则是市场经济领域，尽管有直接的关联，但把房价的下降寄予不动产保有税改革是不现实的，不动产保有税自身没有足够的力量完成这一目标。不过，尽管由于地方政府供给土地的不确定性，不动产保有税对房价的影响程度无法准确地判断，但不动产保有税肯定会对房价下降起到积极的作用。如果制度设置不当，出现公众在承受高房价的同时尚需每年支付高额不动产保有税的情形，那将是政府、房地产商与公众都不愿看到的，同时也意味着我国不动产保有税改革的彻底失败。

## 二 收益权及使用权分配至县区级基层政府

（一）我国不动产保有税收益权及使用权应配置在县区级政府

按照不动产保有税的制度要求，该税适宜在小区域内实行，需要配置在最低一级政府。在中央、州（省）与地方三级政府体制下，该税的收入归属权及使用权应该配置在地方政府。这有利于不动产保有税效率的提高，最大限度地体现其受益税性质。上级政府由于距离地方公众较远，对识别辖区公共服务类别及水平存在信息不对称，很难保证不动产保有税受益税性质的实现。如第五章所述，国际实践中也一般把不动产保有税性质的税种设置在地方政府，而将不动产流转税与收益税设置在中央政府或州政府。

与美国将财产税设置在范围足够小的地方政府相比，我国应该将不动产保有税配置在乡镇级政府。不过，由于短期内不动产保有税的征收范围很难延展至农村，所以，从我国实际出发，可将不动产保有税的收入归属权适当上移。但延展到县区级政府已是极致，再向上配置到地市及与省级政府就会影响不动产保有税受益税性质的实现，导致辖区福利的损失。

在目前推进乡财县管、省直管县财政的背景下，我国最终将形成中央政府、省级政府及县级政府的三级财政体制，为不动产保有税收入归属权设置在县级政府提供了契机。同时，由于短期内不动产保有税的征收范围需要将农村地区排除在外，所以，不动产保有税仅在县级政府及建制镇政府驻地征收，满足了小辖区的制度要求，能够发挥不动产保有税受益税效应，具有一定可行性。大中城市中存在多个市辖区，按照不动产保有税设置在较小辖区的制度要求，不动产保有税收入归属权应该配置在区级政府，由区级政府支配，配置到市级政府或与市级政府共享都是不恰当的。

在将不动产保有税收入归属权配置在县区级政府的前提下，地方政府财政收入不应单独依赖该税，还需要上级政府的补助收入。这是因为，一方面在于不动产保有税存在内在缺陷，不仅不能平衡各地方政府间财力的差异，而且会加剧这种不平衡的程度。另一方面在于县区级政府自身财力一般与其事权是不对称的，无论联邦制国家还是单一制国家大多如此。出于这两种考虑，不动产保有税的制度条件要求将不动产保有税与上级政府的转移性收入配合使用。

我国在不动产保有税改革过程中，也需要避免将不动产保有税的收入功能人为夸大的倾向，并继续保持上级政府对县区级政府较高水平的转移性收入，这是不动产保有税发挥积极效应的制度要求。对于县级政府来说，需要省级财政的支持；对于区级政府来说，则需要市级政府或省级政府的转移性收入。

（二）不动产保有税其他税权的配置

不动产保有税的收入归属权配置在县区级政府后，进一步需要讨论该税立法权、执法权及评估权的配置问题。收入归属权与其他税权的配置常常是不一致的，并不意味着这些权力随收入归属权的确定而相应地由同级政府拥有。

我国是一个集权背景较强的国家，在逐步完善市场经济过程中，中央政府宏观调控需要发挥重要作用，从这方面出发，对重要税种实行中央直接立法是不容置疑的。不过，由于不动产保有税是地方政府中具有直接税性质的税种，对公众来说，比个人所得税更具"税痛"性，因此，类似于对个人所得税免征额采取"一刀切"的做法安全性不高。与此同时，尽管不动产保有税是地方税种，但如前所述，在国际上将立法权完全配置给地方政府的做法也极少，只有联邦制下的美国和加拿大是如此设置的，且州政府还有公平性的调整举措。出于以上考虑，我国在不动产保有税立法上应采取相对分权式：中央政府规定不动产保有税的基本制度，对征税范围、计税依据作出限定，设置税率最高限及最低限，允许地方政府在幅度内依据本地具体情况自主决定；省级政府在基本制度下制定具体实施细则，规定税基、税率及减免税政策；县区级政府不具有任何立法权。

由于不动产保有税税基固定，由本地政府征收该税有较大的信息优势，能够节约征税成本，因此，我国应该将不动产保有税的征税权配置在县区级政府。

对不动产的评估权是难以抉择的。中央政府有技术能力对不动产的价值评估，但是距离辖区较远，激励性不足。县区级政府有足够的激励对不动产价值进行评估，但是其公正性及评估能力值得怀疑。评估权配置将是在评估激励与评估能力间的平衡。国际上有中央政府直接评估的例子，也有地方政府直接评估的国家。对于中国这样的大国而言，中央政府直接评估是不现实的，颇有用大炮打击蚊虫的味道。县区级政府进行价值评估也是不可取的：首先是其评估能力不足；其次是其评估的公正性值得怀疑，这是县区级政府评估的致命缺陷。在我国注重关系及人情的文化下，任何制度都将在实践中被肆意扭曲，对某些不动产价值的低估应该是时有发生的。在中央政府与县区级政府的评估皆不适合的状况下，折中的选择是由省级政府负责对不动产价值的评估，这应该是我国不动产价值评估权的平衡点。

总体上，我国不动产保有税的税权配置应该形成这样一种状态：中央政府负责对不动产保有税的基本制度立法，制定评估标准，为评估提供技术支持；省级政府制定实施细则，确定税率，并负责对各辖区的不动产价值评估；县区级政府只是负责征收不动产保有税，并按照受益税原则确立不动产保有税的公共服务使用方向。

### 三 土地出让金与不动产保有税并存

（一）政府从不动产中获取收入的模式

任何国家都从不动产中获取形式多样的收入：其一为土地出租收入，主要对于公有土地实施；其二为不动产税收收入，包括不动产的取得、保有及收益各环节的税收；其三为不动产的收费。任何国家也都从不动产中获取相当规模的收入，在此基础上，需要分析政府从不动产中获取收入的方式，做到"取之有道"。

对于非公有的土地来说，只存在政府对不动产的税收及收费收入。国际上，收费通常并不占大的比重，需要缴纳的规费种类及额度都很少，一般仅占房地产价值的 2% 左右①。对不动产税收而言，税收分布结构一般是保有税较重，流转税较轻。这种结构分布促使公众节约、有效使用资源，鼓励不动产的流动性，增加不动产资源的有效供给。相反的例子出现在韩国。卢武铉政府在治理房地产价格飞涨时，在 2005 年 8 月 21 日的《不动产综合对策》中，对不动产采取了保有税及流转税双高的措施。让公众"囤不起"大房产是正确的，但是"倒不动"大房产无益于房地产市场良性发展。最终导致价值较高房产的持有者由于流转税过高而不愿卖出房产，又必须支付高额保有税的状态，使韩国的不动产税制改革走向失败。

对于公有的土地来说，以三种形式从土地中获取收入。在香港特区，政府一方面采取土地批租的方式获得地价收入，另一方面又分别采取实际地租及差饷的形式从不动产处获得收入，这也是世界各国对公共土地获取收入时采取的惯常做法。

（二）我国应采取不动产保有税与土地出让金并存模式

我国实行土地公有制度，因此，政府从不动产中获取收入的方式应该是租金、税收及收费三种形式并存。按照国际经验，收费应该占极小的比例，主体在于租金及税收。

1. 不动产保有税应在不动产税收中占主体地位

不动产税收中，应遵循"重保有、轻流转"的税收政策，以加速不动产流动，增加其供给量，促进不动产资源的有效配置。为此，需要将不

---

① 谢伏瞻主编：《中国不动产税收政策研究》，中国大地出版社 2005 年版，第 39 页。

动产保有税改革与其他不动产税种改革配套进行，降低不动产流转税税负水平，扩大不动产保有税税基，提高保有税在不动产税收中的地位。

2. 我国政府从不动产中获取收入的两种模式

在土地公有制下，政府需要从土地中获取租金。政府通常有两种选择：一种是期初租金与增值租金并存——一次性按照出租时的地租数额收取租约期内的全部租金，同时每年按照当年地租水平收取地租的升值数额；另一种是按照实际年租金收取——分别按照当年土地租金水平收取租金。理论上，这两者的贴现值应该是一致的。但在实践中，第一种租金方式一次性收取大量租金，获取的财政收入规模很大，但也带动了房价的升高，因此，政府将面临筹集大量财政收入与稳定房价的两难选择。第二种租金方式无疑是正确的，但是却由于缺乏土地期初价格而导致土地资源根本无法采取市场化方式配置，只能采取行政划拨方式进行。

按照这种分析，政府从不动产中获取收入存在两种模式（排除较小规模的收费及不动产流转税之后）：一是土地期初租金＋增值租金＋不动产保有税；二是土地实际年租金＋不动产保有税。不动产保有税是以税收形式分享由于公共政策因素所导致的不动产升值，实现对不动产的溢价回收功能。尽管不动产保有税与增值地租、年租金不是同一个范畴的概念，但都是不动产升值的分享方式，实践中为节约征管成本，也完全可以合并征收①（香港地租与差饷就是由同一个部门——差饷物业估价署征收）。这样，上述两种模式可以进一步转换为：土地期初租金＋不动产保有税A；不动产保有税B。其中不动产保有税A的实际税率小于不动产保有税B的实际税率。

3. 不动产保有税与土地出让金并存是我国的现实选择

对于我国而言，改革开放后实行了土地批租制度，一次性收取租约期内的所有年份土地租金。前文已提出，中央政府对地方政府的妥协是平衡利益冲突的基本思路，同时支付土地期初租金也是土地使用权配置的必要

---

① 理论界热烈讨论不动产保有税与地租是否具有可替代性，笔者认为，如果是年租金，基于都是政府对土地升值的分享，尽管两者的范畴不同，但出于节约成本的考虑，当然可以合并在税收中征收。但是，对于期初租金，即目前存在的土地出让金，无论从资源配置上还是从地方政府财力上，都不存在可以替代的理由。

方式，因此，出于不动产保有税改革的稳妥性与可行性，我国从土地中获取收入的方式应该首先采用第一种模式：土地期初租金＋不动产保有税A。对于这种模式可以作出如下分析：

第一，此模式下，土地期初租金即土地出让金将会由于不动产保有税的征收而下降，但是下降幅度将由政府供给土地的数量及不动产保有税的制度设置决定。

第二，按照此模式，旧房①理所应当地需要缴纳不动产保有税，并且与新房实施统一的税率、评估率政策，不存在对旧房的保有税实行免征的可能。因为新旧房产都需要支付土地期初租金，且旧房产已获得大量的不动产增值。不过，新房产是在不动产保有税征收之后购买，购房者在原来购买旧房产与改革后购买新房产时的预期不同，负担的土地出让金也有一定程度的差异，因此，可以按照旧房产的使用年限规定一定比率的减征。

第三，在土地到期时，如果承租方续约，由于土地使用权已经无需再次配置，同时此时不动产保有税已经有了长足发展（按照1987年第一块土地拍卖为起点，住宅为70年期限，需要到2057年到期），因此可以采取第二种模式：只征收不动产保有税，不再补缴地价，但此时的不动产保有税的税率应该大于第一种模式下不动产保有税税率，因为它合并的是实际年租金，而第一种模式下，不动产保有税合并的只是增值租金。

不动产保有税定位是该税改革的起点。本节将其分为三个层面，得到的结论是：我国不动产保有税应该建设成中央立法、省级政府制定实施细则并评估不动产价值、县区级政府征收并拥有收益归属权的税种；它应该是一种长期的财政收入制度而非只是调控房价与收入的权宜工具；与土地期初租金一起构成我国县区级政府从不动产中获取收入的主体。对不动产保有税的这种定位是以不动产保有税的制度要求为基础、以国际实践经验为借鉴，并与我国现实国情相结合的产物，具有鲜明的中国特色。

① 此处的旧房产与新房产是以不动产保有税改革前后划分的：对自住房产征收不动产保有税之前就已经购买的房产为旧房产，之后购买的房产为新房产。

# 第二节 不动产保有税税制设计的建议

## 一 以不动产所有者为纳税人

纳税人是不动产保有税的缴纳者，国际上基本上有两种确定方式：不动产所有者或不动产使用者。采取何种方式确定纳税人需要坚持公平、便利、可行的原则。

对于不动产保有税这样的地方税种来说，受益原则是确认纳税人的重要因素，这也是税收公平的体现。不过，由于税负转嫁的影响，不动产保有税的纳税人与负税人会出现不一致的现象。这种不一致会出现在公众非经营用不动产中①，也更多地存在于不动产所有者将不动产用于经营方面：或者自己经营，或者将不动产出租。对于公众或组织持有的自用不动产——无论是自己居住还是用于经营，将不动产保有税纳税人设定为不动产所有者是合理的：不动产保有税将提升辖区公共服务水平，导致不动产价值升高，不动产所有者是税收受益者。问题的复杂性在于如何确定出租不动产的纳税人。由于不动产保有税直接用于辖区公共服务，不动产所有者与不动产的使用者（承租者）都将从公共服务中获益：不动产所有者享有由于公共服务提升而导致不动产升值的利益；不动产承租者则获得不动产所在辖区较高质量的公共服务，同时这种高质量的公共服务也给承租者带来更多的经营利益。

在出租方与承租方均是不动产保有税受益者的前提下，纳税人界定就将由便利、可行原则决定。对于我国而言，由于种种原因影响，公众纳税意愿并不高，税收遵从度相对较差。如果将不动产使用人界定为纳税人，征管成本将增大：一方面租约难以查明，出租者的代扣代缴很难实现；另一方面征管部门对抗税者找不到适当有效的强制征收措施。因此，对于不动产所有者与使用者不一致的情形，规定由不动产所有者支付不动产保有

---

① 只有当不动产需求远大于供给、不动产价格上涨过快时，非经营用不动产的保有税才会转嫁：不动产持有者将之前缴纳的不动产保有税在交易时以提高不动产价格的方式统统转嫁给不动产购买者。

税是节约征管成本的可行措施。当然，不动产所有者也会将部分不动产保有税转嫁给不动产使用者，在局部均衡下，不动产保有税仍然是不动产所有者与使用者共同承担的，并不违背受益原则。

在此基本规定下，对于不动产保有税的纳税人可以设定为：土地使用权、房屋所有权的个人，未成年人由其法定监护人代缴；不动产出典的，承典人为纳税人；不动产产权未确定的，由不动产使用人或代管人纳税；不动产产权共有的，共有各方均是纳税人。

**二　征税范围为城镇区域内的不动产**

在目前对不动产保有税改革的讨论中，出现了设置征税范围的三种思路。第一种思路是简单地将城镇土地使用税及房产税合并，不改变目前两税的征税范围，只是对经营性不动产改按评估价值征收，城镇居民自住房产与农村不动产依然排除在征税范围之外。各地进行的不动产保有税"空转"就是按照这种思路进行。第二种思路是城镇土地使用税及房产税合并，按评估价值征收，同时将目前两税的征税范围扩大至城镇居民自住不动产，但是不包括农村不动产。第三种思路是在第二种思路的基础上，将农村不动产也纳入征收范围中，对不动产全面征税，无论不动产处于何种类型与何种区域。

选择不动产保有税征税范围的宽窄不止需要考虑经济理论的要求，更需要在考察一国国情及当前政策的基础上界定，这样才能保证征税范围的合理性与可操作性。按照这种逻辑，我国不动产保有税征税范围的扩展有两种情况需要分析：城市不动产与农村不动产；经营性不动产与非经营性不动产。本书最终的结论是：我国不动产保有税的征税范围应该采取第二种思路——对城镇区域所有不动产统一征收保有税，无论经营与否；将农村区域不动产在相当长的时期内排除在征税范围之外。

（一）对城镇居民的所有不动产征收不动产保有税，取消对自住房产的免税待遇

延续目前我国城镇土地使用税及房产税的征税范围，只是对经营性不动产征税、对居民自有非经营性不动产予以继续免税的思路是不可取的。起初的征税范围当然是适应当时经济环境的最优举措，但目前经济环境发生了较大变化，继续执行起初设计的征税范围是不恰当的。

首先，2006 年城镇居民人均住宅建筑面积已达 27.1 平方米①，同时，国家统计局城调队于 2002 年首次进行的城市家庭财产调查显示，房产占家庭财产的 47.9%，位居第一②，不动产逐渐成为城市公众的重要消费品。在此背景下，公众持有的不动产成为其财富、地位的象征，继续对其实行免税政策将失去税收对收入公平的调控职能。

其次，由于自住不动产一经购买，在持有环节没有任何成本，导致现实中出现大量将不动产作为投资品使用的不正常现象，干扰了房地产市场的正常运行，需要将其纳入不动产保有税征收范围以加强对房地产市场的调控。

最后，住宅房产在不动产中占据相当比重，继续免税导致财政收入的减少。我国不动产中有住宅类、工商业类、机关办公类及其他类不动产，随着城市化进程的推进，住宅类不动产在城镇不动产中的地位逐渐增加。2009 年竣工的房屋建筑面积中住宅类占 60.97%，竣工房屋价值中住宅类占 54.81%③。在青岛市，2008 年年末住宅建筑面积占年末实有房屋建筑面积的 57.34%，在 2009 年竣工房屋面积中，住宅面积占 79.12%，竣工房屋价值中，住宅占 75.57%④。无论从建筑面积还是房屋价值等方面，住宅不动产在整体不动产中都显示出较大的比重，对这部分不动产实行保有税减免将导致政府财政收入流失。

因此，我国不动产保有税改革中需要扩大目前城镇土地使用税及房产税的征收范围，将城镇居民的住宅及其占地纳入征税范围。仅对经营性不动产征收的不动产保有税不是实质意义的不动产保有税。

（二）农村不动产在较长的时期内应该排除在不动产保有税征税范围之外

就我国长期来看，第三种思路无疑是正确的，这体现出不动产保有税的公平课税：需要对所有区域的财产征收保有税。同时，国际上在农村征收不动产保有税也较为普遍。只是对我国农村区域的现状而言，出于不动

---

① 《中国统计年鉴》（2008）。

② 中华人民共和国统计局网站（http://www.stats.gov.cn/tjfx/ztfx/csjtccdc/t20020927_36387.html）。

③ 由《中国统计年鉴》（2010）的数据计算得出。

④ 由《青岛统计年鉴》（2010）的数据计算得出。

产保有税改革进程的安全性与社会稳定性的考虑，这种思路目前并不具有可行性。

1. 目前对农村区域的不动产征收不动产保有税的意义不足

农村不动产包括农业土地及附着其上的建筑物、农村区域的商业、工业和居住用不动产四类。由于我国城乡二元结构的现实，在大部分农村地区，工业与商业类不动产数量极少，因此，即使在农村征收不动产保有税也主要集中于住宅与农业土地。

农村地区住宅大部分是自有住宅，与城镇房产状况相比，商品化程度较低，房产投机的现象并不普遍，因此，不存在利用不动产保有税调控农村区域不动产资源配置的意义。同时，农村房产的市场价值也远小于城镇范围的不动产，税基比城镇房产的税基小得多，但分布广泛，即使出于财政收入意图勉强征收不动产保有税，也会由于征管成本过大而出现税收收入很难弥补成本的后果。由此可见，对农村房产征收不动产保有税的财政意义与资源调控意义均不明显。

在这种背景下，唯一有财政意义的是对农业用地征收不动产保有税，国际上，许多国家在农村征收不动产保有税的对象也正是农业用地。但是，必须谨慎考虑农产品生产组织形式的差异：国外征收不动产保有税的农业用地大都是规模用地。如亚洲国家的孟加拉国、印度和印度尼西亚，土地税收的对象是小规模农场。拉美国家只是对为了出口贸易而种植作物的农场征收巨额土地税[①]。我国目前农产品生产组织具备这样规模特征的农业用地很少，大部分还是以小块土地分散生产的形式存在，人均耕地一亩多一点，有的地区甚至人均耕地不足一亩。农业用地作为生产资料的意义相对淡薄，只是作为提供农民生活保障的意义而存在。在这种环境下，农地税开征显得并无必要且不合逻辑。随着城市化进程继续推进，大量农民转移到城镇，农业用地如果出现集约化、规模化经营状态，农地真正成为生产资料，才是农地税的开征时机。这个过程需要较长时期才可以达到。另一方面，作为工业反哺农业的措施之一，目前农村已经取消所得税

---

① Jonathan Skinner：《如果对农用地征税非常有效，为什么这个措施很少被采用？》，郭文华、曹庭语、刘丽、张迎新等编：《国外不动产税收制度研究》，中国大地出版社 2005 年版，第78 页。

性质的农业税，再征收财产税性质的农地税就显得不合时宜。毕竟，农地税无论是所得税性质还是财产税性质，其计税依据都是在农地的年产量基础上确定的。

2. 将农村不动产排除在不动产保有税范围之外是改革稳妥推进的需要

不动产保有税改革并不是简单的税制改革，更多地具有税费改革与地方财政体制改革意义，在地方政府层面推进的难度很大。另外，对城镇公众自住房产的征税也是从无到有展开，且该税种透明性极强。这些都导致我国不动产保有税改革充满变数，进程的推进具有极大的不确定性。无疑，改革需要渐进式进行，企望毕其功于一役的想法与做法都是不恰当的。在相当长时期内，将农村排除在不动产保有税征税范围之外、构建城乡二元不动产税制是稳妥、安全推进税制改革的必要保证。

**三　在分离评估土地与建筑物的基础上合并征税**

征税对象需要分析土地与建筑物分开还是合并征税。根据前文的考察，国际上这两种形式都是存在的。基于土地与建筑物性质不同，且我国土地具有特殊意义，本书在征税对象上的结论是：对土地与建筑物实行分开评估与差别税率的基础上合并征收不动产保有税。

（一）一般意义上的房地应该分开评估并实行差别税率

首先，对土地与建筑物分开评估是基于二者随时间变化不一致的考虑。由于土地逐渐升值，而建筑物随折旧的增加而逐渐减值，两者简单合并的做法辨别不出是何种因素影响了整体不动产价值变化，更看不出两者的影响程度。

其次，土地与建筑物的征税意义存在差别，因此，课税程度应该是有差异的。土地是昂贵而稀缺的资源，需要重税；为了鼓励土地开发利用，减少土地的闲置，建筑物应该课以轻税。

基于上述两种原因，对土地与建筑物分开课税就是合理的，因此，对土地与建筑物分开评估就是理所应当的事情。

（二）我国土地公有制下房地价值评估及税率设定更应分开

如果说在土地私有制下房地分离评估的优势还不明显，国际上也确实有些国家未采取房地分离评估的话，那么在我国土地公有制性质下，单独进行土地价值的评估就是必须的。

根据前文论述，我国政府从不动产中获取收入的模式有两种：土地期初租金＋不动产保有税 A；不动产保有税 B。由于在不动产保有税中都包含了土地的年租金：第一种模式下包含名义年租金，第二种模式下包含实际年租金，因此，即使不考虑地租之外的其他因素，土地与建筑物应该实行统一税率的话，在存在地租背景时，由于土地保有税包含了年租金数量，但建筑物保有税没有丝毫地租的成分，土地的税率也应该大于建筑物税率。特别是土地年租制逐渐成为一种广泛共识的背景下，如果房地合并评估，没有土地价值，那么年地租应该如何确定？在资本价值下，如果土地价值不确定，简单以房地合并价值作为年地租的依据是不合理的。

（三）土地及建筑物保有税应合并计征

在土地与建筑物分别评估、实行差别税率的基础上，选择税种分设还是合并在一个税种下征收就是基于征管方便而确定。无疑，土地保有税与建筑物保有税合并为统一税种征收有利于征管成本的降低，符合国际经验，同时也具有实践可行性。

**四 以不动产的市场价值为主要计税依据**

如第五章所述，国际实践中对于不动产保有税的计税依据有两种类型：从量计征与从价计征。从量计征主要是根据不动产所占面积征税，从价计征主要是根据不动产的历史价值、租金价值或市场评估价值征税。目前，我国的城镇土地使用税采取占用土地的面积作为计税依据，房产税则采取了历史价值的余值以及租金价值征税。在不动产保有税改革中，基于不动产保有税的制度要求，我国应确立不动产的市场评估价值作为不动产保有税的计税依据。

首先，面积不应成为计税依据的主流。从量计征的面积法实质是一种定额税，规定每单位不动产的税额，然后根据不动产的实有面积计算应缴纳的不动产保有税。由于相同面积的不动产在区位、建筑时间、装饰程度等多方面存在差异而导致价值差别很大，简单地按照面积大小计征不动产保有税有失公平。尽管包括我国在内的国家对辖区内不动产通过划区界定实施差异不动产税税率的方式来缓解这种不公平性，但是所划区域往往过大，只能在一定程度上缓解税收不公平。面积为计税依据对于工商业不动产不失为一种选择，因为这种不动产的保有税可以转嫁出去，透明性较差。但是，如果我国将大量个人住宅纳入不动产保有税的征税范围，那么，这种计税依据就会造成公平性的极大缺失。

其次，按照租金价值征收不动产保有税不是实质意义的保有税。此处的租金价值是指假定不动产被出租时每年需要支付的租金，是一种基于不动产出租市场数据对物业租金的评估值，是租金期望值而非实际值。香港特区差饷就是以物业年租值为计税依据。不过，这种计税依据有两个缺点。首先，将租金价值作为计税依据是对物业每年产生的财富流量征税，而不是实质意义上的保有税，香港特区政府也确实将差饷列入了间接税账目。其次，常常受到出租资料准确性的影响。香港特区政府租金价值的设置是基于香港特区居住面积较小、不动产出租市场活跃、年租金易于获得的现状。在出租市场不发达的国家或地区，由于出租契约的隐蔽性与政府实施的租金控制，很难得到相对准确的年租金值。因此，以租金价值为计税依据征收不动产保有税模式不能反映不动产的现实价值与时间价值，同时对不动产的出租管理要求极高，这些特点决定了租金价值在我国很难成为主流计税模式。

最后，市场评估价值为计税依据能够最大限度地实现公平原则。市场评估价值模式的优越性主要体现在能够将所处地段、交易数据等多方面因素纳入评估公式中，在评估规范化基础上实现评估值与市场值的较小偏差，更多地体现出对公平的关注。当然，这一点需要评估专业性与及时性的保证。在目前我国评估技术迅速发展、不动产交易信息库不断完善的背景下，对不动产市场价值进行规范、透明的评估具有相当程度的可行性。

## 五 统一评估率及差异化名义税率的税率模式

由于不动产保有税税率的确定将直接影响地方政府财力、资源配置及收入公平的调控及居民的经济负担，所以，设置合理税率在不动产保有税改革中至关重要。其中合理税率的意义是避免设置较高与较低的税率：较高税率将增加居民的经济负担，对于税收遵从度较低的不动产保有税而言是不安全的，政治上不可接受；较低税率则降低地方政府财力，甚至不足以弥补征管成本，削弱该税应该发挥的功能，使不动产保有税改革失去意义。

对于我国来说，合理税率设置涉及两个问题：其一，税率形式的设置模式——采用比例税率还是累进税率、对各类用途的不动产是否采取差异税率；其二，税率水平的设置标准。对第一个问题的回答取决于我国不动产保有税的目标定位是侧重筹集收入还是调控；对第二个问题的回答取决于税率的设置基于以支定收原则还是税负中性原则抑或是居民合理负担原则。

（一）我国不动产保有税税率的模式

依据经济学理论及具体国情，我国对辖区内不同用途不动产的保有税税率应该实行统一评估率、差异化比例税率的形式。

1. 我国的不动产保有税应该采取比例税率——不同价值的不动产实行统一税率

对于具有彻底意义直接税性质的不动产保有税而言，实行累进税率的理由是充分的，国际上也有实行累进税率的个案，但并不理想。美国田纳西大学威廉·法克斯（William Fax）教授结合实行不动产保有税累进税率国家的实践认为，这种做法并不可行，难以实现公平原则[①]。在我国目前改革中，有两点因素限制了累进税率的实现。首先，我国不动产保有税的主要目标在于筹集财政收入而并非发挥调控职能，在此目的下，累进税率显得复杂且并无必要，比例税率是较适宜的选择。其次，我国对居民住宅征收的不动产保有税是一个从无到有的税种，对公众进行宣传促其接受本来就是一个首先需要克服的难题，累进税率则加重了开征该税的难度。采用比例税率则有利于减轻公众"税痛"的程度，提升税收遵从度，促进不动产保有税改革的顺利推进。

由于个体拥有不动产价值的大小已在税基中体现出来，因此，即使在比例税率下，持有价值较高不动产的阶层缴纳的保有税也高于低价值不动产持有者的所纳税额，已经体现一定程度的公平性。因此，在我国不动产保有税改革中，采取比例税率既顾及了公平因素，又促进了改革的顺利推进，是较为理想的选择。

2. 我国的不动产保有税应该采取差异税率——不同用途不动产的税率不同

实践中，土地及建筑物的用途存在差异。按照我国《土地分类》的规定，土地有农用地、建设用地及其他用地三类。其中建设用地有商服用地、工矿存储用地、公共设施用地、公共建筑用地、住宅用地、交通运输

---

① 威廉·法克斯：《物业税的理论及国际经验》，载谢伏瞻主编《中国不动产税制设计》，中国发展出版社2006年版，第194页。

用地、水利设施用地及特殊用地。相应的，房产也区分为住宅、商业建筑、工业建筑、公共服务建筑、基础设施建筑及社会事业（非营利机构）建筑等。对纳入征税范围的不同用途不动产执行的有效税率（评估率与名义税率之积）有三种模式：评估率及名义税率都相同；差异评估率及统一名义税率；统一评估率及差异化名义税率。后两种税率模式都将导致不同用途不动产的有效税率存在差异。

在税率模式的设置中，一般而言，各国均采取差异化的有效税率：居住用不动产税率低于工商业等非居住用不动产税率。我国目前对不同用途的不动产也是采用差异税率，仅对经营用不动产征收城镇土地使用税及房产税，而居住用不动产税率是零。表面上看，这种设置都是公平的，营业性不动产的价值向高于同等状态的居住用不动产，因此，营业性不动产持有者的税收负担能力较强，设置高税率符合支付能力原则；另外，从一定程度上说，营业性不动产从辖区内基础设施及公共服务中受益更多，设置高税率符合受益原则。但如第一章的分析，考虑税负转嫁因素，这种设置具有累退性。但是，在我国不动产保有税改革中，出于征收成本及改革顺利推进的考虑，经营性不动产保有税税率高于非经营性不动产保有税税率的思路依旧应该延续，尽管这是累退的设置。

在确立差异化税率的框架下，下一步就是在差异评估率及统一名义税率、统一评估率及差异化名义税率两种模式中选择其一。不动产市场价值评估率的设置意义在于不动产保有税是对未实现的财富征税，对其全部市场价值征税是不合理的，因而采取70%、40%等低于100%的评估率来减少该税的税基。在这种意义下，对不同用途不动产的评估率应该是相同的，差异化有效税率应该通过设置不同的名义税率来实现。在责任方面，可变税率比分类评估透明性较高，更易于为纳税人观察和理解[1]。因此，我国应该选择统一评估率、差异化名义税率的税率模式。

（二）我国不动产保有税的税率标准

在确定不动产保有税的税率模式之后，接下来探讨税率的设置标准。此处的税率是指整体不动产的有效税率，出于问题简化的考虑，没有将土

---

[1] 张青、薛钢、李波、蔡红英：《物业税研究》，中国财政经济出版社2006年版，第104页。

地与建筑物分开设置税率，实践中可以依据整体税率分别确定土地及建筑物的税率。

国际上一般按照以支定收原则结合上级政府补助收入来测算需要在本辖区征收的不动产保有税规模，然后除以税基即可得到不动产保有税税率。我国当然也有如此计算税率的可能性。同时，我国是对不动产保有税改革，是新旧税制的转轨，还存在另外的计算思路。第一种思路是按照税负中性原则，对经营性不动产目前缴纳的城镇土地使用税、房产税及土地增值税的合计作为从经营性不动产中获取不动产保有税规模，根据经营性不动产的价值计算出经营性不动产保有税税率，再折扣一定比例作为非经营性不动产保有税税率。这种方法是可行的。它并没有增加经营性不动产的税负水平，但由于城镇居民的自住房产纳入征税范围，可以肯定的是地方政府从不动产中获取的税收将会增加，但其自有收入规模是否增加取决于居住用不动产保有税对土地出让金的冲击力。第二种思路是基于我国不动产保有税改革具有费改税意义而提出，有学者将目前在房地产开发领域缴纳的税费合并在一起作为不动产保有税征收数量的依据。这是不可取的。如前所述，目前在房地产开发领域存在大量重复甚至不合理的政府收费，如果统一合并为税收，那么，就意味着这些不合理的收费转化为合理的税收，从而使税制改革陷入了"黄宗羲定律"的恶性循环。

这样，我国的不动产保有税税率确立的标准有两个：以支定收标准；经营性不动产税负水平不变标准。税率的确定将是稳定地方收入与维持经营性不动产税负水平不变的平衡。同时，税率的决定尚需估算城镇家庭自住房产的不动产保有税占其家庭收入的比重，将该比例维持在适当范围内。美国该数据一般在3%—4%，我国为发展中国家的国情下，3%的比例已是最高。

## 六　以家庭或房产为基点设置税收减免政策

理论上，征税范围内的任何不动产都需要支付不动产保有税。不过，出于不同目的，也需要有一系列不动产保有税的减免措施。这种减免主要集中于公共服务不动产、基础设施不动产及特殊群体持有的不动产。

（一）对公共服务机构、事业单位及基础设施自用不动产免征不动产保有税

公共服务机构占用的不动产通常意指政府机关占用的不动产。学术界

基于两种原因提出对公共机构占用的不动产也要全额征收不动产保有税：其一是有助于避免政府对不动产资源的浪费，提高资源配置效率；其二是基于国家征税权高于财产所有权，无论何种所有权的财产都需要被国家征税权覆盖①。

尽管有理由对公共机构占有的不动产征收不动产保有税，不过，一方面由于公共服务本身就是不动产保有税用途之一，因此对归属于本辖区的公共服务机构占用的不动产征收不动产保有税意义不大。另一方面，对政府公共机构不动产征税将不可避免地引起财政预算体制的调整。在我国不动产保有税改革进程中，为了降低改革难度，对本辖区政府机构占有的不动产采取免税政策是恰当的，同时，这也符合国际上的普遍做法。

但长期来看，对上级政府公共机构在本辖区的不动产征税则是可能的，以体现该机构在本辖区享受的公共服务收益。不过，这种征税的形式可以选择：以转移支付形式来替代需要支付的不动产保有税。基于不动产保有税改革的重点不在此，故本书不做深入分析。

出于同样考虑，对事业单位及基础设施占有的非营利性不动产也可以采取免征保有税的政策。但是，上述这几类免征不动产保有税的不动产仅限于非营利性不动产，如果不动产转向营利性用途，那么，无论是公共机构、事业单位及基础设施占用的不动产都需要缴纳不动产保有税。

（二）对城镇居民自住房产征收不动产保有税的减免待遇

最大的困难在于城镇居民的自住房产。由于这种房产是居住性质，是居民正常生活的保障，对其价值全额征税有失公平。因此，设置免征额是非常必要的。对超过免征额的不动产价值征税，既照顾到居民基本生活保障，又有利于实现公平。但是，如何设置免征额以体现公平原则是一个需要谨慎斟酌的过程。

目前学术界通常提到依据套数实行税收减免的方式：对居民持有的第一套房产免税，第二套及以上的住宅征税。这种方式需要仔细分析。首先，居民持有的第一套住宅的面积、价值均存在差异，简单地都予以免税是不公平的。假设某家庭拥有两套房产，其价值为 20 万—30 万元；另一家庭拥有一套自住房产，价值为 100 万元，那么，对第一个家庭 30 万元

---

① 吴俊培：《我国开征物业税的几个基础理论问题》，《涉外税务》2006 年第 1 期。

的第二套住房征税，而第二个家庭的住房无需纳税显然是不合理的。其次，这种减免方式将导致公众首先购买高档不动产作为第一套住宅，促使高档住宅价格迅速提升。但政府却并不能分享该不动产的增值，失去了不动产保有税的实质意义。

本书认为，设定不动产保有税免征额有两种途径：一种是以家庭为征税单位下的免征额设置；另一种为是以每栋不动产为征税单位下的免征额设置。第一种是最优的选择，但实际运行中有阻碍因素。第二种方式是较为简单的选择，不失为一种次优选择。

1. 最优的不动产保有税免征额设置方式——以家庭为征税单位

相对合理的做法是依据不动产面积与价值并以家庭为单位来设置不动产保有税的免征额。首先，统计辖区内常住居民人数 $N$，评估所有自住住宅价值 $V$，计算出每平方米不动产的平均价值 $V_x$。其次，对于某家庭来说，假设其家庭成员数为 $N_s$，家庭自住不动产总价值（如果家庭拥有多套住宅，则需要将价值加总）为 $V_s$，那么对于该家庭来说，其免征额 $H = N_s \times M \times V_x$，其中 $M$ 为国家或各省规定的人均住宅面积，则应缴纳的不动产保有税为 $T = (V_s - H) \times p \times t = (V_s - N_s \times M \times V_x) \times p \times t$，其中 $p$ 为不动产市场价值的评估率，$t$ 为该辖区不动产保有税的税率。

在这种免征额的设置中，有以下几个优势：

首先，减除家庭成员基本住房面积，体现了对居民保障性居住面积内房产不征税原则。

其次，体现了按照价值对不动产征税的原则。将家庭基本居住面积乘以辖区内自住不动产每平方米平均价值作为免征额，对超过免征额的价值征税。

再次，体现了区别对待原则，更好地表明了不动产保有税的地方税性质。由于经济发达辖区与落后辖区的不动产平均价值间存在相当大的差别，因此，类似于个人所得税将免征额在全国范围内设定为 2000 元的"一刀切"政策是不恰当的。如果公众还可以忍受个人所得税的这种不公平，那么对公众极其厌恶的不动产保有税而言，这种设置非常不安全。上述按照辖区不动产平均价值 $V_x$ 设置免征额的方式完全避免了这一点。

最后，以家庭为征税单位，保证了公平，并一定程度上限制了公众的合理避税。个人所得税未按照家庭为单位而只是按照个人为单位征收，这是非常不公平的设定。上述对不动产保有税免征额的设置考虑了家庭成员的影响，完全避免了我国目前个人所得税的这种缺陷。同时，以家庭为单位征税在一定程度上也限制了公众的合理避税行为。很多学者分析了不动产保有税的后果，认为如果按套征收不动产保有税，那么将导致假离婚现象增多。这样家庭就可以合理地逃避对第二套住房的纳税。不过，在上述设置中，这种合理避税方式是不可能实现的：由于是以家庭征收单位，因此，即使出现假离婚行为，由于住宅的家庭成员减少，那么税基中的免征额也随之减少，不能实现逃避税收的目的。

2. 次优的不动产保有税免征额设置方式——以每栋不动产为征税单位

上述不动产保有税免征额的设置方式应该说是最优的选择，但存在一个极大的"瓶颈"：家庭人员的确定。在上述公式中，家庭成员数对于支付的不动产保有税起到关键作用，因此，公众将会采取一定措施合理避税。由于在征税范围中已经将农村不动产排除在外，那么，增加城镇家庭成员的主要方式就是将农村中若干亲戚的户口迁至本家庭名下，且这种迁移目前是完全可行的。在这种情况下，政府可以采取一定的措施限制这种迁移，在没有一定限制措施或限制的努力无效时，上述免征额的最优设置方式可行性较差。

不动产保有税免征额的次优设置可以采取简单的价值方式。政府统计辖区内所有居民自住房产的数量 $S$ 及总价值 $V$，然后计算每栋不动产的平均价值 $\bar{V} = \dfrac{V}{S}$，将此平均价值设置为该辖区不动产保有税的免征额，只对超过免征额的不动产价值征税。这种征税方式实际是以每栋不动产为征税单位。日本的固定资产税就是采取了这种减免税方式：土地价值估价在30万日元以下、房屋价值估价在20万日元以下，免征不动产保有税。

相对于最优免征额的设置方式，这种次优的设置方式极其简单。另外，由于目前城镇家庭成员数一般在2—3人，因此，不将家庭人口数纳入免征额计算公式内对公平性的影响有限，同时在实践中也具有较强的可操作性。

另外，不动产保有税改革的推进中还须面对新旧房产衔接问题。前文已经论述了对旧房产也需要征收不动产保有税，不过，由于新旧房产在开发建设时土地出让金及其他费用上存在的差异，旧房产在一定期限内少缴纳部分不动产保有税是合理的。实际运作中，可以根据旧房产的已使用年限设定其税收为新房产的一定比例，从而达到旧房产少缴纳保有税的目的。

（三）对城镇低收入阶层自住房产保有税的减免

按前文分析，由于不动产保有税需要以货币支付，而该税是对财富的存量征税，因此，如果不动产的持有者失去了支付保有税的能力，那么需要将不动产转让给有能力支付税收的个体，从这个意义上讲，不动产保有税是有利于财富创造的。但是，这应该仅仅对于一些富有阶层起初持有高价值不动产，由于某种原因又陷于经济拮据的个体而言。对于退休的老人及残疾人而言，上述举措就失去了社会公平，不利于社会和谐。因此，需要对这类持有不动产价值与自身收入不相称的人群采取减免政策。

减免的措施可以借鉴美国的"断路器"政策，以家庭收入的一定比例为限，对于超过该比例的不动产保有税免于征收。但使用该措施时也需要附加条件：仅对于居民拥有一定时期的不动产才可以执行该政策，避免居民退休后购买高档房产，但是却依靠这种减免待遇支付较小不动产保有税。同时，这种政策也应是动态的，应建立对这类人群收入的观测机制，准确掌握其收入变化，避免出现该类人群收入大幅度提高，但是却依旧享受税收减免待遇的现象。

# 第七章 我国不动产保有税改革的配套措施

任何税制改革都是一个整体推进的过程，忽视配套措施的完善将使税制改革事倍功半。由于不动产保有税是彻底的直接税，同时该税的改革并不是简单的税制改革过程，其中存在复杂的利益冲突，因此，需要放在整个政治经济体制改革的大框架中去审视，这更加凸显了配套措施的重要性。

## 第一节 基础环节的配套措施

### 一 完善不动产信息登记制度

不动产保有税的征税对象是不动产，纳税人是不动产的所有者。因此，记录不动产的充分信息是不动产保有税顺利实施的首要环节。这主要通过两个方面来获得：首先是界定不动产的产权归属并登记；其次是对不动产信息的后续管理。

（一）明确产权归属与编制不动产清单

由于不动产保有税的纳税人是不动产所有者，该税以不动产明晰的产权归属为前提。这一点在发展中国家及转轨国家中存在难度，界定产权的成本较大，我国也同样面临如此境况。目前，我国的不动产持有状况非常复杂，既有商品房，也存在经济适用房、集资建房与个人占有公房等形式。这种复杂形式给划清不动产产权归属带来较大的难度。因此，在不动产保有税改革之前需要理顺不动产的各种产权关系，明确不动产的所有者。

在明晰产权的基础上，各辖区需要建立不动产登记制度，从而获取详尽的地籍册（不动产清单）。地籍册中载明本辖区所有不动产的街道地址、位置描述、面积、建筑信息、使用年限、参与经营状况、评估价值、税收账户号等信息，同时也需列明不动产所有者的家庭状况，诸如家庭人口、工作单位、收入状况等信息，最终建立对每处不动产编号的房地产目录。国际上，这一工作通常由两个途径实现。一是不动产所有者的自行申报，二是税务部门的实地勘察。无疑，第一种方式的成本很小，但是缺陷也极为明显。需要存在不动产所有者配合自行申报的激励。如果这种激励机制不存在，不动产所有者与税务部门合作的可能性很小。实践中，尽管菲律宾、印度尼西亚及土耳其等国的某些城市采取这种方式发现不动产，但仅有土耳其取得了较大的成功。原因在于土耳其对自行申报方式采取了较为可行的激励机制：现场检查与税务结算。税务结算要求在不动产转让前必须获取税务部门的税收结算单，这就在一定程度上促使不动产所有者积极自行申报不动产。如果这种措施对于预期不转让的不动产无效的话，那么，现场检查就是促使不动产所有者自行申报不动产更为积极的举措：土耳其对不动产现场检查的覆盖率非常广，以至于人们逃避不动产申报的概率极小。与低成本的自行申报相比，更多的国家采取了第二种方式。尽管其费用较高，但可以对所有不动产得到更为准确的信息。我国应该采用这种发现不动产的有效方式：通过实地勘察，政府部门最终建立起按照一定顺序编码的本辖区所有不动产信息，为不动产保有税的征收提供基础性条件。

（二）不动产的基础数据管理

随着时间的延展，不动产状况会发生改变，主要包括两种形式：一是物理状况的变化，二是所有权状况的变化。对不动产的变化情况及时记录，保持不动产信息更新是不动产数据管理的重要内容。保持数据更新的方式通常是自行申报与信息交叉相结合，并配以实地检查作为补充。

自行申报并不是非常有效的措施，需要不动产当事人的积极配合。实地检查是必需的，可以作为间接发现税基变化的手段，但费用较高。作为一种制度化设置，信息交叉核查应该是有效且成本较小的。通过共享存在于不同部门之间的不动产信息，可以掌握不动产所有权等信息的变化，有效地管理不动产数据。对于我国而言，土地登记信息、土地价值信息、辖区土地规划信息、不动产交易记录、税收征管信息等分割地存在于土地、房管、市政及税务各部门之间，信息沟通成本较高，有时甚至是不可能的，极大地限制了不动产保有税的实施。实践证明，以往税制改革中依赖行政规定进行信息共享的方式有效性较差，在不动产保有税改革中，需要摒弃这种行政干预思路，而借助于信息流程再造达到信息共享目的。为此，我国不动产保有税改革中，应首先设计一套系统，国土、规划、工商、税务、房产等所有涉及不动产的部门共同使用该系统，包含不动产登记、建设、公证、交易及缴税等所有信息。通过这样的机制，实现对不动产信息的收集、处理与共享。同时，这种共享不仅仅是政府部门之间，而且还应该存在于政府与公众之间，公众能够查询到本辖区不动产状况及纳税情况，这样，才能够保证不动产保有税的公开透明，为高效征管不动产保有税提供前提。

**二　建立不动产价值评估体系**

由于不动产保有税的计税依据需要政府规定，因此，对不动产准确评估是征税的重要一环。近年来，多数国家对不动产的评估体系进行改革，试图采用基于价值的评估体系，并定期对不动产再评估，以达到征税公平的意图。在我国不动产保有税改革的推进中，在评估方法之外，主要需要考虑不动产评估机构的设定及评估申诉制度。

**（一）税务部门应该是不动产评估的主体**

在省级政府负责本区域不动产评估的限定下，评估机构的选择是我国不动产保有税改革中讨论的热点，评估主体有房地产部门、税务部门与中介机构的三种选择。这种选择受我国实际情况及文化传统的制约，应该遵循节约、可行、公正的原则进行。

首先，在我国不动产保有税改革中，中介机构不应该成为评估的主体。国际经验中，尽管有中介机构参与不动产的价值评估的案例，但是对于征收不动产保有税意义的不动产价值评估来说，评估主体并非是商业性的私人评估机构。一是中介机构的评估是营利性的工作，更加关注利益性，在评估过程中难免会出现私下交易，影响评估的公平性。二是中介机构的评估方法一般是单宗评估，而不动产保有税所要求的不动产评估应该是批量评估，评估的核心不在于其精确性，而在于其公平性，因此，单宗评估的方法并无必要。从这两点出发，中介机构的评估不应该起到主体作用。当然，基于政府评估机构在短期内难以广泛组织的现实，在某些方面接受中介机构的服务，使其发挥协助作用也是必要的。

其次，我国不动产评估部门与不动产保有税征收部门应该合并设置。对于不动产评估部门的设置，国际实践中存在两种模式。一是美国模式：不动产价值评估部门与不动产保有税征收部门分开设置。不动产价值由镇评估员进行初始评估，之后送交郡首席评估处初步审核调整并公布，无异议后送交郡审核委员会审核。郡审核委员会将整理好的物业评估手册转至税收部门，至此，不动产评估工作结束。税收部门根据本年预算及物业情况确定税率，并由郡办事员登记税单发送至郡征收员处，征收员整理税单并邮寄到每个物业业主手中。二是香港模式：不动产价值评估与不动产保有税的征收均由一个部门完成。香港特区政府的差饷物业署就是专门负责房产物业的差饷及地租评估、发单、征收的部门。这两种模式都有其优势与劣势。评估与征收部门合并设置能够得到充分的不动产信息，避免部门间的利益冲突，降低交易成本。两个机构分设可以充分发挥评估部门与税收征管部门的技术优势，但劣势在于信息沟通的成本较大。我国的不动产保有税改革中，基于各部门信息沟通成本较大的前提，从节约成本的角度出发，应该将评估机构与税收征收机构合并设置。

最后，税务部门应该成为不动产保有税计税依据的评估主体。在评估与征收部门合并设置的限定下，存在两种选择：一是税务部门负责不动产保有税的评估、发单与征收；二是房地产部门负责不动产保有税的评估、发单与征收。无疑，税务部门在税收征收上有较大优势，房产部门在房地产评估方面更有经验。权衡利弊，本书认为，由税务部门负责不动产保有税的整个过程有较大的可行性。一方面，税收征管力量的增强、征管水平的提升是一个系统工程，税务部门在多年的经验积累中，税收征管力量与水平有较大幅度提升，房地产部门很难有高效率的税收征管能力。另一方面，不动产价值评估是一个经过短期内培训就可以突破的技术，在目前进行的模拟评税过程中，税务部门也确实培养了一批掌握不动产价值评估与不动产保有税税收政策的评税人员。基于这些考虑，由税务部门负责不动产保有税的评估、发单及征收整个过程是可行且节约的。

在税务部门为不动产评估主体的基础上，考虑到本章第二节对省、自治区及直辖市地方税务局负责评估、县区级地方税务局负责征收的分析，我国省一级地方税务局需要设立不动产评估机构，然后可按税源分布在各区域设置不动产评估分支机构，负责本区域的不动产价值评估，最后将评估的不动产信息转至县区地方税务局，由其征税机构根据本地的税率征收不动产保有税。

（二）建立不动产评估申诉制度

公众普遍认为不动产价值评估具有较大的主观随意性，征税的公平性受损。我国重人情、重面子的文化传统将进一步加重公众的这种不公平感，不动产价值评估结果的合理性受到置疑。因此，评估过程需要倍加关注。首先，需要对不动产保有税价值评估的特殊性有清晰的认识，这种评估与普通不动产交易时进行的评估有本质区别。前者核心并不在于其精确性，将不动产价值确认为 40 万元或 45 万元并不重要，关键是要寻求公平性，统一为 40 万元或 45 万元。后者极其关注不动产价值的精确性。其次，由于对不动产价值评估的争议表现得相当突出，需要建立完善而简洁的处理不动产价值争议的申诉机制。实践中，几乎所有开征不动产保有税的国家都设置了这种机制。

对于我国而言，评估结束之后，需要将评估结果通知不动产所有者，然后设定一定期限解决公众对评估结果的争议。其解决机制无需实行清税前置的规定（目前规定对税务争议的程序是首先缴纳税收，然后再进入复议程序），因为此时税收数量尚未确定。由于评估工作具有较强的专业性，因此，对不动产价值的争议应首先经过复议阶段。实践中，处理争议的第一阶段应该与评估本区域的不动产评估分支机构商讨；协调未果时进入第二阶段，向评估团的上级评估机构提出复议；仍然不能解决时，可进入第三阶段，向法院提出诉讼。

最后，需要明确的是，本章中包括不动产信息登记制度及不动产价值评估体系都属于不动产保有税的基础性环节，也是不动产保有税改革的前提条件。但是它们都属于技术因素，不会构成改革推进的难点。

## 第二节　不动产税费的改革

### 一　收费的取消与归并

不动产保有税改革的关键在于建立政府从不动产中获取收入的合理模

式，其标准是既要保证政府从不动产中获取相当规模收入，又要保持不动产市场的良性发展。我国目前的收入模式表现为政府在不动产开发、交易阶段获取收入很多，在不动产保有阶段得到的收入比重相当小。这种状况，一方面激励了不动产投机；另一方面，也抬高了公众获取不动产的门槛，不动产市场呈现不正常运行状态。从长远来看，这种模式还将会进一步影响不动产收入规模，导致不动产收入模式实质处于"双输"状态：既不能获取稳定持续的收入，也有碍不动产市场的正常运行。推进不动产保有税改革，适当提高从不动产保有环节获取收入的比重，是实现改变政府的不动产收入模式的关键。但是，单纯进行不动产保有税的改革并不能改变政府不动产收入模式的全部，还需要对不动产各环节的收入进一步整合，才能建立政府不动产收入的合理模式。其中，对收费的清理与合并是重要的步骤。

　　除土地出让金这种收费项目之外，房地产开发过程中还有大量收费（基金）项目。各地存在的这些收费项目大同小异，种类繁多，几乎每个与房地产有联系的政府部门都能依据一定的理由出台收费项目。经过中央政府多年的治理，这种态势并无根本改善。可以查到的资料显示，石家庄市于 2009 年 3 月 24 日公布了清理房地产开发阶段的收费情况，取消、停止收费项目 46 项，保留行政事业性收费、政府性基金及经营性收费 30 项。因此，石家庄市清理收费项目之前，涉及房地产开发的收费将达 76 项。其他城市的收费项目大体也是如此。大规模的收费将列在不动产开发成本中，并最终转嫁到住房购买者身上，增加了公众的购房压力。

　　设置这些收费的目的当然是出于政府部门财力紧张不足以完成公共服务供给所致，但是在不动产保有税改革后，这些收费项目迫切需要改革。如果公众在每年都需要支付不动产保有税的同时，还要负担购房时的高额房价，那么这样的改革无疑是失败的。因此，清理房地产开发过程中的不合理收费将是不动产保有税改革的首要配套措施。

　　基于我国收费项目层出不穷的深层次背景，简单地归并或取消等清理措施不会取得显著效果。处理的思路应该有两种：一是将所有合理收费项目归并到土地"招、拍、挂"环节，与土地出让金一并征收。一旦土地出让金缴付之后，不动产开发过程中不再缴纳任何费用，行政部门对不动产开发过程中的各种检查费用及各项经营性收费都直接从土地出让金中由政府拨付。二是将所有合理收费转移到不动产使用环节与不动产保有税合并征收，土地开发只是缴纳土地出让金，各职能部门对不动产开发环节的公共服务所需资金统一由不动产保有税支付。这两种思路的实质都是在房地产开发阶段取消所有收费项目，无疑，这不符合经济学逻辑。但对于我国收费项目泛滥的现状而言，或许这些思路更具有可行性。进一步考虑，第一种思路对于政府而言具有更大的诱惑力，同时由于合理收费项目的规模较小，影响房价的程度有限，应该更为可行。

**二 不动产各环节税收的衔接**

不动产存在三个环节：土地开发销售环节（增量不动产）、不动产保有环节与不动产交易环节（存量不动产）。目前我国存在于各环节的不动产税种较多，需要按照简化税制、全面调节、突出重点的思路进一步整合，构建以不动产保有税为主体、其他税种为辅助的不动产税收体系。在将不动产保有环节的房产税及城镇土地使用税合并的同时，还需要对不动产各环节税种实施相应的配套改革。

首先，取消土地出让环节中的耕地占用税，保留契税。目前土地出让过程中，房地产商在支付土地出让金之外，还需缴纳耕地占用税及契税。契税是以所有权转移的不动产为课税对象，以产权承受人为纳税人的税种，具有一定的财政意义，体系相对独立，是不动产流转环节必须的税种，其经济意义无法为其他税种替代，应该继续保留。但耕地占用税的意义不同，其目的在于通过增加土地成本的方式保护耕地。但保护耕地还有一套完整的行政制度，该税种发挥的作用极其有限；况且增加占用耕地的经济成本完全可以通过提高土地出让金来实现，耕地占用税与土地出让金在一定程度上存在重复。从简化税制出发，耕地占用税应该取消。

其次，取消不动产销售环节（增量不动产销售）的土地增值税。土地增值税的设置初衷在于抑制不动产投机，实现房地产市场的良性发展。但由于该税的设置过于复杂，房地产增值的信息很难准确得到，实践中各地通常采取将不动产销售收入乘以一定比率的简单方法征收。这样的征税方式失去了土地增值税的设置意图，使其沦为了与企业所得税相同性质的税种，无疑表现为对房地产企业的重复征税。不动产保有税改革之后，在不动产投机预期将减少的基础上，可以考虑取消土地增值税。

　　再次，取消不动产交易环节的印花税、土地增值税与个人所得税，降低交易环节税负。如表3－1所示，存在于我国不动产存量房交易（二手房交易）过程中的税种很多，税负较重，政府从不动产交易中获取交易价格9.1%—10.6%的税收收入，同时也存在重复征税的现象。如契税与印花税都属于对不动产产权转移行为征收的税种，其征税意图、计税依据都相差无几，印花税可以完全覆盖契税。对于个人所得税、土地增值税及营业税来说，由于实践中都是对交易价格的全额征收一定比例的税收，因此也出现对同一价格重复征税的情形。同时，无论税法上怎样设置纳税人，这些税收通常是由不动产购买者负担的，这种状况提高了不动产的交易价格。从简化税制、降低交易成本的角度出发，随着不动产保有税的改革，只对买方征收契税，逐步取消不动产流转环节中的印花税、土地增值税、营业税及个人所得税是较为合理的措施。

　　不动产保有税改革及相关税种的配套改革之后，直接与不动产相关的税种应该形成如表7－1所示的结构。不动产开发环节只存在契税、保有环节只存在不动产保有税、流转环节存在契税。这种税种结构覆盖了不动产的整个过程，体现了税收的全面调节；同时，以不动产保有税为主体，又体现了重点调节的意图，应该是不动产税收的合理模式。如果再加上房地产开发企业缴纳的税费，政府从不动产中获取的收入还包含土地取得阶段支付的土地出让金、不动产销售环节缴纳的企业所得税、营业税、城建税及教育费附加。

表7－1　　　　　　　　　政府从不动产中获取收入的模式

|  | 收费项目 | 税种 |
|---|---|---|
| 土地取得环节 | 土地出让金 | 契税 |
| 不动产销售环节（增量不动产） |  | 企业所得税、营业税、城建税及教育费附加等房地产开发企业缴纳的税种 |
| 不动产保有环节 |  | 不动产保有税 |
| 不动产交易环节（存量不动产） |  | 契税 |

# 第三节 基层政府财政民主机制的构建

不动产保有税的制度要求明确了该税效率的提升需要公众呼吁来实现，地方政府积极回应公众呼吁有利于提高该税遵从度。不动产保有税改革的新政治经济学分析也强调了我国地方政府与公众间的利益紧张，不动产保有税改革需要有财政民主机制。因此，不动产保有税的改革离不开政治，需要改变基层政府的治理方式予以配合。

对于我国而言，政府财政预算公开与透明的进程进展缓慢①，更不要说公众对于税收征收与使用拥有充分的话语权。在目前财政决策缺乏充分公众参与、与规范的公共选择距离较远的状况下，即使经济因素、征管因素全部具备，不动产保有税改革也会由于纳税人权利的缺失而很难安全、顺利地推进。因此，不动产保有税改革还需要政治因素的配合。当然，我国是一个发展中大国，在各级政府中普遍采取类似于西方公共选择的做法并不符合目前的实际情况，也无益于社会稳定。不过，在基层政府层面建立符合我国国情的公众广泛参与的财政民主机制是可能的，由于基层政府与公众的近距离接触，这种民主化机制也是非常必要的。

首先，基层政府的财政预算决策过程需要有广泛的公众参与。不动产保有税改革之后，一方面，该税在基层政府中的财政地位将大大增强；另一方面，几乎所有公众都将缴纳这种实质的财产税。这将直接唤醒纳税人的权利意识，要求政府不仅仅是公开其全部财政收支状况，而且政府预算需要经过纳税人的同意，因此，政府要建立纳税人参与财政收支决策的机制。基于参与成本的考虑，这种机制可以采取多种形式实现。在财政预算制定过程中，可以首先在网上公布，接受公众的回应；也可以开设专门电话，接受公众的咨询与建议；还可以举行民意调查，了解公众对本年财政预算收支的意见；当然，也可以通过听证会的形式，邀请各类专业人士对

---

① 财政部于 2009 年 3 月 20 日公开 2009 年中央政府财政预算，这是首次在经全国人代会批准后在第一时间详细公开。另外，继广州市公开 2009 年财政预算之后，上海市起初以国家机密的理由拒绝公开财政预算，迫于压力最终将其财政预算公开。

预算提出调整建议。最终,通过这种直接的、公众普遍参与的民主机制,制定出体现民意的政府财政预算,公众的税收权利才能够得以保障。

其次,改变基层政府管理者的激励机制。基层政府管理者距离公众最近,所作出的任何决策包括财政收支的预算决策应该体现民意。不排除有道德高尚的政府管理者确实做到了"向下负责",但更多管理者并未遵循此原则。在信息不对称下,仅依赖于道德的制约而非制度激励并不能有效地解决这个问题。为避免公众广泛参与政府财政预算决策的民主过程流于形式,需要改变对基层政府官员的激励机制,使之不仅仅"向上负责",还需要"向下负责",即向本辖区的公众负责。在西方国家,这种机制是政府官员由公众普选产生。迫于选票的压力,地方政府的官员有向公众负责的激励。在我国,村干部普选已经广泛推行,县乡两级政府的普选尚未实施。长期来看,县乡距离公众最近,完全可以成为基层民主的训练场。在普选制尚未实施的前提下,可以采取将广泛的民意测评作为评价基层政府官员业绩的重要依据,这将在一定程度上激励基层政府管理者的行为"向下负责",积极回应公众的呼吁,促进不动产保有税改革的安全、顺利实施。

# 结　语

## 一　本书的主要结论

本书集中研究目前在我国各界讨论较为热烈并已在实践中模拟运作多年的不动产保有税，目的在于全面、客观地评价该税，为我国不动产保有税改革提供可供参考的思路与建议。研究按照理论基础、实践考察与政策建议三个层次展开。概括而言，本书的主要结论有以下四点：

第一，不动产保有税应该在拥有良好公众呼吁机制的小辖区（基层政府管辖区域）内按照税前评估公平、税中设计公平、税后征管公平的原则低负担地征收，并需要上级政府补贴的支持。这是发挥不动产保有税积极效应的制度性要求。

第二，权利、制度、利益不一致等政治因素在我国不动产保有税改革中占举足轻重的地位，是这种因素而非纯粹的经济因素决定改革成败。中央政府对地方政府既得利益的承认与妥协可缓解两者的利益紧张；改变地方政府的治理方式、构建公众广泛参与的财政民主机制可缓解地方政府与公众的利益冲突。这些举措都将保证不动产保有税改革安全、顺利推进。

第三，目前我国政府从不动产中获取收入的模式不符合最优标准，长远来看将产生"双输"后果。改革这种模式的核心在于扩大不动产保有税税基，构建以一次性地租（土地出让金）为主导、不动产保有税为重要组成部分、不动产其他环节税收为辅助的政府从不动产中获取收入的模式。

第四，不动产保有税改革是一个系统工程，应有一个全面、综合、整体的改革方案。在税收要素之外，还需要有收费项目清理、不动产各税种衔接、基层政府财政民主化等相关配套措施，单独进行不动产保有税改革将会事倍功半，很难取得预期效果。

## 二　本书的不足及需要进一步研究的问题

尽管本书在不动产保有税的理论及实践方面提出并论证了一些观点，但是，由于实践及本人水平所限，仍存在若干不足，需要今后进一步研究。

首先，本书对不动产保有税的理论研究始终努力体现经济学普遍性与本土性的结合，主要体现在分析不动产保有税的制度要求与我国不动产保有税改革中的利益冲突方面：前者为不动产保有税理论的普遍性，后者为该税的本土性。但这种结合依然是普遍性的程度较大，本土性稍显不足。如何结合我国具体的经济发展阶段、社会文化传统及公众意识形态抽象出更加适合我国的不动产保有税理论将是进一步需要研究的工作。

其次，目前在各地"空转"的并不是完整的不动产保有税征收流程，而仅是模拟评税环节。出于多方面的原因，"空转"资料极其保密。这种状况导致本书研究不动产保有税只是基于理论使然及可操作性的探讨，并未有实践中的案例支撑。随着我国不动产保有税改革实践的推进，按照理论建模、方案设计、个例检验、提出建议的思路研究不动产保有税将是进一步的任务。

最后，政府从不动产中获取收入的模式改革涉及土地取得、开发、出售、保有及交易的各个环节，甚至还会伴随土地制度的调整。不动产保有税改革只是其中的关键环节而非全部，因此，需要系统研究该模式，设计出综合、全面的改革方案，单独的不动产保有税研究难以厘清错综复杂的不动产收入状况。由于本书的研究对象所限，对于其他不动产收入仅作了表面描述，并没有系统展开分析政府从不动产中获取收入的结构，这种处理方式使得研究的整体性不足。将不动产保有税放在不动产的整体流程中、全面讨论从不动产中获取的收入将是下一个需要研究的课题。

# 参 考 文 献

一 中文部分

1. ［美］Dick Netzer 编著：《土地价值税：今天是否行之有效》，国土资源部信息中心译，中国大地出版社 2004 年版。

2. ［美］Henry J. Aaron：《谁来支付财产税》，吴家声译，财政部财税人员训练所（台北）1984 年版。

3. ［美］H. James Brown 编著：《土地利用与税收——实践亨利·乔治的理论》，国土资源部信息中心译，中国大地出版社 2004 年版。

4. ［美］Karl E. Case：《经济学与税收政策》，陈丽萍译，中国大地出版社 2004 年版。

5. ［美］Wallace E. Oates 编著：《财产税与地方财政》，丁成日译，中国税务出版社 2005 年版。

6. ［美］阿尔伯特·O. 赫希曼：《退出、呼吁与忠诚——对企业、组织和国家衰退的回应》，卢昌崇译，经济科学出版社 2001 年版。

7. ［美］阿伦·德雷泽：《宏观经济学中的政治经济学》，杜两省、史永东等译，经济科学出版社 2003 年版。

8. 北京大学中国经济研究中心宏观组：《中国物业税研究——理论、政策与可行性》，北京大学出版社 2007 年版。

9. 财政部"税收制度国际比较"课题组编著：《韩国税制》，中国财政经济出版社 2001 年版。

10. 曹广忠、袁飞、陶然：《土地财政、产业结构演变与税收超常规增长——中国"税收增长之谜"的一个分析视角》，《中国工业经济》2007 年第 12 期。

11. 曹荣湘主编：《蒂布特模型》，社会科学文献出版社 2004 年版。

12. 曹振良等编著：《房地产经济学通论》，北京大学出版社 2003

年版。

13. 陈多长：《房地产税收论》，中国市场出版社 2005 年版。

14. 陈淑贤：《论物业税税基评估主体的选择》，《涉外税务》2008 年第 1 期。

15. 陈银娥，秦静：《西方新政治经济学述评》，《当代经济研究》2005 年第 6 期。

16. 陈志勇：《我国开征物业税的若干思考》，《税务研究》2007 年第 3 期。

17. 陈志勇、陈莉莉：《财政体制与地方政府财政行为探讨——基于治理"土地财政"的视角》，《中南财经政法大学学报》2009 年第 2 期。

18. 陈志勇、陈莉莉：《楼市危机与"土地财政"的转型》，《当代财经》2009 年第 3 期。

19. 陈志勇主编：《财产税理论与制度构建：财产税理论与制度国际研讨会论文集》，中国财政经济出版社 2006 年版。

20. 大卫·李嘉图：《政治经济学及赋税原理》，华夏出版社 2005 年版。

21. ［美］大卫·柯兰德编：《新古典政治经济学：寻租和 DUP 活动分析》，马春文、宋春艳译，长春出版社 2005 年版。

22. 戴敏敏：《新政治经济学价值及其适用于中国的原因》，《学术月刊》2004 年第 10 期。

23. 戴敏敏：《中国地方政府转型的新政治经济学解释——上海经验与范式研究》，博士学位论文，复旦大学，2004 年。

24. 邓宏乾：《中国城市主体税源问题研究》，商务印书馆 2008 年版。

25. 丁芸：《不动产保有环节税收的国际及我国香港地区借鉴》，《中央财经大学学报》2009 年第 1 期。

26. 段文斌、陈国富、谭庆刚、董林辉：《制度经济学——制度主义与经济分析》，南开大学出版社 2004 年版。

27. 樊丽明、李文：《房地产税收制度改革研究》，《税务研究》2004 年第 9 期。

28. 方建国：《美国财产税的征收办法对我国不动产保有税的借鉴》，《税务研究》2006 年第 11 期。

29. ［美］费雪：《州和地方财政学》第二版，吴俊培总译校，中国人民大学出版社 2000 年版。

30. 傅光明：《论中国物业税的理论基础和目标模式》，《财政研究》2008 年第 5 期。

31. 傅勇：《中国式分权、地方财政模式与公共物品供给：理论与实证研究》，博士学位论文，复旦大学，2007 年。

32. ［美］高峻伊东、安恩克鲁杰编：《税制改革的政治经济学》，解学智主译，中国人民大学出版社 2001 年版。

33. 高世星、何杨：《物业税构建的难点剖析》，《涉外税务》2006 年第 2 期。

34. 高新军：《美国地方政府治理中的公共参与》，《中国改革》2006 年第 9 期。

35. 耿星：《开征物业税中的评估问题》，《税务研究》2004 年第 4 期。

36. ［英］简·埃里克·莱恩：《公共部门：概念、模型与途径》第三版，谭功荣、马蔡琛、凌岚、涂春光译，经济科学出版社 2004 年版。

37. 谷成：《转轨国家的财产税改革》，《社会科学辑刊》2006 年第 2 期。

38. 郭小东：《财产税与地方财政关系的公共部门经济学探析》，《中山大学学报》2003 年第 6 期。

39. 顾红编著：《日本税收制度》，经济科学出版社 2003 年版。

40. 国家税务总局税收科学研究所编著：《外国税制概览》第三版，中国税务出版社 2009 年版。

41. 郭庆旺、赵志耘：《财政理论与政策》第二版，经济科学出版社 2003 年版。

42. 郭文华、曹庭语等：《国外不动产税收制度研究》，中国大地出版社 2005 年版。

43. ［美］哈维·S. 罗森：《财政学》，赵志耘译，中国人民大学出版社 2003 年版。

44. 何晓星：《再论中国地方政府主导型市场经济》，《中国工业经济》2005 年第 1 期。

45. 何杨、高世星：《物业税热议中的冷思考》，《税务研究》2006 年第 9 期。

46. 何振一：《物业税与土地出让金之间不可替代性简论》，《税务研究》2004 年第 9 期。

47. 〔美〕亨利·乔治：《进步与贫困》，吴良健、王翼龙译，商务印书馆 1995 年版。

48. 胡洪曙、杨君茹：《财产税差别化政策研究——一个基于财产分类的考察》，《管理世界》2008 年第 11 期。

49. 胡洪曙、杨君茹：《财产税替代土地出让金的必要性及可行性研究》，《财贸经济》2008 年第 9 期。

50. 胡怡建：《物业税模式选择及政策制度设计》，《税务研究》2004 年第 9 期。

51. 胡怡建：《推进物业税改革需要破解的四大难题》，《学习与实践》2006 年第 8 期。

52. 胡怡建：《物业税改革的背景和影响分析》，《涉外税务》2004 年第 9 期。

53. 黄凤羽：《美国财产税政策及其优惠机制》，《涉外税务》2007 年第 7 期。

54. 黄少安：《产权经济学导论》，经济科学出版社 2004 年版。

55. 黄佩华、迪帕克等：《中国：国家发展和地方财政》，中信出版社 2003 年版。

56. 黄新华：《论决策的政治本质对政策选择的影响——阿伦·德雷泽的"新政治经济学"述评》，《财经问题研究》2008 年第 8 期。

57. 贾康、阎坤：《完善省以下财政体制改革的中长期思考》，《管理世界》2005 年第 8 期。

58. 〔美〕杰弗瑞·布坎南、詹姆斯·M. 布坎南：《宪政经济学》，冯克利、秋风、王代、魏志梅等译，中国社会科学出版社 2004 年版。

59. 靳东升：《中国开征物业税面临的若干问题》，《中国金融》2009 年第 12 期。

60. 〔德〕柯武刚、史漫飞：《制度经济学：社会秩序与公共政策》，韩朝华译，商务印书馆 2000 年版。

61. 匡家在：《地方政府行为的制度分析：基于土地出让收益分配制度变迁的研究》，《中央财经大学学报》2009 年第 4 期。

62. 况伟大：《住房特性、物业税与房价》，《经济研究》2009 年第 4 期。

63. 李波：《省以下地方税主体税种选择》，《中南财经政法大学学报》2007 年第 6 期。

64. 李波：《财产税的定位问题研究》，《税务研究》2006 年第 3 期。

65. 李旭红：《物业税税基评估方法及其相关问题的解决》，《涉外税务》2008 年第 1 期。

66. 李达：《中国政府间转移支付的新政治经济学分析》，博士学位论文，复旦大学，2006 年。

67. 李绍荣、耿莹：《中国的税收结构、经济增长与收入分配》，《经济研究》2005 年第 5 期。

68. 李增刚：《新政治经济学的学科含义与方法论特征》，《教学与研究》2009 年第 1 期。

69. 刘洪玉：《全面认识物业税和物业税改革》，《中国金融》2009 年第 12 期。

70. 刘尚希：《财产税改革的逻辑》，《涉外税务》2007 年第 7 期。

71. ［美］罗伊·巴尔、约翰尼斯·林：《发展中国家城市财政学》，陈开元，杨君昌主译，中国财政经济出版社 1995 年版。

72. 马恩涛：《基于"退出—呼吁"理论的税收竞争研究》，《天府新论》2007 年第 2 期。

73. 马克和：《我国开征物业税的难点及现实选择》，《税务研究》2004 年第 4 期。

74. ［英］阿弗里德·马歇尔：《经济学原理》，廉云杰译，华夏出版社 2005 年版。

75. 马寅初：《财政学与中国财政——理论与现实》，商务印书馆 2001 年版。

76. 倪红日、尹佳音：《财产税国际比较及对中国物业税的税权划分的启示》，《涉外税务》2008 年第 1 期。

77. 牛泽厚：《借鉴国际经验建立我国财产税课税评估制度》，《涉外税务》2008 年第 1 期。

78. 庞凤喜：《开征物业税是开启我国社会变革的一个窗口》，《税务研究》2009 年第 10 期。

79. 庞凤喜：《我国纳税人权利问题研究》，《税务研究》2002 年第 3 期。

80. 庞凤喜：《物业税九大问题浅议》，《税务研究》2008 年第 4 期。

81. 庞明川：《中央与地方政府间博弈的形成机理及其演进》，《财经问题研究》2004 年第 12 期。

82. 曲卫东、延扬帆：《物业税内涵研究及税负测算分析——以北京市为例》，《华中师范大学学报（人文社会科学版）》2008 年第 11 期。

83. 深圳市物业税评估体系课题组：《构建我国物业税评估体系的初步设想》，《涉外税务》2005 年第 12 期。

84. 石坚：《中国房地产税制：改革方向与政策分析》，中国税务出版社 2008 年版。

85. ［美］史蒂芬·霍尔姆斯、凯斯·R.桑斯坦：《权利的成本：为什么自由依赖于税》，毕竞悦译，北京大学出版社 2004 年版。

86. 石子印：《物业税功用及风险规避：观照美国与韩国》，《改革》2010 年第 4 期。

87. 石子印：《财产税效率的作用机制考察》，《改革》2008 年第 2 期。

88. 石子印：《美国财产税限制理论研究综述》，《税务研究》2009 年第 10 期。

89. 石子印：《论财产税的基本逻辑》，《财经理论与实践》2009 年第 10 期。

90. 石子印：《政府再分配政策对城镇居民收入不平等作用的实证考察》，《经济经纬》2009 年第 10 期。

91. 石子印：《基于税收遵从视角的物业税改革分析》，《税务与经济》2009 年第 3 期。

92. ［英］斯蒂芬·贝利：《地方政府经济学：理论与实践》，左昌盛、周雪莲、常志霄译，北京大学出版社 2006 年版。

93. ［美］约瑟夫·E.斯蒂格利茨：《公共部门经济学》第三版，郭庆旺等译,中国人民大学出版社 2005 年版。

94. 孙宁华:《经济转型时期中央政府与地方政府的经济博弈》,《管理世界》2001 年第 3 期。

95. 孙玉栋、杜云涛:《我国房地产保有环节现行税制的问题及其改革》,《财贸经济》2008 年第 2 期。

96. 孙翊刚主编:《中国赋税史》修订本,中国财政经济出版社 1997 年版。

97. 孙伊然:《权力制度、国家与经济发展》,博士学位论文,复旦大学,2007 年。

98. 汤玉刚:《论政府供给及其效率:财政转型的政治经济学》,博士学位论文,复旦大学,2006 年。

99. 涂名:《房奴:中国房改真相》,中山大学出版社 2007 年版。

100. 王洪卫、陈歆、戴扬等编著:《房地产租费税改革研究》,上海财经大学出版社 2005 年版。

101. 王晓明、吴慧敏:《开征物业税对我国城镇居民的影响》,《财贸经济》2008 年第 12 期。

102. 王雍君:《政府与纳税人》,《地方财政研究》2005 年第 5 期。

103. [英] 威廉·配第著,丘霞、原磊译:《赋税论》,华夏出版社 2006 年版。

104. 温来成:《物业税优惠政策的比较研究》,《涉外税务》2007 年第 7 期。

105. 吴立范:《物业税的民主意义》,《城市开发》2007 年第 17 期。

106. 吴利群:《构建财产税为我国地方税主体税种的可行性研究》,《税务研究》2005 年第 5 期。

107. 吴俊培:《关于物业税》,《涉外税务》2004 年第 4 期。

108. 吴俊培:《我国开征物业税的几个基础理论问题》,《涉外税务》2006 年第 1 期。

109. 吴俊培:《论我国的财产税》,《涉外税务》2003 年第 7 期。

110. 夏杰长:《我国开征物业税的效应与时机分析》,《税务研究》2004 年第 9 期。

111. 夏永祥、王常雄:《中央政府与地方政府的政策博弈及其治理》,

《当代经济科学》2006 年第 2 期。

112. 谢伏瞻主编：《中国不动产税制设计》，中国发展出版社 2006 年版。

113. 谢伏瞻主编：《中国不动产税收政策研究》，中国大地出版社 2005 年版。

114. 谢星松：《不动产课税论》，博士学位论文，财政部财政科学研究所，2002 年。

115. 徐一萍：《物业税税基评估体系的构建思路》，《房地产市场》2007 年第 11 期。

116. ［英］亚当·斯密：《国民财富的性质和原因的研究（下）》，郭大力、王亚南译，商务印书馆 2005 年版。

117. 杨斌：《中国税改论辩：文化差异对财税制度设计及其运行效果的影响》，中国财政经济出版社 2007 年版。

118. 杨述明：《论政府间财政关系》，博士学位论文，武汉大学，2005 年。

119. ［日］野口悠纪雄：《土地经济学》，汪斌译，商务印书馆 1997 年版。

120. 余英：《财产税税基选择的国际比较》，《地方财政研究》2008 年第 4 期。

121. ［美］詹姆斯·M. 布坎南、理查德·A. 马斯格雷夫：《公共财政与公共选择：两种截然不同的国家观》，类承曜译，中国财政经济出版社 2000 年版。

122. 张青：《物业税税率的确定》，《税务研究》2006 年第 3 期。

123. 张青：《我国建立市场价值体系物业税的模式选择》，《经济社会体制比较》2009 年第 1 期。

124. 张青、薛钢、李波、蔡红英：《物业税研究》，中国财政经济出版社 2006 年版。

125. 张维迎：《博弈论与信息经济学》，上海三联书店、上海人民出版社 2004 年版。

126. 张馨：《税收公共化：以"纳税人"为基点》，《涉外税务》2003 年第 5 期。

127. 张志海：《论转型经济下的分权治理与经济和谐发展》，博士学位论文，复旦大学，2007 年。

128. 赵奉军：《地方政府稳定房市的动力与边界》，《中国房地产》2009 年第 4 期。

129. 赵津：《中国城市房地产业史论（1840 - 1949）》，南开大学出版社 1994 年版。

130. 周飞舟：《分税制十年：制度及其影响》，《中国社会科学》2005 年第 2 期。

131. 周雪光：《"逆向软预算约束"：一个政府行为的组织分析》，《中国社会科学》2005 年第 2 期。

132. 朱富强：《中国经济学范式思考：两个层次的契合》，《财经研究》2008 年第 5 期。

133. 朱润喜：《开征物业税的动因及定位》，《税务研究》2006 年第 9 期。

134. 左莉莉：《不动产相关税费是否可归并简化为物业税》，《税务研究》2005 年第 5 期。

二　英文部分

1. Adam Langley, Estimates of the Total Cost and Distribution of Tax Relief Under State Funded Property Tax Circuit Breakers, Lincoln Institute of Land Policy Working Paper 2005, http：//www. lincolninst. edu/pubs/dl/1577_ 794_ Langley Final. pdf.

2. Anderson, Nathan B. , Property Tax Limitations：An Interpretative Review. *National Tax Journal*, 2006, 59 (3)：685 - 694.

3. Allen, Marcus T. , Dare, William H, Identifying Determinants of Horizontal Property Tax Inequity：Evidence from Florida. *Journal of Real Estate Research*, 2002, 24 (2)：153 - 164.

4. Berry, Brian J. , L. , Bednarz, Robert S. , A Hedonic Model of Prices and Assessments for Single – Family Homes：Does the Assessor Follow the Market or the Market Follow the Assessor? *Land Economics*, 1975, 51 (1)：21 - 40.

5. Barry Bluestone and Chase M. Billingham, The Property Tax and the

Fortunes of Older Industrial Cities, Lincoln Institute of Land Policy. Land Lines, January, 2008.

6. Bell, Michael E. , "An Optimal Property Tax: Concepts and Practices", Intergovernmental Fiscal Relations and Local Fiscal Management, April 17 – 21, 2000, Almaty, Kazakhstan, World Bank, 1999.

7. Geoffrey Brennan And James Buchanan, The Logic of Tax Limits: Alternative Constitutional Constraints on The Power to Tax. *Nation Tax Journal*, 1979, 32 (2): 11 – 22.

8. David M. Cutler, Douglas W. Elmendorf, Richard Zeckhauser, Restraining the Leviathan: Property Tax limitation in Massachusetts. *Journal of Public Economics*, 1999, 71 (3): 313 – 334.

9. David N. Figlio, Short – Term Effects of A 1990S – Era Property Tax Limit: Panel Evidence on Oregon's Measure 5. *National Tax Journal*, 1998, 51 (1): 55 – 70.

10. Dye, Richard F. and Therese J. McGuire, The Effect of Property Tax Limitation Measures on Local Government Fiscal Behavior. *Journal of Public Economics*, 1997, 66 (3): 469 – 487.

11. Dowries, Thomas, Evaluating the Impact of School – Finance Reform on the Provision of Public Education: The California Case. *National Tax Journal*, 1992, 45 (4): 405 – 419.

12. Epple, Dennis; Zelenitz, Allan, The Implications of Competition among Jurisdictions: Does Tiebout Need Politics? *Journal of Political Economy*, 1981, 89 (6): 1197 – 1217.

13. Goolsby, William C. , Assessment Error in the Valuation of Owner – occupied Housing. *Journal of Real Estate Research*, 1997, 13 (1): 33 – 45.

14. Helen F. Ladd and Julie Boatright Wilson, Why Voters Support Tax Limitations: Evidence From Massachusetts' Proposition 2 – 1/2. *Nation Tax Journal*, 1982, 35 (2): 121 – 148.

15. Jacob L. Vigdor, Others People's Taxes: Nonresident Voters and Statewide Limitation of Local Government. *Journal of Law and Economics*, 2004, 47 (2): 453 – 476.

16. Jeremy R. Groves, The Impact of Positive Property Tax Differentials on the Timing of Development. *Regional Science and Urban Economics*, 2009, 39 (6): 739 - 748.

17. Johnson, Erik and Randall Walsh, The Effect of Property Taxes on Location Decisions Evidence From the Market for Second Homes, http: // www. lincolninst. edu/pubs/dl/1383_ 702_ Walsh Final. pdf.

18. John M. Youngman, The Variety of Property Tax Limitation: Goal, Consequences, and Alternatives. *State Tax Notes, November* 19, 2007.

19. Kevin Lang, Tianlun Jian, Property Taxes and Property Values: Evidence from Proposition 2 $\frac{1}{2}$. *Journal of Urban Economics*, 2004, 55 (3): 439 - 457.

20. McMillen, Daniel P. , Weber, Rachel N. , Thin Markets and Property Tax Inequities: A Multinomial Logit Approach. *National Tax Journal*, 2008, 61 (4): 653 - 671.

21. Michael E. Bell and Charlotte Kirschner, A Reconnaissance of Currently Available Measures of Effective Property Tax Rates, Lincoln Institute of Land Policy 2008, http: //www. lincolninst. edu/pubs/dl/1544_ 771_ BK Final. pdf.

22. Plummer Elizabeth, Pavour Robert, The Effects of Rate Limits on Property Tax Revenues and School Expenditures: Evidence from Texas. *Journal of the American Taxation Association*, 2009, 31 (2): 81 - 107.

23. Richard F. Dye, Therese J. McGuire, Daniel P. McMillen, Are Property Tax Limitations More Binding over Time? *National Tax Journal*, 2005, 58 (2): 215 - 225.

24. Ronald J. Shadbegian, The Effect of Tax and Expenditure Limitations on the Revenue Structure of Local Government 1962 - 1987. *National Tax Journal*, 1999, 52 (2): 221 - 237.

25. Ron Cheung, The Effect of Property Tax Limitations on Residential Private Governments: The Case of Proposition 13. *National Tax Journal*, 2008, 61 (1): 35 - 56.

26. Richard F. Dye and Andrew Reschovsky, Property Tax Responses to State Aid Cuts in the Recent Fiscal Crisis, Lincoln Institute of Land Policy Working Paper, 2008.

27. Roy Bahl, "The Property Tax in Developing Countries; Where Are We in 2002?" Land Lines (Lincoln Institute), 2002.

28. Sirmans, G. Stacy, Sirmans G. Stacy, Gatzlaff Dean H. , Macpherson David A. , The History of Property Tax Capitalization in Real Estate. *Journal of Real Estate Literature*, 2008, 16 (3): 327 – 343.

29. Shires, Michel A. , *Patterns in California government revenues since Proposition* 13. *San Francison*, CA: Public Policy Institute of California, 1999.

30. William A. Fischel, Homevoters, Municipal Corporate Governance, and the Benefit View of the Property Tax. *National Tax Journal*, 2001, 54 (1): 157 – 173.

31. William A. Fischel, Did Serrand Cause Proposition 13? *National Tax Journal*, 1989, 42 (4): 465 – 473.

# 后　记

　　本书是在我博士学位论文的基础上略加修改而成的。

　　自十六届三中全会以后，物业税迅速成为研究热点，也是我在博士研究生入学复试中抽到的题目，入学后一直关注，并将其作为博士论文撰写。经过两年酝酿和近一年辛勤笔耕，最终完稿，并于2010年6月通过中南财经政法大学博士学位论文答辩。回想本书构思时的反复斟酌、资料收集与数据整理的烦琐艰辛、写作时的咬文嚼字，心中感到些许欣慰。

　　本书直至今日出版，主要原因在于等待不动产保有税实质性地破土而出。终于，在经历了物业税到房产税的转换之后，上海与重庆于2011年1月28日开始了改革试点。纵观实施细则，政府之意并非财政收入，而是试图实现调节收入分配及房地产市场，同时，也遵循了我国改革的一贯思路：只改增量，不动存量。这种做法尽管有失公正，但无疑是审慎的。随着改革的推进，实践会不断地提出新的问题，未来的研究道路会更长远，我仍将在继续关注该领域理论与实践最新进展的基础上去积极思索。

　　回想三年的博士生活，首先感谢我的导师庞凤喜教授。庞老师学识广博、思维敏捷，对社会经济具有深邃的洞察力。可以说，庞老师不仅是一位经济学者，更是一位智者、一位思想家。同时，庞老师高尚的人格、严谨的治学态度让我叹服，虽不能至，然心向往之。在毕业论文撰写期间，庞老师的点拨常常使我茅塞顿开，从论文的选题、结构设计到语言规范直至修改定稿，无处不凝聚着庞老师的心血。恩师的为人、为师、为学之道是我人生中最宝贵的财富，教诲我的言语犹在耳畔，始终激励我前行，使我在之后的日子里不敢有丝毫懈怠，唯有如此才能对得起恩师的期望和厚爱！

　　感谢学院的杨灿明老师、吴俊培老师、许建国老师、陈志勇老师、叶青老师、李大明老师、陈光焱老师、刘京焕老师、侯石安老师、王金秀老师、艾华老师及甘行琼老师，学习期间，通过聆听他们的学术专题讲座和拜读他们高质量的学术论文，丰富了我的专业知识，开拓了我的视野，为学术研究提供了较好的知识储备。三年来对学院的杨柳老师烦扰颇多，感谢杨老师的耐心帮助！

感谢同窗好友郭慧芳、陈俭、王丽辉、汤伶俐、谭彦红、岳晓、胡秋红、张永慧、陈永成、陈鹏、方海洲、王佳、周鹏、张海涛、张澜、何志浩、吕可、陈超、王岗等，他们在学习和生活上都给予了我很多帮助，浓浓的同窗情谊点缀了我寂寞的读书生涯，给我留下了无法忘怀的快乐回忆。

感谢家人对我在外求学的理解、支持与鼓励，他们是我的坚强后盾。母亲毫无保留的爱我终生铭记在心；妻子杨焕芹女士几乎将全部精力用于了对孩子的照顾与培养，使我能够静下来潜心研究；可爱的儿子时常给我讲他们学校里的趣事，写作时的疲惫在我们父子的笑声中烟消云散。

本书的出版得到聊城大学学术著作出版基金的资助。中国社会科学出版社的卢小生先生为本书的出版付出了种种努力，在此一并致以谢意。

石子印

2011 年 4 月 10 日